KB068720

노동분쟁해결 시리즈 2

ADR
대안적 분쟁해결 제도
심화편

김태기·김용목·김학린·서광범
윤광희·이준호·이 정·최영우

Advanced
Theories

박영사

서문

우리 사회가 점점 다원화되면서 산업현장에서 발생하는 갈등도 매우 다양화되고 있다. 예를 들어 해고나 부당노동행위와 같은 전형적인 노동분쟁을 비롯하여, 최근에서 원·하청 간의 노노갈등을 비롯하여 근로조건 변경을 둘러싼 분쟁, 직장 내 성희롱과 괴롭힘, 고용상 차별, 특수고용종사자나 플랫폼종사자들의 고용관련 분쟁에 이르기까지 기존의 판정시스템만으로는 대응하기 어려운 새로운 형태의 분쟁이 늘어나고 있는 추세이다. 이는 미국이나 영국, 독일과 일본 등의 선진국에서는 화해·조정·중재를 통하여 노동분쟁을 신속하고 저렴하게 해결하고 있는 것과는 대비된다. 우리나라의 경우에도 노동위원회가 조정기능을 통하여 수많은 노동분쟁을 해결해오고 있으나, 아직도 설립 당시의 조직에서 탈피하지 못한 채 고질적인 전문성과 예산부족 등으로 ADR기관으로서의 기능적 한계를 드러내고 있는 것도 사실이다.

중앙노동위원회는 위와 같은 문제의식을 가지고 이 분야의 전문가들로 연구회를 구성하여 2년에 걸쳐 우리나라 실정에 맞는 대안적 분쟁해결제도를 모색하는 연구에 몰두해 왔다. 그 결과 지난 4월에는 ADR 기초편(노동분쟁해결 시리즈 1)을 출간한 바 있으며, 이 책은 현재 ADR 관련 교육프로그램에서 교재로 사용하는 등 많은 호응을 얻고 있다. 이 책에 이어 이번에는 ADR기법을 실무에서 활용·응용할 수 있도록 하는 ADR 심화편 기본서(노동분쟁해결 시리즈 2)와 함께 보조교재인 워크북도 함께 출간하게 되었다. 이 책들은 ADR의 기본이 되는 협상과 의사소통, 화해(조정)와 중재 및 노동법의 내용을 한층 업그레이드하여 ADR기법을 활용하여 실제사례를 해결을 할 수 있는 스킬을 습득할 수 있도록, 이 분야 최고의 전문가 8명이 거의 매주 모여 열띤 토론과정을 거쳐 의견을 수렴한 결과물이다.

처음 ADR 연구회를 시작할 때만 해도 소기의 성과물을 낼 수 있을지에 대해서는 솔직히 반신반의했었다. 하지만 연구회 멤버들이 사심 없이 성심성의껏 참여한 결과 〈초급편〉에 이어 〈심화편〉까지 무사히 출간될 수 있어 다행으로 생각한다. 하지만 이번에 출간하는 〈심화편〉도 내용적으로는 아직도 부족한 부분이 많으리라 생각된다. 이 부분에 대해서는 앞으로 더욱 연구를 진행하여 점차 보완해 나갈 생각이다. 주지하다시피 ADR은 다른 선진국에서는 이미 보편적인 노동분쟁해결제도로 정착되어 있다. 그러나 우리에게는 아직도 ADR이 생소하여 이에 대한 이해가 부족할 뿐 아니라 심지어 편견이 있는 것도 사실이다. 아무쪼록 이 책을 계기로 아직 걸음마 단계에 있는 ADR이 우리나라에도 정착되어 고용갈등과 노동분쟁 해결을 넘어 신뢰사회 구축에 이바지하기를 기대한다.

끝으로 이 책이 나오기까지 많은 분들의 도움을 받았다. 그 중에서도 특히 박호환 아주대 교수님, 이영면 동국대 교수님, 양동훈 서강대 교수님, 박재춘 단국대 교수님, 손동희·김성환·이공희·최홍기 고용노동교육원 교수님, 허찬영 한남대 교수님, 김천수 제일노무법인 노무사님께서는 바쁘신 일정에도 불구하고 많은 지혜와 영감을 주시고 원고까지 꼼꼼하게 살펴봐주신 데 대해 진심으로 감사의 말씀을 드린다. 아울러 매번 연구회 때마다 일정조율과 자료준비 등 귀찮은 일들이 많았음에도 불구하고 싫은 기색 하나 하지 않고 세심하게 챙겨주신 중앙노동위원회 위원님·조사관님들과 권석 한국고용노동연구원 연구원님과 관계자분들, 그리고 촉박한 출판일정에도 불구하고 너그럽게 수용해주신 박영사 관계자분들께 심심한 감사의 말씀을 드린다.

2024년 여름
집필자 일동

차례

제1장 고용 갈등과 협상

[김태기]

Ⅰ. 직장생활과 고용 갈등 ·· 22

1. 직장생활의 즐거움과 고통 ·· 22

2. 직장인의 갈등 해결 역량 ··· 23

3. 고용 갈등의 본질 ··· 24

Ⅱ. 고용 갈등의 유형과 협상의 역할 ····························· 26

1. 직장생활과 욕구의 충돌 ·· 26

2. 고용 갈등의 유형과 단계 ··· 27

3. 고용 갈등 해결의 논리 ··· 28

4. 고용 갈등과 협상 및 화해의 활용 ······························· 29

Ⅲ. 고용 갈등과 협상의 준비 ··· 31

1. 협상의 이익을 점검하기 ·· 31

　(1) 보텀 라인의 설정 ·· 31

　(2) 협상 가능 영역과 심리적 문제 ······························· 32

2. 협상을 위한 사전 준비 ··· 33

　(1) 협상력 평가하기 ··· 33

　(2) 협상의 장애 요인 파악하기 ···································· 35

(3) 협상을 전망하기 ·· 36

(4) 협상 준비의 유의 사항 ··· 36

Ⅳ. 고용 협상과 의사소통 ·· 37

1. 말 잘한다고 의사소통 잘하는 게 아니다 ······················· 37

2. 의사소통의 합리성은 제한적이다 ································· 38

3. 의사소통의 장애 요인을 경계한다 ································ 40

4. 곤란한 사람과의 의사소통 문제 ··································· 41

5. 고용 협상의 의사소통에서 유념할 5가지 사항 ················ 42

6. 화해·조정가가 의사소통에 유념할 3가지 사항 ················ 43

Ⅴ. 구체적인 고용 갈등과 협상과 화해·조정의 활용 ··········· 44

1. 취업·전직 협상 ·· 46

(1) 취업·전직 갈등의 특징 ·· 46

(2) 취업·전직 협상에서 유념할 사항 ······························· 47

2. 징계·해고 협상 ·· 48

(1) 징계·해고 갈등의 특징 ·· 48

(2) 징계·해고 협상의 활용 방법 ······································ 51

3. 차별·괴롭힘 협상 ··· 53

(1) 차별·괴롭힘 갈등의 특징 ·· 53

(2) 차별·괴롭힘 협상의 활용법 ······································· 56

제2장 고용갈등의 의사소통

[이준호]

Ⅰ. 서론 ··· 62

1. 목적 ·· 62

2. 전제 및 용어의 정의 ··· 63

3. 의사소통기술의 구조 ·· 64

II. 상대방이 스스로 문제를 해결하도록 돕는 기술 ·············· 66

1. 상대방의 심리 ··· 66
2. 통상적인 해결책 ·· 67
3. 성공하는 경청자의 자세 ·· 70
4. 소극적 경청과 적극적 경청 ···································· 71
   (1) 소극적 경청 ··· 71
   (2) 적극적 경청 ··· 72
5. 적극적 경청의 효과 ·· 74
6. 적극적 경청의 성공 조건 ······································ 74

III. 자신의 문제를 해결하기 위한
당사자의 직면적 자기노출 기술 ························· 76

1. 당사자의 심리 ·· 76
2. 통상적인 해결책 ·· 77
3. 상대방의 행동을 다루는 방법 ································· 78
4. 직면적 자기노출 ··· 79
   (1) 직면과 직면의 방법 ··· 79
   (2) 자기노출의 중요성 ·· 80
   (3) 직면적 아이-메시지 ··· 80
5. 직면적 아이-메시지의 효과 ···································· 81
6. 적극적 경청으로 기어 바꾸기 ································· 82

IV. 당사자들 간의 협력적 분쟁 해결 기술 ················· 85

1. 사전 준비 ·· 86
2. 문제를 욕구로 정의 ·· 87
3. 해결책 개발 ·· 87
4. 해결책 평가, 선택 및 합의 ···································· 87
5. 당사자들 간의 분쟁 해결의 효과 ····························· 88

V. 분쟁조정자에 의한 협력적 분쟁 해결 기술 ··············· 89

1. 전략적 개입 도구로서의 질문 ·············· 89

2. 성공하는 질문자의 태도 ················ 89

3. 통상적인 질문의 기술 ················ 90

4. 개입 단계별 질문 ·················· 93

Ⅵ. 생산적인 관계를 유지 및 확대시키는 기술 ········· 99

1. 적극적 경청의 활용 ················· 99

2. 다양한 자기노출의 기술 ··············· 100

3. 과제 해결을 돕는 코칭 ··············· 100

Ⅶ. 총정리 ······················· 101

제3장 고용분쟁과 화해의 활용

[서광범]

Ⅰ. 화해제도의 이해 ··················· 106

Ⅱ. 화해회의 진행 ··················· 109

1. 화해회의에 임하는 자세 ··············· 110

(1) 억울한 사람이 없도록 하기 ············· 110

(2) 불안한 마음 해소시켜주기 ·············· 111

(3) 화해인으로서 갖추어야 할 성품과 역량 ········· 111

(4) 경청하기 ···················· 112

(5) 방심하지 않기 ·················· 113

(6) 마지막 1%까지 집중하기 ·············· 114

2. 화해회의 준비 ··················· 114

(1) 사건내용을 정확하게 파악하기 ············ 114

(2) 당사자들의 특성 파악하기 ·············· 115

(3) 다양한 화해(안) 준비하기 ·············· 116

3. 화해회의 진행 ··················· 117

(1) 당사자와의 만남/개회선언 ············· 117

  (2) 개별회의 진행 ·· 119

  (3) 요구안 청취 및 화해 안 제시 ···················· 121

  (4) 재발방지를 위한 교육의 기회로 활용 ············ 123

 4. 화해조서 작성 및 마무리 ···························· 123

Ⅲ. 사업장내에서의 고용갈등 화해 ···················· 125

 1. 당사자 간 의사소통을 통한 괴롭힘 방지 ·········· 126

 2. 제3자를 통한 직장 내 화해 ························ 129

Ⅳ. 화해인이 갖추어야 할 특성 및 자세 ·············· 133

 1. 공감능력/적극적 경청 ····························· 134

 2. 공정성/중립성 ··································· 136

 3. 신뢰성/전문성 ··································· 136

 4. 자율성 지지 ····································· 137

 5. 무리한 화해시도 하지 않기 ························ 137

 6. 화해회의에서의 주의사항 ·························· 138

 7. 화해인으로서 유의할 점 ··························· 139

제4장 직장인 고충해결과 의사소통

[윤광희]

Ⅰ. 직장인과 고충해결 ································· 142

 1. 고충의 시대와 직장인 ····························· 142

 2. 직장인 고충해결 실태 ····························· 144

  (1) 고충해결의 의의 ································ 144

  (2) 고충해결의 실태 ································ 145

  (3) 고충해결 의사소통 실태 ························· 147

Ⅱ. 직장인 고충발생 요인과 유형 ···················· 148

 1. 고충발생 요인 ··································· 148

2. 고충근로자와 고충유발자 ·· 150

3. 직무 관련 고충 ··· 151

  (1) 역할 불명확에 의한 고충 ·· 151

  (2) 역할 불일치에 의한 고충 ·· 152

  (3) 업무량 과다에 의한 고충 ·· 152

4. 직장 내 괴롭힘 ·· 153

5. 직장 내 성희롱 ·· 155

6. 직장 내 차별적 처우 ··· 156

7. 순수한 대인관계 고충 ··· 157

8. 임금 등 근로조건 고충 ··· 158

Ⅲ. 직장인 고충해결 통로와 절차 ···································· 158

1. 직장 내 고충해결 통로 ··· 159

  (1) 고충처리위원 ·· 160

  (2) 직장 상사 ··· 161

  (3) 고충처리상담 담당자 ··· 162

  (4) 노동조합(노사협의회) 등 근로자단체 ································· 163

  (5) 고충처리 상담신고센터 ·· 164

2. 노동위원회의 직장인 고충 솔루션(직솔)을 통한 고충해결 ············· 165

  (1) 참여 사업장 기준 ··· 166

  (2) 직장인 고충 솔루션(직솔) 협약 ·· 166

  (3) 노동위원회 지원 내용 ·· 166

  (4) 고충솔루션 진행절차 ··· 167

3. 옴부즈맨에 의한 고충해결 ·· 168

  (1) 활용의 장점 ·· 168

  (2) 운용상 유의할 점 ··· 169

4. 기타 고충해결 통로 ··· 169

5. 직장인 고충해결 절차 ··· 170

  (1) 고충접수, 발견 ··· 170

  (2) 고충내용 파악과 원인분석 ·· 171

(3) 고충 해결책 모색 ·· 173

(4) 신속한 해결책 실행과 피드백 ··· 175

(5) 섬세한 사후관리 ··· 176

Ⅳ. 직장인 고충해결을 위한 의사소통 방법 ························· 177

1. 고충상담 대상자와의 공감대 형성 ··· 178

(1) 공감대 형성의 필요성 ··· 178

(2) 공감대 형성의 효과 ··· 179

(3) 공감대 형성의 방법 ··· 180

2. 고충내용 파악과 원인분석 ·· 181

(1) 주목과 경청 ·· 182

(2) 들은 내용을 요약 ·· 183

(3) 상대 기분을 인정 ·· 184

(4) 상황파악을 위한 질문 ··· 185

3. 고충 해결책 모색 ··· 187

(1) 상대방에게 해결책을 질문하고 경청 ······································· 187

(2) 자신의 입장 설명과 이해관계 중심의 해결책 모색 ···················· 188

(3) 명확한 사후조치사항을 합의 ·· 189

(4) 감사의 표시 ·· 190

4. MZ세대 직장인의 고충해결 의사소통 ·· 190

(1) MZ세대와 고충해결의 필요성 ·· 190

(2) MZ세대의 특성과 고충해결 의사소통 ····································· 191

5. 직장인 고충발생 예방을 위한 의사소통 ····································· 193

(1) 고충발생 예방의 필요성 ·· 193

(2) 고충발생 예방과 의사소통 ·· 193

제5장 단체교섭의 성공원리

[김용목]

Ⅰ. 단체교섭 성공의 의의 ··· 198

1. 단체교섭의 제도적 취지 ·· 198

　(1) 단체교섭 보장의 제도적 취지 ································ 198

　(2) 단체교섭 성공의 중요성 ······································ 199

2. 단체교섭 성공과 노사당사자의 태도 ····························· 199

　(1) 단체교섭 성공과 당사자 태도의 중요성 ················· 199

　(2) 단체교섭 성공을 위한 노사 당사자의 태도 ············· 200

3. 단체교섭의 성공과 단체협약 ······································· 201

　(1) 단체교섭 성공에 대한 오해 ································· 201

　(2) 단체교섭의 성공과 단체협약 ······························ 201

　(3) 단체교섭 성공과 노사 운명공동체 ························· 202

II. 단체교섭의 성공 요건 ·· 203

1. 평상시의 교섭 당사자 간 신뢰형성 ······························ 203

　(1) 단체교섭에서 신뢰관계의 중요성 ························· 203

　(2) 신뢰관계 형성 방법 ··· 204

　(3) 불신관계를 신뢰관계로 회복하는 방법 ·················· 204

2. 교섭목표의 적절성 ·· 205

　(1) 실제적인 목표 ··· 206

　(2) 관계적인 목표 ··· 206

　(3) 절차적인 목표 ··· 207

　(4) 원칙적인 목표 ··· 207

3. 문제해결형 교섭전략 ··· 208

　(1) 입장중심의 양보추구형 교섭전략의 한계 ··············· 208

　(2) 문제해결형 교섭전략 ··· 209

4. 교섭력의 적절한 활용 ··· 211

　(1) 교섭력의 의의 ··· 211

　(2) 교섭력 결정요인 ·· 212

　(3) 대립적 교섭에서의 교섭력 ································· 213

　(4) 문제해결형 교섭에서의 교섭력 ··························· 213

5. 단체교섭의 주체와 이해관계자 간의 소통 ···················· 214

(1) 교섭 주체의 자질과 책무 ·· 214

(2) 교섭주체의 권한 ·· 216

(3) 교섭주체 내부 의견 조율 ·· 217

(4) 교섭 이해관계자와의 소통 ······································ 218

6. 단체교섭 구조(방식)의 적절한 활용 ······························ 220

(1) 기업별 교섭 ··· 221

(2) 통일교섭 ··· 222

(3) 대각선교섭 ··· 222

(4) 공동교섭 ··· 223

(5) 집단교섭 ··· 224

(6) 복수노동조합 체제하에서의 단체교섭 ···························· 224

Ⅲ. 단체교섭 진행 방법 ·· 225

1. 단체교섭의 준비 ··· 225

(1) 노동조합 측 교섭준비 ·· 226

(2) 사용자 측 교섭준비 ·· 228

(3) 노사의 자료교환 및 공유 ······································· 229

(4) 노사상급단체의 역할 ··· 230

2. 교섭진행 절차 ··· 231

(1) 예비교섭 ··· 231

(2) 본교섭 ··· 233

(3) 마무리교섭 및 타결 ·· 235

(4) 단체협약 체결권 제한(조합원의 인준투표) 문제 ················· 238

(5) 교섭과정의 내부 협의와 공개 ··································· 239

(6) 협약 문안의 최종 점검과 작성 ·································· 240

3. 단체교섭 진행상의 행동 요령 ····································· 242

(1) 인간적인 문제와 교섭문제의 구별 ······························ 242

(2) 대안제시형 교섭진행 ··· 243

(3) 안건처리방식 ··· 244

(4) 신축적인 태도견지 ··· 244

(5) 객관적인 근거자료 이용 ·· 245

(6) 상대방의 발언의 경청과 간단명료한 발언 ···················· 245

Ⅳ. 단체교섭 난관 극복방법 ···················· 246

1. 정회를 거쳐 시간적 여유 ···················· 246

2. 진정으로 원하는 바가 무엇인지 탐색 ···················· 247

3. 점진적 합의와 막후교섭의 활용 ···················· 247

4. 쟁의조정제도의 활용 ···················· 248

5. 노동위원회의 공정 노사 솔루션 활용 ···················· 248

제6장 노동분쟁 조정과 중재

[김학린]

Ⅰ. 노동분쟁 조정과 중재제도의 이해 ···················· 252

1. 단체교섭이 결렬되면 노동분쟁은 어떻게 해결할 수 있을까? ········· 252

2. 사적 조정 vs 공적 조정 ···················· 254

3. 사전 조정 - 본 조정 - 사후 조정의 연계 ···················· 255

4. 포괄적 조정 서비스 제고 – 공솔(공정 노사 솔루션) ···················· 257

Ⅱ. 성공적 조정을 위한 활동 ···················· 258

1. 조정 단계별 활동 ···················· 258

2. 성공적 조정을 위한 조정인의 4가지 관리 활동 ···················· 260

(1) 쟁점 관리 ···················· 260

(2) 과정 관리 ···················· 263

(3) 구조 관리 ···················· 266

(4) 관계 관리 ···················· 268

Ⅲ. 조정인이 갖추어야 할 자세와 역량 ···················· 269

1. 희망주기 ···················· 269

2. 장애요인 제거하기 ···················· 270

3. 쟁점의 불일치 해소하기 ···················· 271

4. 조정안에 기초한 합의 설득하기 273

Ⅳ. 중재의 활용 274

제7장 노동법 Ⅰ <개별적 노동법>

[이 정]

Ⅰ. 고용관계의 성립 280

1. 근로계약의 체결 280

2. 근로조건의 명시 의무 281

3. 모집·채용 시 유의 사항 281

4. 채용내정과 시용 282

Ⅱ. 근로조건과 결정시스템 283

1. 근로조건 283

   (1) 임금 283

   (2) 근로시간 286

   (3) 휴게·휴일 및 휴가 288

2. 근로조건의 결정시스템 289

   (1) 취업규칙과 단체협약 289

   (2) 법령과 노사관행 290

3. 근로조건의 변경 290

   (1) 취업규칙을 통한 근로조건 변경 290

   (2) 단체협약을 통한 근로조건 변경 292

Ⅲ. 인사이동과 기업질서·징계 293

1. 인사이동 293

   (1) 승진·승격·강등 293

   (2) 배치전환·전적 294

   (3) 기업조직의 변동과 고용관계 296

2. 기업질서와 징계 ·· 299

　(1) 징계권과 징계의 종류 ·· 299

　(2) 징계의 정당성 판단기준 ·· 299

　(3) 부당징계와 구제절차 ·· 300

Ⅳ. 고용균등과 비정규직 ·· 302

1. 고용균등 ··· 302

　(1) 고용상의 차별금지 ·· 302

　(2) 차별의 판단기준 ·· 302

2. 비정규직 ··· 304

　(1) 기간제근로자 ··· 304

　(2) 단시간근로자 ··· 305

　(3) 파견근로자 ··· 306

Ⅴ. 직장 내 성희롱과 괴롭힘 ·· 307

1. 직장 내 성희롱 ·· 307

2. 직장 내 괴롭힘 ·· 308

3. 직장 내 성희롱·괴롭힘 구제절차 ···································· 309

　(1) 성희롱·괴롭힘 구제 절차 ··· 309

　(2) 외부기관을 통한 성희롱·괴롭힘 구제 절차 ·············· 310

Ⅵ. 고용관계의 종료 ·· 312

1. 해고의 개념과 제한 ·· 312

2. 해고의 종류 ··· 313

　(1) 통상해고 ··· 313

　(2) 경영상의 이유에 의한 해고 ······································ 317

제8장 노동법 Ⅱ <집단적 노동법>

[최영우]

Ⅰ. 단체교섭 ·· 322

1. 단체교섭은 누가 하는가 ·· 322

　가. 의의 ·· 322

　나. 단체교섭의 주체와 관련 주로 쟁점이 되는 사항 ··············· 323

　(1) 노동조합 하부조직(지부, 분회 등)이 당사자가 될 수 있는지 ····· 323

　(2) 노조대표자의 단체협약 체결권한을 제한하는 규약의 효력이 있는지 ········· 323

　(3) 교섭단위 분리를 인정해야 하는지 ······························ 324

2. 단체교섭의 대상이 되는 것은 무엇인지 ························· 325

　가. 의의 ·· 325

　나. 단체교섭의 대상이 되는 것과 될 수 없는 것 ·················· 326

　다. 단체교섭 대상에 대해 주로 다툼이 있는 사항 ················· 327

　(1) 인사·경영에 관한 사항 ······································· 327

　(2) 권리분쟁에 관한 사항 ·· 327

3. 단체교섭 거부를 둘러싼 분쟁과 구제절차 ···················· 328

　가. 의의 ·· 328

　나. 단체교섭 거부와 관련한 쟁점 사항 ··························· 329

Ⅱ. 단체협약 ·· 330

1. 의 의 ··· 330

2. 단체협약을 체결하는 방법 ······································ 331

　가. 서면작성 후 서명 또는 날인 ································· 331

　나. 행정관청에 신고 ·· 332

3. 단체협약의 내용과 효력에 대해 ································ 332

　가. 규범적 부분과 그 효력 ······································· 332

　(1) 의 의 ··· 332

　(2) 단체협약의 규범적 효력에 대한 다툼 ························· 333

　나. 채무적 부분과 그 효력 ······································· 335

　(1) 의의 ·· 335

　(2) 단체협약의 채무적 효력에 대한 다툼 ························· 336

4. 단체협약을 둘러싼 분쟁과 구제절차 ···························· 338

　　가. 단체협약의 해석 또는 이행방법에 대해 노사간 의견의

　　　불일치가 있는 경우 ·· 338

　　나. 단체협약에 대해 시정명령을 할 수 있는 경우 ························· 339

Ⅲ. 노사협의 ··· 339

　1. 의의 ·· 339

　2. 노사협의회의 설치, 구성 및 운영 ·· 340

　3. 노동조합의 '단체교섭'과 노사협의회의 '노사협의' ······················ 340

　4. 임의중재 ·· 341

Ⅳ. 쟁의행위 ··· 342

　1. 쟁의행위의 정당성을 판단하는 방법 ··· 342

　　가. 의의 ··· 342

　　나. 쟁의행위의 정당성 판단 ··· 343

　　　(1) 주체가 정당한지 ··· 343

　　　(2) 목적이 정당한지 ··· 343

　　　(3) 시기·절차가 정당한지 ·· 344

　　　(4) 수단·방법이 정당한지 ··· 344

　　다. 쟁의행위에 대해 주로 다툼이 있는 사항 ···································· 345

　　　(1) 쟁의행위를 한 목적이 여러 개인 경우 ····································· 345

　　　(2) 권리분쟁에 대한 쟁의행위가 정당한지 ··································· 346

　2. 노동쟁의 조정대상이 무엇이며 조정절차는 어떻게 진행되는지 ······· 347

　　가. 의의 ··· 347

　　나. 노동쟁의(조정) 대상은 무엇인지 ··· 347

　　다. 조정(調停; mediation) ·· 348

　　라. 중재 ··· 349

　　마. 긴급조정제도 ·· 350

　　바. 공익사업의 특별조정 ··· 351

　　사. 사적 조정제도 ··· 352

Ⅴ. 부당노동행위 ·· 353

1. 부당노동행위가 인정되기 위한 요건 ··· 353

　가. 사용자의 행위여야 한다(부당노동행위의 주체). ······························· 353

　나. 노동조합법 제81조 제1항 각호에 해당하는 행위여야 한다. ·············· 353

　다. 부당노동행위 의사가 있어야 한다. ··· 353

　라. 부당노동행위 여부를 놓고 주로 다투는 사항 ································· 354

　　(1) 불이익 취급 원인이 경합하는 경우 ·· 354

　　(2) 부당노동행위에서 원청업체의 사용자 해당 여부 ·························· 355

2. 부당노동행위 구제절차는 어떻게 진행되는지 ····································· 356

　가. 의의 ·· 356

　나. 노동위원회에 의한 구제 ·· 357

　　(1) 지방노동위원회의 구제 ·· 357

　　(2) 중앙노동위원회의 구제 ·· 358

　　(3) 부당노동행위 '긴급이행명령제도'란 무엇인지 ······························· 358

사항색인 ·· 361

01.

고용 갈등과
협상

01 고용 갈등과 협상

김태기

I. 직장생활과 고용 갈등

1. 직장생활의 즐거움과 고통

직장생활에는 기회와 위험이 공존한다. 채용과 승진 그리고 급여 인상과 휴가 확대 등 즐거움만 있는 것이 아니다. 회사의 경영 환경이 좋지 않으면 급여 삭감이나 임금 체불, 조기 퇴직의 슬픔도 있다. 이뿐만 아니라 차별과 괴롭힘 등의 소외와 그리고 징계와 해고 등의 아픔도 겪을 수 있다. 이러한 희로애락은 취업을 하고, 노동력을 제공하며 보상을 받고, 퇴직하는 등 직장생활에 수반되는 것이다. 직장생활은 노동력이 필요한 사업주와 노동력을 제공하는 근로자 사이에 이해관계가 일치함으로써 시작된다. 이렇게 고용 관계는 이해관계의 일치를 전제하기 때문에 고용 관계의 성립부터 갈등이 발생할 소지가 있다. 노동력을 확보하지 못하거나 일을 하고 싶어도 할 수 없다면 고용 관계는 성립되지 않는다. 고용 갈등은 고용 관계의 유지와 종료에도 뒤따른다는 점은 두말할 나위가 없다. 어떤 고용 갈등이든 자신의 욕구 즉 요구나 기대가 상대방의 욕구와 충돌 속에서 비롯된다.

평범한 직장인에게 고용 갈등이란 단어는 노사갈등에 비해 생소하게 들릴지 모르지만 어떻게 예방하고 해결하냐에 따라 삶의 질도 달라진다는 점은 누구나 공감할 것이다. 고용 갈등은 노동력 제공과 보상에 관한 갈등으로 고용 관계를 맺기 이전은 물론이고 이후에도 발생할 수 있다. 따라서 직장생활을 즐기려면 고용 갈등을 스스로 예방하고 해결할 역량을 키울 필요가 있다. 그 역량은 고용 갈등의 이해로부터 시작된다. 고용 갈등도 원인이 있고 결과를 낳는다는 점을 유념해야 한다. 또 고용 갈등이라면 회사를 상대방이라고 생각을 하기 쉬우나, 상사나 책임자 때로는 동료와의 사이에서 벌어진다는 점도 알아야 한다. 회사는 이윤을, 비영리 기관은 설립목적을 달성하기 위해, 위계질서 조직으로 운영되고 구성원에 대해 평가가 뒤따르며, 어떤 결정이나 처분에는 상사나 책임자 등 개인의 의견이 작용하는 것이 현실이다.

2. 직장인의 갈등 해결 역량

안타깝게도 고용 관계의 당사자들은 갈등이 발생한 이후에야 근로계약의 중요성을 인식하는 경향이 있다. 근로계약서는 고용 관계를 규정하는 핵심 문서다. 근로계약의 주요 내용인 임금과 근로조건 등은 법에 저촉되지 않는 한 자유롭게 결정할 수 있고, 체결된 근로계약은 노사 모두 신의를 가지고 성실하게 이행해야 한다. 문제는 근로계약이 중요하지만 그렇다고 모든 사항을 문서에 일일이 담을 수 없다는 점이다. 이에 대부분 회사에서는 근로자가 회사에서 지켜야 할 취업규칙과 노동조합이 있는 경우에는 노사가 체결한 단체협약이 근로계약을 보완한다. 둘 다 근로계약보다 상위의 위치에서 고용 관계를 규정하지만, 근로계약이 취업규칙이나 단체협약보다 근로자에게 유리하면 근로계약이 우선 적용된다. 문서로 된 명시적 규정이 없다면 고용 관계에서 지속적·반복적으로 수용되어 온 묵시적 관행도 근로계약을 보완한다는 점도 유념해야 한다. 예를 들면, 계약직이지만 여러 차례 계약이 반복해 갱신되어왔다면 정당한 사유 없이 계약을 해지하는 경우 부당해고가 될 수 있다.

3. 고용 갈등의 본질

고용 갈등이 발생하면 당황하기 마련이다. 큰 문제가 아닌데도 불구하고 과잉 대응을 할 수 있다. 하지만 어떤 갈등이라도 문제의 본질을 알면 해결의 실마리가 보인다. 고용 갈등은 경제적 이해관계가 본질이지만 조직 내부와 법적 문제까지 얽히면서 복잡해질 뿐이다. 경제적 측면만 보면 고용 갈등은 경쟁과 협력의 요소를 모두 가지고 있다. 고용은 생산 활동과 소득 활동의 기초로 생산은 노사 협력을 통해 소득으로 이어진다. 분배는 경쟁적이지만 협력을 해야 고용 관계가 유지된다는 전제가 있다. 만약 경쟁을 통해 쌍방이 결국 모두 손해를 보고 고용 갈등을 해결했다면 그만한 이유가 있다. 첫째, 정보의 부족이다. 생산과 소득 등의 정보를 당사자 한쪽만 아는 비대칭적 상태라면 오판하게 된다. 둘째, 심리적 장애다. 갈등 상황을 감정적으로나 자기중심적으로 인식해 의사소통이 어렵다. 감정적으로 대응하면 합리적 기준이 아니라 체면 등에 따라 판단하는 문제가 생긴다. 셋째, 법의 무시다. 법은 갈등을 관리하는 게임의 규칙으로 자율적 해결을 촉진하나 위반하면 반칙 시비로 커진다.

어떤 갈등이든 자기 자신이 다른 사람보다 문제의 원인을 잘 알고 있기에 자율 해결이 상책이다. 또 당사자들의 처지에 맞는 해법을 자신들이 스스로 만들 수 있기에 만족도가 높다. 고용 갈등은 직장생활의 복잡하고도 미묘한 문제에서 비롯되므로 더 그렇다. 하지만 스스로 해결하는 것이 어려우면 다른 사람의 도움이 필요하다. 직장 내부의 제3자, 그래도 어려우면 노동위원회 등 외부의 도움을 받아 해결할 수 있다. 당사자들의 자율 해결은 협상을 의미한다. 직장의 상사나 동료 등의 도움이나 직장 내 고충처리, 노동위원회의 도움은 화해·조정·중재의 활용을 의미한다. 이들은 제도의 원리에 비추어 보면 중립성과 공정성을 가지고 돕게 되어 있다. 노동위원회나 법원은 고용 갈등을 법에 따라 판정으로 해결하지만, 그 이전에 화해 등으로 자율 해결을 권유한다. 외부 사람이 갈등의 속사정을 잘 알기 어렵고, 판정에는 시간이 걸리고 비용이 들기 때문이다.

 직장생활은 더 복잡해지고 고용 갈등의 소지도 커지고 있다. 기술과 인구구조가 바뀌면서 새로운 거래 관계와 고용 관계가 많아지고 동시에 노동력이 다양해지면서 일하는 방식도 종전과는 다른 방식으로 변화하고 있기 때문이다. 고용 갈등이 많아지는 가운데 직장인들이 마음 편하게 일하려면 약간의 시간을 내더라도 협상과 화해·조정·중재, 이를 뒷받침하는 의사소통에 대한 이해와 훈련, 노동법의 기본 지식을 갖추는 것이 필요하다. 이 글은 고용 갈등의 해결을 위한 협상에 초점을 맞춘다. 협상의 연장선에 있는 화해·조정과 그리고 의사소통 여기에다 협상의 틀을 규정하는 노동법의 기초도 고용 협상에 관련된 부분에 대해 간단히 언급하고자 한다. 이 글의 순서는 II절에서 고용 갈등의 유형과 협상의 역할을, III절에서 고용 갈등을 해결하기 위한 협상의 준비를, IV절에서는 고용 협상에서 유념할 의사소통의 문제를, V절에서는 구체적인 고용 갈등 사례를 놓고 협상과 화해·조정의 활용법을 소개한다.

II. 고용 갈등의 유형과 협상의 역할

1. 직장생활과 욕구의 충돌

급여 수준이 높은 회사에 취업하고 싶은 근로자의 욕구는 인건비용을 줄이고 싶은 사용자의 욕구와 충돌한다. 이러한 노사의 욕구 충돌은 취업 갈등으로 나타난다. 또 느슨하게 일하고 싶은 근로자의 욕구는 조직의 기강을 확립하고 싶은 사용자의 욕구와 충돌한다. 이러한 충돌은 징계 갈등을 일으킨다. 이뿐 아니라 자신과 가까운 사람이라고 승진을 시키고 싶은 욕구에 소외당한 피해자가 반발하면서 차별 갈등으로 이어진다. 이처럼 고용 갈등은 다양하다. 그러나 어떤 경우든 갈등 해결의 기본 원리는 당사자들의 협상이다. 취업 갈등은 임금·근로조건에 대한 협상으로, 징계 갈등은 업무 수행 방식에 대한 협상으로, 차별 갈등은 평가방식에 대한 협상으로 해결할 수 있다. 하지만 당사자들이 협상으로 갈등을 해결하기 어려우면 제3자에 의한 화해·조정·중재로 해결한다. 그 결과 대부분의 고용 갈등은 고용 협상의 원리에 따라 자율적으로 해결된다.

고용 협상도 고용 관계에서 원하는 바를 달성하거나 원하지 않는 일을 피하고 싶은 자연스러운 욕구에서 출발한다. 이런 욕구를 느끼는 직장인에게 협상은 삶의 지혜에 속한다. 당사자들이 협상으로 갈등을 해결하지 못하면 믿을 만한 제3자에게 협상의 지원을 요청한다. 이 또한 자연스러운 욕구다. 고용 협상의 지원을 요청받는 상황에 따라 지원의 방식은 화해·조정·중재 등 다양한 형태로 나타나게 된다. 제3자의 지원은 화해나 조정으로 정보의 부족, 심리적 장애, 법의 무시 등에 따른 협상의 각종 걸림돌을 해소하는 방식으로 이루어진다. 화해를 통해서 대화를 촉진하고, 과도한 확신이나 불안을 덜어주고, 법률적 지식을 제공하는 등의 노력을 기울인다. 나아가 조정을 통해서 임금·근로조건에 대한 '합리적인 수준'을 제시하고 징계나 차별에 대한 '정당한 사유와 절차' 등에 대한 당사자들의 인식 차이를 좁히고, 필요하다면 의견을 제시하고, 당사자들이 함께 요청하면 중재도 한다.

2. 고용 갈등의 유형과 단계

직장인의 고용 갈등과 협상 및 화해 등에 관한 관심은 어떤 상황인가에 따라 다를 것이다. 직장생활의 관점에서 보면 고용 갈등과 협상은 고용 관계의 시작, 유지, 종료로 나누어 볼 수 있다. 첫째, 고용 관계의 시작과 관련한 갈등이다. 신규 취업, 재취업, 전직 취업 등의 경우로 사용자와 협상으로 고용 관계의 조건에 합의함으로써 해결한다. 둘째, 고용 관계의 유지와 관련한 갈등이다. 연봉 인상, 승진, 전보, 계약 갱신 등의 갈등이 생기면 사용자와 협상으로 해결한다. 차별·괴롭힘·성희롱 등의 갈등은 대개 사용자와 동료 근로자가 모두 관련되어, 당사자들 사이의 협상은 물론 회사 내부와 외부에 있는 제3자에 의한 화해·조정·중재도 활용된다. 셋째, 고용 관계의 종료와 관련한 갈등이다. 퇴직이나 해고 등의 문제를 놓고 사용자와 협상하지만, 원하지 않는 고용 관계의 종료 문제라면 갈등의 심각성이 큰 만큼 협상과 화해·조정·중재의 활용은 더 커진다.

고용 갈등은 발생과 진행에 단계가 있다. 단계는 법적 문제와 밀접한 관계가 있고, 단계가 올라갈수록 제3자의 도움이 더 필요해진다. 고용 갈등을 3단계로 나누어보면, 고용 갈등이 수면 밑에 있는 단계, 수면 위로 올라오는 단계, 갈등이 분쟁으로 악화하는 단계다. 첫째, 고용 갈등이 수면 밑에 있는 경우 당사자들이 자유롭게 고용 관계의 조건을 결정함으로써 해결된다. 이런 경우 협상이 주된 해결 수단이 된다. 둘째, 고용 갈등이 수면

위로 올라오는 경우 당사자들은 법적인 문제를 검토하는 등 긴장 관계에 놓이고, 회사 내부적으로는 당사자들의 협상은 물론 책임자나 동료들에 의한 화해나 조정이 시도된다. 셋째, 분쟁으로 악화하는 경우 당사자들 사이에 법적인 공방이 외부로 확대되면서 관계는 더 대립적으로 된다. 이런 문제 때문에 노동위원회나 법원은 사건을 처리하는 데 판정이나 판결 이전에 당사자들의 화해를 우선 권유하고, 결렬되면 결정을 내린다.

3. 고용 갈등 해결의 논리

고용 갈등에서도 협상의 역할은 어떤 문제인가에 따라 다르다. 고용 갈등은 경제적 문제, 법적 문제, 양자의 복합적 문제로 나눌 수 있다. 각각의 문제에 따라 갈등 해결의 논리는 차이가 있다. 경제적 문제는 원하는(또는 피하고 싶은) 바를 챙기는 이익의 논리가 작용하는 반면, 법적 문제는 누가 잘못했는지 시시비비를 가리는 권리의 논리가 주로 작용한다. 복합적 문제는 이익의 논리와 권리의 논리가 함께 작동한다. 또한 갈등이 집단적이면 힘의 논리도 작동한다. 당사자들이 조직의 수적 우세나 질적 응집력 등을 이용해 상대방의 양보를 받아내는 것이다. 하지만 어떤 경우든 갈등 해결의 논리는 고정된 것이 아니다. 갈등을 일으킨 문제의 성격에 따라 논리가 바뀔 수 있다. 고용 갈등을 예로 들면,

- 첫째, 경제적 문제는 임금인상이나 근로조건 개선 등의 갈등으로 이익의 논리에 따라 해결된다. 하지만 임금이 최저임금에 미달하거나 근로시간이 법정 한도를 넘는 문제라면 권리의 논리가 작용한다.
- 둘째, 법적 문제는 징계·해고나 차별·괴롭힘 등의 갈등이다. 정당성이나 합리성 등이 문제라면 법의 해석과 적용 등 권리의 논리가

작용하지만, 피해를 금전 보상으로 해결한다면 이익의 논리가 작용한다.

- 셋째, 양자의 복합적인 문제는 경영 악화에 따른 집단 해고 등의 갈등이다. 이런 경우 힘의 논리가 작용하지만, 사유의 정당성을 따지면 권리의 논리가 또 전직 지원으로 해결한다면 이익의 논리가 작용한다.

4. 고용 갈등과 협상 및 화해의 활용

고용 갈등 해결의 보편적인 방법은 협상이지만 언제나 협상을 선택하는 것은 아니다. 때로는 협상보다 법원의 판결이나 노동위원회의 판정으로 갈등을 해결하기도 한다. 협상은 다른 방법에 비해 비용 대비 수익이 높을 때 선택된다. 하지만 소송은 판사가 어떤 판결을 할지 모르기 때문에 불확실성이 따르고, 변호사 비용을 부담해야 하며, 시간이 걸리기 때문에 기회비용도 감당해야 한다. 해고 소송을 예로 들면, 해고가 부당한지에 따라 이익이 완전히 달라지기에 이기면 100이 되고, 반면 지면 0이 된다고 하자. 판결이 불확실하기에 확률적으로 기대이익이 50이 된다고 해도, 시간과 변호사비 등 소송비용이 10이 든다면 실제 이익은 40으로 줄어든다. 그러나 협상은 당사자들 자신이 직접 해결하기에 소송이 가진 불확실성 문제나 법적 절차에 따른 비용이 들지 않는다. 따라서 협상을 통해 얻는 이익은 소송과 대비해 최소한 10 이상 크다.

고용 협상이 어려우면 화해·조정 등을 활용할 수 있다. 화해나 조정은 쌍방의 가치 주장, 즉 몫의 분배에 대한 이견을 줄여 합의를 촉진한다. 이뿐 아니라 더 나아가 가치 창출, 즉 몫의 확대를 통해 당사자들은 협상의 이익을 키울 수도 있다. 당사자들의 주장을 반영해 합의 대안을 만들고 뿐만 아니라 소송이나 판정이 가지고 있는 경제적·정신적 부담도 덜어준다. 앞에서 말한 해고 갈등의 경우, 화해는 당사자들의 신뢰 관계 회복을 통해 총이익을 100 이상으로 높이는 창의적인 방안을 제시하고, 소송비용 10도 절약할 수 있게 한다. 화해나 조정을 잘 활용하려면 원리와 협상의 단계에 따른 역할을 이해할 필요가 있다. 이 책의 해당 파트에서 다루겠지만, 화해나 조정을 담당하는 사람은 우선 갈등의 원인과 협상의 진행 상황 및 난관을 파악하고, 다음으로 당사자들의 요구나 주장을 경청하고 질문을 하며, 갈등의 해법에 대한 윤곽이 잡히면 당사자들과 대화를 나누고, 확신이 들면 마지막 단계에서 합의하도록 설득한다.

화해나 조정을 담당하는 사람을 만나면 낯설기에 경계심이 생길 수 있다. 하지만 이들은 차가운 머리뿐 아니라 따뜻한 마음을 가지고 있다. 당사자들과 이해관계가 없는 중립적인 위치에 있고, 해당 문제에 대해 전문성을 가지고 있으며 동시에 공감과 이해심이 있는 사람이 화해나 조정을 맡는다. 해고 갈등의 경우 유능한 화해인이라면 해고의 사유와 절차에 대한 사실관계는 물론 기업과 근로자의 피해, 경영상황, 임금·근로조건 수준, 고용 및 업무 관행, 회사와 조직의 분위기 등을 파악하고 또 법적 문제도 사전에 검토한다. 당사자들을 만나면 자신의 역할과 화해의 진행 방식 등을 설명하고, 필요에 따라 이들을 별도로 따로 만나거나 함께 만나 의중을 듣는다. 당사자들의 감정을 누그러뜨려 회의 분위기를 부드럽게 만들고, 자유롭게 대화가 오갈 수 있도록 도와주고, 적절한 시점에 당사자들이 합의할 수 있는 창의적인 대안을 제시하고, 마지막으로 당사자들에게 결단을 촉구한다.

III. 고용 갈등과 협상의 준비

1. 협상의 이익을 점검하기

고용 갈등을 당사자들이 협상으로 해결하는 것이 바람직하다고 해도 언제나 협상이 성립되는 것은 아니다. 따라서 쌍방 모두에게 협상의 이익이 있는지부터 먼저 점검할 필요가 있다. 협상의 이익을 기대할 수 없다면 협상은 아예 성립하지 않는다. 하지만 협상의 이익은 미리 알 수가 없고 협상이 끝난 다음에야 실현된다. 따라서 협상의 이익이 객관적으로는 존재하고 있음에도 불구하고, 과소평가하거나 때로는 실제 이상으로 과대평가할 수 있다는 점을 유념해야 한다. 이런 이유로 협상의 기대이익은 주관적인 측면이 크게 작용하기 쉽기에 절제가 필요하다. 고용 갈등은 즐거움, 슬픔, 아픔 등의 심리적 문제가 크기에 더욱 그렇다. 이런 점을 염두에 두고 협상의 이익이 불확실하더라도 존재하는지 또 존재한다면 얼마나 되는지를 추정할 필요가 있다. 협상의 이익은 합의 이전과 이후의 변화라고 할 수 있다. 자신과 상대방의 기대와 욕구가 합의를 통해 충족되는 만큼 협상의 이익은 심리적으로 더 클 수 있다.

(1) 보텀 라인의 설정

협상의 이익은 본인이 기대하는 최소한의 수준, 보텀 라인(bottom line) 이상의 합의에 좌우된다. 즉 보텀 라인과 합의 수준의 차이가 협상의 이익이 된다. 보텀 라인이 너무 높으면 협상이 성립되기 어렵고 합의를 하더라도 이익의 체감, 즉 만족도는 그만큼 떨어진다. 자신의 보텀 라인은 자신만이 알고 상대방의 보텀 라인은 상대방만이 아는 '극비정보'에 해당한다. 양측 당사자들의 보텀 라인은 협상 가능 영역의 경계선을 형성하고, 합의는 경계선 안에서 이루어진다. 하지만 보텀 라인은 고정된 것이 아니라 협상이 진행되면서 바뀌고 협상 가능 영역도 달라질 수 있다. 즉 협상 가능 영역도 사전에 확정할 수 없고 추정만 할 수 있을 뿐이다. 취업 갈등을 예로 들면, 근로자는 연봉 4천만 원이 보텀 라인, 사용자는 5천만 원이 탑 라인이라면 협상 가능 영역은 4천 만~5천만 원이 되고, 4.5천만 원에 합의한다면 각자의 협상의 이익은 5백만 원이 된다. 하지만 근로자의 보텀 라인이 4.5천만 원을 초과하면 협상은 성립되지 않는다.

(2) 협상 가능 영역과 심리적 문제

협상 가능 영역은 당사자들의 인식과 심리적 상태에 따라 달라진다. 협상의 이슈를 대립적으로 인식하거나, 나눌 수 있는 몫(파이)이 고정되어 있다는 등의 심리적인 문제 때문에 협상 가능 영역을 좁게 볼 수 있다. 실제로 파이는 가치 창출을 위해 협력하면 커지고 대립하면 줄어들 가능성이 있기에 고정되어 있다는 생각은 오류다. 따라서 협상 가능 영역에 대해 범하기 쉬운 심리적인 문제를 협상의 시작 이전부터 당사자들 스스로 인정하고 경계하는 것이 중요하다. 고용 갈등의 경우 이러한 오류를 피하려면 관련 문제에 대한 정보를 수집·분석하고 주변의 사람들의 의견을 듣는 것이 좋다. 협상을 시작한 이후라면 제3자의 도움을 받는 화해·조정을 적극적으로 활용할 필요가 있다. 화해나 조정은 협상 당사자들이 감정을 억제하고 차분하게 대화하도록 돕고, 정보를 제공하고 합의할 수 있는 창의적인 대안들을 제시함으로써 협상 가능 영역을 확장하는 역할도 할 수 있다는 점에 유념할 필요가 있다.

2. 협상을 위한 사전 준비

협상의 이익을 기대할 수 있다고 판단하면 협상을 위한 사전 준비에 나서게 된다. 경험칙에 의하면 협상의 성공은 사전 준비에 따라 80%가 좌우된다. 어떤 협상은 순조롭게 진행되고 또 원하는 바를 많이 달성할 수 있지만, 어떤 협상은 그렇지 못한 이유가 협상의 사전 준비가 부실한 데 기인하는 바가 크다. 하지만 협상을 위한 사전 준비를 위해 무엇을 어떻게 해야 할지 막연할 수 있다. 고용 갈등을 해결하기 위한 협상의 경우, 사전 준비 과제가 구체적인 고용 갈등에 따라 다르지만, 공통적인 과제는 협상이 어떻게 진행되고 어떤 합의에 도달할지에 대해 전망하는 것이다. 이러한 전망을 하는 데 필요한 핵심 과제는 협상력의 평가와 장애 요인의 파악이다. 자신과 상대방에 대한 이 두 가지 변수를 냉정하게 평가하고 대책을 수립하는 일이 협상의 사전 준비의 핵심이 된다. 두 변수에 대한 분석은 협상 목표와 협상전략 수립의 기초로, 협상의 진행과 결과의 전망에도 활용된다.

(1) 협상력 평가하기

협상력이란 용어는 거창하게 들릴 수 있으나, 상대방이 자신의 요구나 주장을 받아들이게 만드는 힘이라고 할 수 있다. 협상의 준비는 자신과 상대방이 가진 그 힘을 냉정하게 평가하는 데서 출발한다. 이렇게 해야 기회와 강점은 살리고 위험과 약점은 보완해 협상력을 키울 수 있다. 하지만 주의할 점이 있다. 협상력의 의미가 협상전략에 따라 달라진다는 것이다. 협상전략은 상대방이 양보해 자신의 요구나 주장을 받아들이게 하거나(양보 추구 전략) 아니면 상대방이 합의를 가로막는 문제를 해결하는 데 협력하도록 하느냐(문제 해결전략)로 나눌 수 있다. 양보 추구 전략에서 협상력은 양보를 압박하는 반면 문제 해결전략에서 설득을 할 수 있는 힘이라고 할 수 있다. 협상력의 결정 요인들과 각 요인의 중요성도 협상의 전략에 따라 다르다. 하지만 어떤 협상이라도 협상력의 결정에는 외부적 요인과 내부적 요인이 작용한다. 협상 당사자에게 주어진 외부적 요인은 경제적 요인, 조직적 요인, 법적 요인으로 나눌 수 있고, 협상 당사자가 조절할 수 있는 내부적 요인은 정보, 네트워크, 자금, 권한 등으로 나눌 수 있다. 실제 협상에서는 각각의 요인들이 복합적으로 작용한다.

예를 들면, 취업 협상의 경우 경기가 좋지 않아 구직자가 구인자보다 많으면 구직자의 협상력이 떨어진다. 이런 경우 구직자는 자신이 가진 인적 자본의 가치를 돋보이게 하고 이를 구인자에게 어필한다면 설득에 방점을 둠으로써 협상력을 지키려 하는 것이다. 중도 퇴직 협상의 경우 회사가 필요로 하는 특별한 스킬을 가진 전문직은 협상력이 크다. 이런 경우 사용자가 해당 직원에 대한 의존도를 낮추도록 유사한 스킬을 가진 인재의 발굴로 대응한다면 압박하는 모양새가 된다. 징계 협상의 경우 평판이 좋지 않은 직원은 협상력이 낮아진다. 이런 경우 직원이 자신의 성실성을 뒷받침할 증거 자료와 증언해 줄 동료 등을 찾는다면 설득을 통해 협상력을 키우고자 하는 것이다. 차별이나 괴롭힘 협상의 경우 법에서 규정하는 차별(괴롭힘)의 인정 범위가 넓어지면 피해를 본 직원의 협상력이 크다. 이런 경우 사용자는 근로계약, 취업규칙, 인사 규정, 업무와 보상 관행, 직원 교육 등을 점검·개선한다면 협상력을 높일 수 있다.

협상에서 성공하려면 자신과 상대방의 협상력을 토대로, 협상 목표를 현실적으로 설정하고, 이를 달성하기 위한 전략을 꼼꼼하게 수립해야 한다. 협상전략은 상대방의 양보를 추구하는 전략과 상대방과 함께 문제를 해결하는 전략으로 나눌 수 있지만, 실제 협상에서는 대부분 두 개가 혼합된다는 점에 유념할 필요가 있다. 즉 전자는 상대방에 대한 압박을 하는 반면, 후자는 설득을 기저에 깔고 있지만, 상황에 따라 압박과 설득이 혼재하고 구분하기 또한 모호하다. 취업 협상을 예로 들면, 양보 추구 전략은 자신이 가진 인적자본 등의 가치가 크다고 주장하고 상대방은 이를 깎아내리려는 반면, 문제해결 전략은 상대방과 협력함으로써 인적자본의 가치를 양측이 같이 창출하자는 접근을 한다. 중점을 가치 주장과 가치 창출 어디에 두는가에 따라 협상전략이 다르지만, 그 선택은 상대방의 행동과 자신의 대응에 따라 바뀔 수 있다. 따라서 양보 추구 전략이 통하지 않으면 문제해결 전략으로 선회하거나 때로는 정반대로 될 수 있다.

(2) 협상의 장애 요인 파악하기

협상의 이익이 있음에도 불구하고 잘 진행되지 않는 오류가 생긴다면 그만한 이유가 있다. 따라서 협상을 시작하기 이전에 장애 요인을 예상하고 대비하는 것이 중요하다. 고용 협상의 경우 장애 요인으로 정보나 심리 그리고 법적 문제 등이 있다. 정보는 고용 협상에서 핵심 요소다. 취업 협상의 경우, 구인 기업은 구직자의 인적자본이라는 가치에 대한 정보가 부족하고 반면, 구직자는 인적자본을 활용함으로써 거둘 수 있는 가치에 대한 정보가 부족해 협상의 오류가 발생한다. 심리적 문제는 취업에 성공하면 자신이 가진 인적자본의 덕분이고 못하면 환경에 탓을 돌리거나, 본인의 생각에 부합하는 정보만 편향적으로 받아들이는 오류 등이 있다. 법적 문제는 관련 고용 관련 법을 모르거나 추상적인 부분을 일방적으로 유리하게 해석함으로써 협상이 실패로 돌아가게 한다. 세 가지 요인은 복합적으로 작용해, 협상이 실패하면 당사자들의 관계는 대립을 넘어 적대적으로 변할 수 있다.

(3) 협상을 전망하기

시간이 지나면서 정보나 심리적 문제 등 장애 요인이 완화되는 것이 협상의 일반적 현상이다. 하지만 협상의 시간은 제한적이다. 따라서 협상의 로드맵을 만들어 진행을 전망하고 시간을 관리하는 것도 협상의 준비에 있어서 중요하다. 시간의 지체는 경제적 또는 심리적으로 부담이 되고 합의에 도달하지 못하면 당사자 모두 손해를 보기 때문에 협상은 시간에 흐름에 따라 자연히 진행 속도가 빨라진다. 이런 이유로 협상에도 일정한 패턴이 있다. 첫째, 협상을 시작하기 이전에 갈등 상황과 상대방의 의도에 대한 정보 수집 등 준비를 하고 둘째, 협상이 본격화되면 대화로 합의의 대안과 조건을 모색하고 셋째, 마무리 단계에서는 합의안 선택의 결단을 내린다. 취업 협상의 경우 1단계로 구인 기업의 정보를 수집하고, 2단계로 자신의 인적자본 가치를 이에 맞추어 부각하고, 3단계로 채용 조건을 결정한다. 정보가 부족하거나 취업을 신속히 하고자 하는 경우 고용안정기관의 도움을 받는다. 이런 경우 고용안정기관은 취업 협상을 지원하는 역할을 한다고 볼 수 있다.

(4) 협상 준비의 유의 사항

협상은 상대방과 벌이는 게임이지만 성공 여부는 자신의 노력과 태도에 더 크게 좌우된다. 협상하기 이전에 유념해야 할 사항은 다음과 같다.

- 첫째, 전문가들은 협상의 성공은 80%가 사전 준비에 좌우된다고 한다. 고용 협상도 마찬가지다. 특히 정보와 네트워크가 중요하기에 더욱 그렇다. 협상을 시작하기 전에 다각적으로 정보를 수집하고, 갈등과 협상의 경험자들로부터 조언을 듣는 것이 좋다.
- 둘째, 무엇을 얻고자 하는지 분명히 하고 우선순위를 매긴다. 고용 협상의 상대방도 같은 상황이다. 자기중심적으로 무리한 목표를 세

우면 협상이 성립되기 힘들다. 협상의 이익이 있더라도 과욕을 부리면 실현하지 못한다.

- 셋째, 갈등이 발생한 원인과 협상력을 냉정하게 평가하고 전략을 세운다. 고용 관계의 당사자인 자신과 상대방 모두 협상에 강점과 약점이 있고, 외부 환경에는 기회와 위험 요인이 모두 존재한다. 협상력이 뒷받침되지 않는 협상전략은 성공하기 어렵다.
- 넷째, 협상이 순조롭지 않을 수 있다는 점에 대비한다. 고용 갈등의 원인이 협상하기 쉽지 않은 문제일 수 있으나 자신과 상대방의 태도가 더 문제가 될 수 있다. 정보와 심리 그리고 법적인 문제 등으로 나누어 대비하는 것이 좋다.
- 다섯째, 협상이 어떻게 진행될지 전망한다. 조급하면 오히려 협상을 어렵게 만들 수 있다. 고용 갈등도 시간이 흐름에 따라 협상이 빨라진다는 점을 고려해 협상의 로드맵을 작성한다. 협상의 단계별 과제와 장애 요인 등을 로드맵에 담는 것이 좋다.

Ⅳ. 고용 협상과 의사소통

1. 말 잘한다고 의사소통 잘하는 게 아니다

협상을 잘하는 사람이라면 말을 잘하는 사람으로 생각하기 쉽다. 이러다 보니 말수가 적은 사람은 협상에 적합하지 않다고 생각하는 경향이 있다. 하지만 실제로는 그렇지 않다. 말이 많은 사람보다는 말을 조리 있게 하는 사람이 또 말하기를 좋아하는 사람보다 듣기를 좋아하는 사람이 협상에 더 적합하다. 고용 갈등의 경우 더욱 그렇다. 고용은 사람의 행복과 직결되고, 복잡미묘한 감정을 가진 사람이 갈등의 주체이기 때문이다. 고용 관계에서는 시작이나 유지 그리고 종료가 모두 인사권을 가진 사용자의 결정이 중요하다. 따라서 고용 갈등에서 근로자는 사용자의 말을 경청하고 새겨들어 의중을 알아야 어떤 제안을 할 수 있고, 오해하지 않도록 말을 해야 그 제안이 제대로 전달될 수 있다. 취업의 경우 채용에 대해, 징계의 경우 회사의 방침에 대해, 차별의 경우 인사 관행에 대해 정보를 정확하게 알아야 효과적으로 대응하고 협상을 유리하게 끌고 갈 수 있다.

의사소통은 협상의 핵심이다. 협상은 원하는 바를 달성하는 일이니만큼 생각이나 감정을 상호교환하는 의사소통을 통해 진행되기에 그렇다. 즉 대화와 설득을 통해 주장이나 요구의 차이를 좁혀가고, 경청과 질문을 통해 내용을 정확하게 파악해야 한다. 의사소통에서 말과 문서는 물론 표정이나 행동도 주요 수단이고, 이 모든 것이 전체로서 하나가 되어 생각이나 감정이 전달된다. 의사소통은 협상의 목적과 단계에 따라 다르다. 고용협상도 갈등의 원인에 따라 또 진행 상황에 따라 의사소통의 주안점과 수단이 달라진다. 취업 협상의 경우 초기에는 채용 조건과 지원 상황 그리고 회사의 사정 등의 정보를 파악해야 하기에 경청과 질문이 중요하고, 문서가 중요 역할을 한다. 협상을 마무리하는 단계로 가면 임금과 근로조건의 구체적인 사항을 결정해야 하기에 대화와 설득이 중요하고, 이때는 말과 표정이나 행동이 큰 역할을 한다.

2. 의사소통의 합리성은 제한적이다

의사소통의 주체인 사람의 판단과 행동은 대체로 합리적이지만 제한적이다. 때로는 생각이 감정에 치우쳐 비합리적이고 흥분해 있어 의사소통이 어려울 수 있다. 실제로 의사소통은 주변의 분위기에 영향을 받거나 자기의 심리 상태에 따라 효과가 다르다. 나아가 사람의 합리성은 제한적이기에 상대방이나 자신에게도 도움이 되지 않는 유감스러운 결정을 내릴 수 있다. 의사소통을 잘하는 방법은 이 책의 해당 파트에서 자세하게 논하겠지만, 고용 갈등을 해결하기 위한 협상에서 의사소통은 다음과 같은 점을 특히 유념하여야 한다. 첫째, 상대방의 요구나 주장을 잘 듣고 둘째, 자신의 요구나 주장을 상대방이 잘 이해할 수 있도록 말하며 셋째, 상대방이 동의할 수 있는 논리와 근거를 제시하고 넷째, 존중받는다는 기분을 상대방이 느끼도록 진지한 태도를 보이고 다섯째, 분위기에 맞추어 적절하게 질문하며 여섯째, 상대방의 의사 확인은 물론 상대방을 배려해 호의를 끌어내도록 한다.

상대방이 호감을 느끼도록 하는 것이 의사소통의 일차적인 과제다. 고용 협상은 더욱 그렇다. 상대방이 호감을 크게 느낄수록 자신의 제안이 수락될 가능성도 커진다. 제안의 수락을 받아내기 위한 의사소통은 그 내용은 물론 본인의 태도와 상대방의 정서가 중요하다. 이에 대해 고대 그리스의 철학자 아리스토텔레스는 일찍이 의사소통의 기법('수사학')을 연구했는데, 핵심 요소로 에토스, 파토스, 로고스를 제시했다.[1] 협상 전문가들의 경험에 의하면 대화와 설득의 성공 요소로 에토스가 가장 중요하고(전문가들은 비중을 60%로 보는 경향), 이를 위해 상대방이 자신에게 좋은 인상을 받고 신뢰를 하는 등 호감을 느끼도록 말을 해야 한다. 다음으로 파토스가 중요한데(30%), 어떤 주장을 할 때 상대방의 정서를 이해하고 공감을 얻도록 말을 해야 한다. 마지막으로 로고스가 중요한데(10%), 대안을 제시하거나 역제안을 할 때 상대방이 이성적 판단을 하는데 필요한 논리와 근거를

---

1 말을 조리 있게 하고 효과적으로 설득하는 방법을 가르치는 수사학에서 에토스, 파토스, 로고스를 중시하는데 특히 아리스토텔레스는 에토스, 파토스, 로고스 순으로 접근해야 한다고 강조하였다. 에토스는 설득하는 사람의 고유한 성품, 매력도, 진실성을 의미한다. 파토스는 듣는 사람의 심리 상태를 말하는데, 상대방의 심리 또는 감정 상태가 설득에 영향을 미친다. 로고스는 원래 통나무를 의미하는 'log'에서 유래했는데, 상대방에게 명확한 증거를 제공하기 위한 논리를 의미한다.

제시해야 한다.

3. 의사소통의 장애 요인을 경계한다

의사소통은 쉬운 일이 아니다. 의사소통의 실패는 협상의 오류를 일으킨다. 고용 갈등의 의사소통에도 정보의 불완전성 문제, 심리적 문제, 법적 문제 등이 장애 요인으로 작용한다. 고용 갈등은 본질인 일자리 문제가 소득뿐 아니라 사람의 정체성과 관련되어 있고, 복잡한 법의 규율을 받기 때문에 더욱 그렇다. 취업 협상의 경우 근로자가 가진 인적자본의 가치는 급여 수준 등과 직결되지만 얼마나 되는지 알 수 없다. 근로자는 자신의 가치를 크게 평가하는 반면, 사용자는 낮추어 본다. 취업 협상에서 의사소통이 원활하면 이러한 정보의 불완전 문제를 해소할 수 있지만 그렇지 못하면 실패한다. 이런 경우 경청과 질문을 통해서 인품이나 실무 경험 등 인적자본의 가치와 회사의 이에 대한 평가를 파악하고, 대화와 설득을 통해서 인적자본의 가치에 대한 보상과 채용 조건 등에 대한 이견을 줄이면 합의에 도달하게 된다.

고용 갈등은 사람이라면 누구나 가지는 심리적인 문제가 크게 작용하는 만큼 의사소통을 하는 데 더 조심해야 한다. 취업, 승진, 징계, 차별 등은 기쁨과 괴로움이 수반된다. 이러한 심리 상태는 개인적 상황뿐 아니라 가족, 친구, 조직 구성원 등 주변의 관심 때문에 더 그렇게 된다. 실업으로 고통받은 사람은 취업의 기쁨이 그만큼 더 크고 반면, 자존심이 강한 사람은 해고의 괴로움이 더 크고, 가정 상황 등이 절박할수록 더욱 그렇다. 하지만 흥분이나 분노 등의 감정이 절제되지 않은 상태에서 협상에 나서면 의사소통을 할 때 에토스를 잃기 쉽고 상대방은 신뢰를 느끼기 힘들어진다. 게다가 주장이나 요구가 논리적이지 못하고 로고스가 부족해 설득력도 떨어진다. 다행히 상대방이 감정에 호응한다면 파토스가 도움이 되나, 결국 이성적인 판단으로 돌아가면 효과는 작다. 심리적 문제는 스스로 통제해야 하기에 의사소통과 협상의 성공도 자기 자신에 달린 문제가 된다.

법적인 문제는 전문성을 요구한다는 점에서 협상과 의사소통의 범위를 좁히게 된다. 법적인 문제가 걸려 있는 고용 갈등을 협상으로 해결하지 못하고 판정이나 소송으로 가는 경우 당사자의 발언은 물론 문자나 문서 등은 주장의 근거로 활용될 수 있다. 따라서 어떤 요구나 주장을 제기하는 경우, 사실관계를 확인하고 이에 따른 법적인 문제도 검토하는 등 의사소통에 신중할 필요가 있다. 노동위원회의 판정이나 법원의 소송으로 가는 경우 사실이 아닌 주장을 한다면 불리하게 작용할 수 있다. 이러한 이유로 의사소통에 변호사나 노무사가 도움이 될 수 있다. 하지만 법적인 문제도 충분히 당사자들이 해결할 수 있다. 협상으로 해결하려면 시시비비를 따지는데 의사소통이 집중되는 것은 바람직하지 않다. 법적인 공방으로 갈등이 길어져 시간과 비용의 부담이 커진다. 해고를 예로 들면, 부당성에 대한 의사소통보다 사과나 보상 등 해결책에 대한 의사소통이 더 중요하다.

4. 곤란한 사람과의 의사소통 문제

자신의 문제뿐 아니라 상대방의 이상한 행태도 의사소통을 어렵게 한다. 거짓말을 하거나, 말을 툭하면 바꾸거나, 겁을 주거나, 화를 내는 등의 비윤리적인 협상 행태를 보이는 '곤란한' 사람과는 정상적인 협상과 의사소통을 하기 어렵다. 이런 행태가 협상에서 유리한 고지를 차지하려는 의도적인 경우인지 그렇지 않은 경우인지에 따라 대응을 달리해야 한다. 상대방이 일시적으로 흥분하거나 실수를 하는 등 의도하지 않은 행태라면 맞대응을 삼가고 상대방이 정상을 되찾도록 침묵의 시간을 가질 필요가 있다. 그러나 의도적인 행태라는 확신이 들면 문제를 지적하고 의도를 알고 있다며 개선을 요구하는 것이 낫다. 거짓말을 하거나 말을 바꾼다면 사실관계를 알려주고, 자기 말만 하거나 화를 낸다면 협상의 기본 규칙을 주장하며 분위기를 바꾸어야 한다. 좋지 못한 의도가 협상에서 지켜야 할 보텀 라인을 벗어나는 수준이라면 협상의 중단도 검토할 필요가 있다.

5. 고용 협상의 의사소통에서 유념할 5가지 사항

고용 갈등이 다양하고 단계에 따라 양상이 다르나 협상은 가장 중요한 해법이다. 협상은 물론 그 연장선에 있는 화해·조정을 활용하는 데도 필요한 의사소통에는 공통적인 기법이 있다. 고용 협상의 의사소통에서 당사자들이 유념해야 할 사항은 다음과 같이 정리할 수 있다.

- 첫째, 어떤 고용 협상이든 성실하고 겸손한 자세로 임한다. 웃는 얼굴에 침 뱉지 않는다고 상대방으로부터 호감과 신뢰를 받는 데 필수적인 요소다. 특히 상대방과 처음 만나는 경우라면 좋은 첫인상을 남기는 것이 더욱 중요하다.
- 둘째, 요구나 주장은 차분하게 말한다. 그 배경과 근거를 상대방이 쉽게 이해할 수 있도록 제시해야 한다. 또 상대방의 발언을 경청하고 질문은 간단하게 한다. 전문가 행세를 하거나 훈계하는 식의 발언은 반발을 일으킬 수 있다.
- 셋째, 어떤 제안을 하는 경우 상대방에게 생기는 이익을 밝힌다. 이러한 배려는 상대방도 상응하는 자세로 바꾸고, 고용 갈등을 시시비비를 따지는 입씨름이 아니라 상호 협력으로 이익을 챙기는 협상 분위기로 만들 수 있다.

- 넷째, 중요한 문제에 집중하고 지엽적인 문제에 매달리지 않는다. 자기 이익을 100% 관철하는 고용 협상은 성립하기 어렵다. 잔가지를 쳐야 나무가 잘 자라듯이 원하는 바의 우선순위를 정하고 연관된 문제들은 하나로 묶는다.
- 다섯째, 합의가 임박할수록 조급함을 경계해야 한다. 고용 협상은 더욱 그렇다. 최선의 합의 대안을 생각하고 시간에 쫓기는 합의는 피하는 것이 좋다. 오늘 합의할 수 없는 문제가 내일은 합의가 가능할 수 있다는 점에 유념한다.

6. 화해·조정가가 의사소통에 유념할 3가지 사항

고용 협상을 지원하는 화해나 조정도 의사소통에 따라 성공과 실패로 나누어진다. 화해나 조정이 의사소통에 성공하려면 에토스, 파토스, 로고스의 삼박자가 맞아야 한다. 화해나 조정의 당사자들은 대체로 사회적으로 공인받는 직업이거나, 전문적인 자격을 소지하거나, 갈등 해결의 경험이 풍부하다. 전문가들은 에토스를 확보하고, 로고스에 강점을 보이지만 갈등 당사자들의 정서를 이해하는 파토스가 약할 수 있다. 따라서 화해나 조정은 먼저 당사자들의 공감을 얻고 이성적인 판단을 구하는 식으로 진행하는 것이 바람직하다. 고용 갈등은 더욱 그렇다. 갈등의 핵심이 되는 채용의 공정성, 징계의 부당성, 차별의 합리적 사유 등은 인식과 기준이 사람에 따라 다르고 그 자체가 협상의 대상이기 때문이다. 전문가들은 젊은 사람은 나이 많은 사람보다 공정에 민감하고 결과 평등보다 기회 평등을 더 중시하며, 여성은 남성보다 갈등을 감성적으로 받아들이는 경향이 있다고 한다.

화해·조정의 의사소통에 성공하려면 다음과 같은 점에 유념할 필요가 있다.

첫째. 협상 당사자들을 심리적으로 안정시킨 다음 대화를 나눈다. 차분하게 대화하는 분위기를 만들고, 한쪽의 주장과 다른 쪽의 반박이 질서 있게 진행되며, 인신공격성 발언은 자제하게 한다. 이들의 오가는 발언을 경청하면서 때로는 가벼운 질문을 한다. 경청과 질문은 이들의 파토스 확보에 도움이 될 수 있다.

둘째, 대화 분위기가 잡히고 당사자들에게 화해를 권유할 때 이들과 눈높이를 맞추어 말한다. 화해의 필요성을 설명하기 위해 로고스를 발휘하는 경우 절제된 자세가 중요하다. 갈등 사안의 핵심을 짧고 간결하게 지적하고, 화해의 방향을 제시할 때 이들이 이해하기 쉽고 공감을 하도록 은유적인 비유법을 활용하면 좋다.

셋째, 회의가 무르익어 화해 방안을 제시하는 경우 사안에 따라 의사소통의 강약을 둔다. 의사소통의 장애 요인이 오판을 야기하는 정보의 문제라면 신뢰로 사실관계를 공유하도록 하는데(에토스), 미움 등 심리적 문제라면 감정을 풀어주는데(파토스), 시시비비가 걸린 법적 문제라면 현실을 직시하는 데(로고스) 주안점을 둔다.

V. 구체적인 고용 갈등과 협상과 화해·조정의 활용

고용 협상이란 용어는 생소하나 직장인이 흔히 부딪치는 문제다. 단체교섭에 비해 고용 협상에 대한 소개도 많지 않다. 고용 협상을 지원하는 화해·조정도 마찬가지 문제이기에 이를 활용하려면 막연할 수 있다. 이러한 점 때문에 구체적인 고용 갈등을 놓고 협상과 화해·조정의 활용법을 설명하는 것이 도움이 될 수 있다. 고용 갈등이 순전히 경제적인 문제가 원인이라면 협상은 이익의 조절로 비교적 단순하다. 순전히 법적인 문제라면 시시비비를 가리는 판정이 중요하다. 하지만 이런 경우라도 협상은 많은 요소를 동시에 고려할 수 있어서 고용 갈등의 해결에 여전히 효과적이다. 대부분 갈등은 경제적인 문제와 법적인 문제가 섞여 있고, 심리적인 문제까지 겹친다. 협상이 난항을 겪거나, 판정을 내리기에 사실관계와 법적 논리가 명확하지 않을수록 화해나 조정의 보완적인 역할은 중요해진다. 법원이나 노동위원회가 시시비비를 가려 판정으로 갈등을 해결하지만, 그 이전에 화해나 조정 절차를 먼저 거치도록 하는 것이 일반적이며 미국, 영국, 독일 등 선진국에서 의무화하는 이유다.

직장생활에서 자주 발생하는 취업·전직 갈등, 징계·해고 갈등, 차별·괴롭힘 갈등에 대해 협상과 화해·조정의 역할을 살펴본다. 취업·전직 갈등은 임금과 근로조건 등 경제적 문제가 협상의 주된 이슈이지만 기간제 취업이라면 계약 갱신의 법적 문제가 걸릴 수 있다. 징계·해고 갈등은 사유와 절차의 정당성 등 법적인 문제가 주된 이슈이지만 그 이면에 깔린 소득의 감소와 일자리 상실 등 경제적 문제도 갈등의 주요 원인으로 작용한다. 차별과 괴롭힘 갈등도 사유의 합리성이나 조건의 정당성 등 법적 문제가 걸려 있지만, 승진이나 성과 등에 영향을 미치는 경제적 문제와 인간관계나 편견 등 심리적 문제이기도 하다. 원상회복을 함으로써 고용 관계를 정상화하는 것이 노사 모두에 도움이 되기에 합리성이나 정당성도 협상의 대상이 된다. 괴롭힘은 가해자와 피해자가 있고, 징계·해고 갈등까지 수반할 수 있으며, 추상적이고 주관적인 상황을 객관적인 기준으로 판단하는 것이 어렵기에 당사자들 사이의 협상과 화해·조정의 역할은 더욱 크다.

1. 취업·전직 협상

(1) 취업·전직 갈등의 특징

신규 취업이든 전직이든 채용에는 구직자인 근로자와 구인자인 회사 사이에 갈등이 있다. 구직자는 임금·근로조건이 '좋은 일자리'를, 구인자는 인건비가 적게 들면서도 '유능한 인력'을 원한다. 하지만 양측 모두 '좋은 일자리'인지 또 '유능한 인력'인지에 대한 정보가 부족하다. 양측은 쇼핑하듯이 복수의 후보를 비교하면서 어떤 하나를 선택하고, 쌍방의 요구와 기대가 일치하면 채용이 결정된다. 취업 협상은 어느 하나의 구인자나 구직자만을 상대로 하는 것이 아니다. 여러 개의 협상이 동시에 연속으로 진행되고, 어떤 협상이 채용 합의에 먼저 이를지 알 수 없는 상태에서 진행된다. 노동시장에 해당 일자리의 구인자보다 구직자가 상대적으로 많으면 구직자가, 반대라면 구인자가 불리한 위치에 놓인다. 개인적으로 취업이 급한 상황이면 구직자가 불리하고 반면, 채용이 급한 상황이면 구인자가 불리하다.

취업 협상은 구직자가 구인자의 채용 기준에 부합해야 시작된다. 구인자는 불특정 다수의 구직 지원자 중에서 일부를 선발해 면접한다. 구인자는 회사이지만 인사 담당자가 취업 협상의 당사자로 면접한다. 인사 담당자는 구직자가 어떤 성품인지 업무 자질은 얼마나 되는지 등을 잘 모르기에 사전에 이력서나 자기소개서 등의 검토는 물론이고 필요하다면 지원자의 평판도 관계자들에게 조회하며, 면접에서는 이를 토대로 대화와 경청및 질문을 통해 관찰·평가한다. 구직자는 업무 회사에 대한 세부 정보를 수집하고, 회사 사정을 잘 아는 사람들에게 직장 분위기 등을 알아보면서, 임금·근로조건의 희망 수준을 조절한다. 면접에서 자신의 강점을 사실 형성의 원리에 따라 부각하고, 지원을 하게 된 이유와 어떤 일을 하고 싶은지, 입사하면 어떻게 성과를 높일 수 있을지 등을 말하고, 질문에 대해서는 의도까지 고려해 대답한다. 대화와 경청 및 질문의 내용뿐 아니라 자세와 태도 등도 지원자의 인상을 좌우한다.

채용은 근로계약서에 서명해야 확정된다. 취업 협상도 채용 합의서(근로계약서)에 사인할 때까지 끝난 게 아니다. 구직자나 구인자 모두 계약서를 최종 점검하고 명확히 할 점이 있다면 추가로 협상을 하게 된다. 근로자는 회사에 대한 개략적인 사항은 알고 있더라도 어떤 일을 맡고 어떻게 일할지 누구와 일하게 될지 등에 대해 잘 알지 못한다. 개인적으로 특수한 사정이 있다면 근로시간과 휴가 등에 자신의 사정을 고려해줄 수 있기를 희망할 수 있다. 또한 직장생활에서 발생할 수 있는 고충의 해결은 물론 근로계약의 이행이나 갱신 및 종료 등에 관한 문제가 우려된다면 분명히 해 둘 필요가 있다. 법적인 문제가 걸려 있다면 근로계약서에 서명하기 전에 관련 조항이나 판례 등을 찾아보거나 전문가의 의견을 들을 필요가 있다. 하지만 어떠한 경우라도 과욕이나 무례한 요구는 '승자의 저주'가 되어 취업 합의의 파기로 이어질 수 있다는 점을 명심해야 한다.

(2) 취업·전직 협상에서 유념할 사항

직장인이 성공적인 취업 협상을 하는데 유념해야 할 사항은 다음과 같이 정리할 수 있다.

- 첫째, 취업 협상의 성공은 사전 준비에 좌우된다. 정보와 네트워크를 많이 확보하면 그만큼 성공 가능성이 커진다. 취업을 희망하는 회사에 대한 정보를 홈페이지나 인터넷, 신문, 잡지 등에서 수집하는 것은 물론 그 회사를 잘 알거나 근무하는 사람들의 조언도 들어 그 회사를 정확하게 파악해 두는 것이 좋다.
- 둘째, 자신의 강점은 부각하고 약점은 보완한다. 사실 형성의 원리에 따르면 하나의 사실이라도 어떻게 포장하고 전달하는가에 따라

평가가 달라진다. 인적자본의 가치가 특히 그렇다. 이력서나 자기소개서 등에 자신의 지식과 실무 경험 등을 취업 희망 회사의 사정에 맞게 부각하는 것이 좋다.

- 셋째, 채용되면 회사의 가치를 어떻게 높일 수 있을지 설득한다. 회사의 담당자와 면접에서 자신이 가진 인적자본의 가치를 주장하는 것만으로는 설득이 어렵다. 회사의 사정과 본인의 능력을 사실에 기반해 설명하면서 자신이 회사에 창출할 수 있는 가치가 무엇이고 얼마나 중요한지 설명하는 것이 낫다.

- 넷째, 자신의 상황을 냉정히 평가하고, 채용 협상에서의 보텀 라인과 바트나(최선의 합의 대안)를 현실적으로 설정한다.[2] 만약 취업이 되지 못하는 경우 생활하는데 버틸 수 있는 여력이 작다면 눈높이를 낮추는 것이 좋다. 전직하는 경우라면 취업 상태에서 다른 직장을 알아보는 것이 협상력 측면에서 유리하다.

- 다섯째, 채용 협상의 막판에 결단을 내릴 때 핵심적인 문제가 아니라면 양보하는 것이 낫다. 채용의 구체적인 조건은 임금 이외 다른 사항들도 포함하기에 전체를 고려해 평가하고, 추후 협상에서 배려받는 것을 기대할 수 있도록 한다. 특정 문제에 집착해 다른 문제를 놓치면 '승자의 저주'에 봉착해 손해를 자초한다.

2. 징계 · 해고 협상

(1) 징계 · 해고 갈등의 특징

징계는 사용자가 회사의 조직 질서 유지를 위해 근로자에게 불이익을

---

2 바트나는 Best Alternative to Negotiated Agreement의 첫 알파벳을 딴 BATNA로, 협상에서 합의할 수 없을 때 협상 당사자가 선택할 수 있는 가장 좋은 대안을 의미한다.

주는 조치다. 징계 갈등은 사용자의 인사관리 조치와 이에 대한 근로자의 반발을 둘러싼 갈등이다. 징계를 당하면 근로자는 경제적 피해뿐 아니라 정신적으로 충격을 받게 된다. 징계가 억울할수록 무거울수록 충격은 크다. 징계의 종류는 해고, 강등, 정직, 감봉, 견책 등이 있고, 해고는 가장 무거운 징계로 근로자는 직장을 잃게 된다. 그러나 사용자는 자의적으로 징계할 수 없다. 노동법은 회사의 인사징계권을 존중하면서도 근로자의 권익을 보호한다. 따라서 취업규칙에, 노동조합이 있다면 단체협약 포함, 징계의 종류는 물론 사유와 절차를 사전에 규정하여야 한다. 징계의 사유와 절차가 법을 위반하면 부당 징계가 되어 사용자는 피해 보상을 포함해 근로자의 권리를 회복해 주어야 한다. 적정 한도를 초과하는 과도한 징계나 잘못된 징계 절차도 부당 징계가 된다. 이러한 갈등으로 징계·해고 협상이 시작되고 여기에는 징계의 정당성과 피해 보상 등이 협상의 대상이 된다.

회사의 질서 문란에 대한 징계 사유는 근태 불량, 업무 지시 불이행, 폭력, 횡령·배임 등 다양하다. 대체로 어느 하나의 문제가 징계의 사유이기보다 다른 여러 문제가 복합적으로 겹치는 경우가 많다. 사용자는 징계의 정당성을 확보하기 위해 과거의 다른 잘못도 따지고 반면, 근로자는 부당성을 입증하기 위한 근거를 다각적으로 수집한다. 징계는 취업규칙 등에 따른 절차를 밟아야 한다. 질서 위반행위에 대한 징계 요구가 제기되면, 사실 조사를 하고, 최고책임자에게 보고하고 징계 회부를 결정하며, 징계위원회를 구성하고, 징계위원회 개최를 통보하고 소명의 기회를 부여하며, 징계위원회를 개최하고 징계 종류를 결정한 다음 결과를 통보한다. 근로자의 권익 보호를 위해 절차는 문서로 진행된다. 하지만 각 단계에서 대화와 협상을 통해 해결할 수 있다. 사실 조사, 징계 회부, 소명, 징계 수위 결정에서 그 강도 등을 협상으로 조절하면서 합의를 시도할 수 있다.

근로자는 징계가 부당하다고 생각하면 사용자와 협상으로 해결하거나 노동위원회에 권리구제를 신청할 수 있다. 어떤 경우든 징계가 부당하다고 생각하는 이유와 이에 대한 입증이 중요하다. 한편으로 징계의 사유와 절차의 문제점을 지적하고 다른 한편으로 징계로 인해 발생하는 피해와 억울함을 강조하며 선처를 요청한다. 이를 위해 우선 징계에 대한 본인의 주장을 정리하고, 사용자에게 입장을 전달하면서 대화를 시작한다. 이런 경우 협상력을 높이도록 본인의 주장을 뒷받침할 각종 증거 자료를 기억을 되살리면서 모으고 증인과 증언 등을 확보한다. 이와 함께 근로계약은 물론 회사의 각종 규정 및 선례와 관련 부서 및 집단의 업무 관행 등도 꼼꼼히 확인·점검한다. 또 사용자와 그 관계자들과 주고받은 메모, 통화, 이메일 등을 수집·정리하고, 본인의 징계와 관련된 법률과 판례·판정 등을 찾고, 주변 사람의 도움을 받아 법적인 공방에 대비한다.

근로자가 징계의 부당함을 입증하는 것은 쉬운 일이 아니다. 심증을 넘어 확증을 주는 자료를 확보해야 하고, 인과관계가 얽혀 있는 문제일 가능성이 크기에 일도양단의 문제가 아닐 수 있다. 또 노동위원회에서 부당 징계로 판정받아도 사용자가 승복하지 않으면 법원에서의 소송으로 긴 시간을 보낼 수 있다. 판정은 당사자들만이 알고 제3자가 정확히 알기 어려운 사실관계를 놓고 인정 또는 기각의 결정을 내린다. 또한 결정은 당사자들의 사정에 맞는 실효성 있는 구제로 이어지기에 한계가 있다. 판정은 물론 법원도 판결이 가지는 불확실성과 비용 그리고 권리구제의 한계 등을 당사자들이 인식하면 징계 갈등의 대안적 해법으로 협상과 화해를 선택한다. 그렇다고 징계 협상이 쉬운 일은 아니다. 징계가 조직의 질서와 관련되어 갈등의 직접 또는 간접적인 이해관계 당사자들이 상황을 지켜보고 있고, 징계를 둘러싸고 쌍방의 감정이 악화해 대화가 어렵고, 사실관계를 자기에게 유리하게 정리하려고 하고, 법적으로 명확하지 않기 때문이다.

(2) 징계·해고 협상의 활용 방법

징계 협상의 난관은 3가지 문제로 정리할 수 있다. 첫째, 정보의 문제다. 예를 들어, 징계의 사유에 대한 정보의 차이 때문에 사용자는 징계를 촉발한 근로자의 행동이 조직의 질서를 크게 해친다고 주장하고 근로자는 그렇지 않다고 반발하기에 협상이 어려움에 놓인다. 둘째, 심리적 문제다. 징계를 둘러싼 갈등을 자기중심적으로 인식한다. 예를 들어, 노사 모두 본인의 행동이나 조치가 불가피하거나 정당하다고 확신하기 때문에 대화가 제대로 이루어지지 못한다. 셋째, 법·제도의 문제다. 예를 들어, 징계의 정당성에 대해 법적으로 다투는 경우 그 결과에 따라 노사의 협상력이 크게 달라지는데, 법의 추상적인 규정을 본인에게 유리하게 해석한 나머지 협상에 소극적이다. 징계 갈등은 많은 경우 정보의 문제, 심리적 문제, 법적 문제가 복합적으로 작용하기 때문에 협상을 화해·조정으로 보완하고 외부 전문가가 도와줄 필요성이 크다.

조직의 위계질서는 사람인 구성원이 관리한다. 취업규칙 등에 규정된 평가, 보직 전환, 승진뿐 아니라 징계 등은 질서 유지의 수단으로 활용된다. 하지만 조직의 성과는 구성원들의 협력 관계에 따라 달라지고, 평가에는 주관적인 요소가 작용하기에 고충과 불만이 제기될 수 있다. 질서의 파괴나 이에 따른 고충을 일차적으로 당사자들이 자율적으로 해결하는 것이 바람직하지만 어렵다면 다른 사람의 도움이 필요하다. 다른 사람의 도움은 화해나 조정으로 나타난다. 화해나 조정은 일차적으로 회사 내부에서 당사자들이 아닌 제3자인 상급자의 관여하에 이루어지고, 실패하면 외부에서 전문가에 의해 이루어진다. 징계 협상에서 화해나 조정의 역할은 갈등 상황에 따라 다르다. 이들은 협상의 연장선에서 당사자들의 심리적 안정, 경청과 상담, 간접 대화, 요구나 주장의 이견 조정 등은 물론 법적 문제에 대한 조언과 교육 등을 하기에 적극적으로 활용할 필요가 있다.

징계·해고 갈등을 겪고 있는 근로자가 협상을 활용해 갈등을 성공적으로 해결하려면 다음과 같은 점을 유념할 필요가 있다.

- 첫째, 협상의 이익을 점검한다. 취업규칙 등에 비추어 다툼이 없을 정도로 노사 어느 한쪽의 잘못이 분명하다면 협상이 성립되기 어렵다. 이런 경우 사과와 재발 방지 약속이나 정상 참작 요청 등으로 갈등을 빨리 끝내는 것이 낫다.

- 둘째, 쌍방의 협상력을 평가한다. 징계가 다툼의 여지가 있다면 협상에서 유리한 점과 불리한 점을 비교한다. 법률과 판례 등을 찾아보고 가능하다면 전문가와 상담한다. 징계 절차와 단계를 숙지하고 징계가 부당하다고 생각하는 이유와 논거를 정리한다.

- 셋째, 협상 가능 영역을 고려한다. 징계 갈등을 해결하는데 더 이상 물러설 수 없는 최저 수준(보텀 라인)과 희망하는 최선의 합의(바트나) 수준을 설정한다. 회사의 징계에 대한 분위기와 입장 등을 알아보고 사용자의 보텀 라인을 예상한다.

- 넷째, 협상 준비를 철저히 한다. 유사한 문제로 다른 사람이 징계받은 적이 있는지 또 그 결과는 무엇인지 등을 조사하고, 근로자 본인이 내세울 만한 성과나 조직에 대한 기여가 있는지, 본인을 도와줄 회사 동료가 있는지 등을 알아본다.

- 다섯째, 현실적인 첫 번째 제안을 준비한다. 징계 협상은 회사의 입장에 대해 근로자의 입장과 제안 표명으로 시작된다. 첫 번째 제안은 협상의 성공을 좌우하기에 경청과 질문을 활용해 회사의 입장을 정확하게 들어본 다음 표명하는 것이 좋다.

- 여섯째, 갈등을 복기하고 협상을 전망한다. 후속적인 제안이 오가도록 협상을 진행한다. 단정적인 입장은 피하고 회사를 배려하는 합리적인 해결방안을 정중하게 제시한다. 제안의 근거를 차분하게 설명

해 상대방이 진지하게 받아들이도록 만든다.

- 일곱째, 돈이 안 드는 노동위원회를 활용한다. 당사자끼리 해결하기 어렵다면 노동위원회에 부당 징계 구제신청을 하고 절차를 밟는다. 관련 서류나 증거 및 증언 등을 꼼꼼하게 모으고, 사건 담당 조사관과 위원들이 이해하기 쉽게 정리한다.
- 여덟째, 노동위원회의 조사관과 심판위원에게 어필한다. 이들은 회사와 간접 대화를 하는 통로가 될 수 있다. 이들의 질문에 내용뿐 아니라 의도를 잘 이해하고, 본인의 주장에 공감하기 쉽게 간단명료하게 말한다. 장황한 답변은 신뢰를 오히려 저하한다.
- 아홉째, 판정 이전에 화해를 활용한다. 심판위원과 조사관들은 어느 한쪽의 손을 들어주는 판정의 부담은 피하고, 노사당사자의 관계를 회복하도록 화해를 선호한다. 화해는 협상의 연장선에 있고, 심판위원과 조사관은 그 차원에서 협상을 지원한다.
- 열 번째, 과욕은 금물이다. 본인 이익만 100% 관철하는 것은 현실적이지 않다. 화해를 활용해 그동안 말하지 않았던 내면적 요구도 반영하고, 징계뿐 아니라 고소 등 얽혀 있는 다른 문제들도 일시에 해결한다. 이 또한 판정 대비 화해의 장점이다.

3. 차별·괴롭힘 협상

(1) 차별·괴롭힘 갈등의 특징

징계·해고보다 일반 직장인들이 부딪치기 쉬운 고충은 차별이나 성희롱 및 괴롭힘 갈등이다. 차별은 채용, 승진 등에서 다른 근로자나 집단과 비교해 '정당한 사유'나 '합리적 이유' 없이 부당하게 대우하는 문제다. 괴롭힘 또한 성희롱을 비롯한 갑질, 따돌림, 태움 등 다양한 형태로 나타나지만, 지위나 관계 등을 이용해 다른 근로자나 집단에 신체적·정신적 고통을 준다는 공통점이 있다. 차별이나 괴롭힘 갈등이 분쟁으로 표출되는 과정은 복합적이지만, 그 뿌리가 성별, 나이, 신체 등에 대한 고정관념과 편견에 있다는 공통점이 있다. 이유 없이 누구를 싫어하거나 미워하는 등의 문제가 직장생활에 만연하게 되면 편견은 조직의 문화가 되고 일상화한다. 그나마 차별은 결과가 겉으로 드러나게 되기에 정당한지를 판단하기가 괴롭힘보다 상대적으로 쉽다. 하지만 괴롭힘은 은밀하게 이루어지고 감정의 문제이고 사람과의 관계에 대한 문제이기도 하기에 확인하기가 더 어렵다.

차별과 괴롭힘은 근로자에게 소득 저하와 스트레스 등을 가져올 뿐 아니라 기업도 피해가 크다. 우수한 인력을 확보·유지하기 힘들고 조직의 질서가 흐트러져 생산성이 낮아진다. 차별과 괴롭힘이 방치되면 직장은 병들어가고, 사회는 신뢰가 낮아져 협력이 어렵고, 공정의 결여로 분쟁이 많아진다. 이러한 이유로 국가는 정도 차이가 있을 뿐 법으로 차별과 괴롭힘을 금지하고 나아가 법을 위반하면 벌금 등으로 처벌한다. 또 차별과 괴롭힘을 예방하기 위해 교육을 의무화하거나 지원하고 있다. 하지만 차별이나 괴롭힘이 편견 등 사람의 내면의 문제에서 출발하고 반면, 이에 관한 법적 정의와 규정은 추상적이고, 금지의 기준도 명확하지도 않다. 따라서 차별이나 괴롭힘을 금지·처벌하는 법은 표현의 자유를 위축시킨다는 사회적 논란이 제기되고, 판례나 판정도 확립되지 못한 상황이라 법적 논쟁이 수반될 수 있어, 갈등 해결의 불확실성이 크다.

노동시장의 공정한 질서는 법으로 확립하기에 한계가 있다. 법은 최소한의 기준을 정하고 추상적일 수밖에 없다. 반면, 차별이나 괴롭힘은 근로자와 사업주 사이의 문제뿐 아니라 근로자들 사이의 문제인데다 상대적이고 내면적인 문제다. 따라서 차별이나 괴롭힘의 갈등은 직접·간접으로 관련되는 당사자들이 많고, 그만큼 복잡하고 미묘하다. 외국의 경우 이런 이유로 차별이나 괴롭힘의 갈등은 대부분이 당사자들의 협상과 화해·조정으로 해결된다. 처벌로 차별이나 괴롭힘을 해결하기에 한계가 있고 이에 따른 부작용도 크기 때문이다. 우리나라는 차별이나 괴롭힘 문제는 많지만, 효과적인 갈등 해결 관행이 자리 잡지 못한 상태다. 최근에 불거지는 MZ세대의 갈등도 차별이나 괴롭힘에서 파생되는 경우가 많고 또 증가하고 있는 징계와 해고 등의 갈등도 이런 문제가 배경인 경우가 많아 한국의 실정에 맞는 차별이나 괴롭힘의 갈등 해결 관행 확립이 시급하다.

고용 차별과 직장 내 괴롭힘의 법적 문제는 해당 파트에서 다루기로 하고 여기에서는 협상과 화해·조정을 통한 갈등 해결의 원리를 논하기로 한다. 차별이나 괴롭힘의 갈등의 이면에는 심리학자들이 말하는 '일상적인 편견'이 무의식중에 작동한다는 점에 먼저 유념할 필요가 있다. 이러한 점은 판정·판결은 물론 협상이나 화해·조정에서도 예외가 아니다. 여성과 남성의 임금 격차를 예로 들면, 협상 관련 연구들에 의하면, 여성은 남성만큼 협상을 자주 하거나 성공적으로 하지 못해, 결과적으로 협상에서 남성과 여성은 은연중에 차별적으로 취급된다고 한다. 즉 여성에 대한 고정관념 때문에 같이 일하기 쉽지 않다는 등의 비호감이 작용해 취업 협상에서 남성보다 낮은 임금을 제시하는 경향을 보인다. 게다가 여성이 높은 임금을 요구하면 반발하는 경향을 보인다. 남성은 적극적이고 과감하다고 인식하는 반면, 여성은 수동적이고 고분고분하다는 등의 고정관념을 가지고 있기 때문이다.

사람은 누구나 크든 작든 고정관념 등 편견이 있다. 이러한 점을 현실로 인정하고 차별이나 괴롭힘의 갈등을 해결하는 것이 효과적이다. 개인의 특수한 사정을 호소하고, 평등을 주장하며, 도덕심을 강조하는 것만으로는 차별이나 괴롭힘을 예방하거나 해결하기에는 한계가 있다. 차라리 차별과 괴롭힘을 야기하는 구체적인 문제를 지적하고, 상대방도 이익이 되는 대안을 제시해, 쌍방의 공감 하에 문제해결 협상으로 해결하는 방식이 효과적이다. 여성과 남성의 업무 배정을 둘러싼 차별을 예로 들면, 자의적으로 업무를 배정하면 뜻하지 않게 차별 문제를 일으킨다. 대신 남녀 가리지 않고 공통으로 배정하는 업무와 분리해서 배정하는 업무를 구분하고, 공통 배정 업무에 대해 순서를 사전에 결정하는 협상적인 해결방식이 낫다. 이렇게 하면 업무 배정 자체가 불리하다는 여성과 힘든 업무만 맡긴다는 남성의 불만을 모두 해소하고 양측 간의 신뢰를 회복할 수 있다.

(2) 차별·괴롭힘 협상의 활용법

차별이나 괴롭힘 갈등을 겪는 직장인이라면 협상과 협상의 연장선에 있는 화해·조정을 적극적으로 활용하는 것이 좋다. 갈등 이슈나 당사자들의 속성에 비추어 보면 갈등을 해결하고 관계를 유지·발전시키는 것이 당사자 모두에게 대체로 도움이 되기 때문이다. 협상이 실패하면 화해·조정을 또 화해나 조정이 실패하면 마지막으로 판정·판결을 활용하는 것이 바람직하다. 이런 점에서 직장인이 차별이나 괴롭힘 갈등에 봉착했을 때 갖추어야 할 자세와 유념할 사항을 다음과 같이 정리할 수 있다.

- 첫째, 감정을 누그러뜨린다. 차별이나 괴롭힘을 의식하지 못하다가 문제가 닥치면 흥분하는 경향을 보인다. 갈등이 감정의 문제가 되면 협상과 화해·조정으로 해결할 수 있음에도 불구하고 판정·판결에 의존해 결국 감정 대립이 더 깊어질 수 있다.
- 둘째, 불만이 있다고 일방적인 행동을 취하기보다 먼저 대화를 시도하는 것이 바람직하다. 차별이나 괴롭힘 갈등이 불거지면 일방적으로 행동을 취하고, 나중에 가서야 대화를 하면 갈등은 실체적인 문제에서 절차상의 문제로 악화할 수 있다.

- 셋째, 차별이나 괴롭힘으로 피해를 봤다고 주장하려면 입증할 수 있어야 한다. 정황만으로 어렵고, 입증할 수 있는 객관적이고 신뢰할 수 있는 증거와 증언을 모아 협상은 물론 판정·판결에 대비하는 것이 좋다. 어떤 경우든 사실관계가 뒷받침되어야 유리하다.

협상과 화해·조정의 활용법은 갈등의 이슈와 당사자는 물론 단계에 따라 다르다. 복잡한 차별이나 괴롭힘 갈등은 법·제도와 맞물려 더욱 그렇다. 그럼에도 불구하고 갈등의 해결에는 공통점이 있다. 차별이나 괴롭힘 갈등도 초기 단계에는 대화를 통해 악화하지 않도록 피하는데 나서고, 갈등이 커지면 일단 본격적인 협상을 통해 해결하며, 당사자들끼리 협상이 어려워 외부의 도움이 필요하면 화해·조정으로 조기에 해결하도록 초점을 맞춘다.

차별·괴롭힘 협상에서 단계별로 유념할 사항은 다음과 같다.
- 첫째, 협상 이전 단계로, 차별이나 괴롭힘 등의 고충이 있으면 취업 규칙이나 인사규정 등에 이를 다루는 조항이 있는지 검토한다. 그런 조항이 있고 차별이나 괴롭힘이 명백하다면 상사나 책임자에 문제를 알리고 시정을 요청하며, 조용하게 대화로 갈등을 해결하는 것이 좋다.
- 둘째, 협상 준비 단계로, 명시적 규정은 아니지만, 관행으로 차별이나 괴롭힘이 발생한다면 다른 회사나 부서 등에서 그에 대한 처리와 보상 등은 어떤지 점검한다. 투명성의 부족으로 방치되는 경우가 많은데, 이런 문제를 회사 측에 지적하고 관행의 시정과 규정의 명문화를 요청할 필요가 있다.
- 셋째, 협상의 초기 단계로, 시정 요청이 받아들여지지 않는 경우 회

사에 공식적으로 문제를 제기한다. 차별이나 괴롭힘으로 인해 입은 자신의 피해를 구체적으로 정리한다. 다른 근로자나 부서에서도 비슷한 문제가 있는지 알아보고, 공통점과 차이점을 비교해 회사 측에 요구 사항을 제시한다.

• 넷째, 본격적인 협상의 단계로, 차별(괴롭힘)에 대한 회사 측의 주장과 제안을 듣고 자신이 추구하는 이익과 우선순위를 정리하며 지켜야 할 보텀 라인을 설정한다. 협상 가능 영역은 가급적으로 넓게 잡고, 핵심 이익에 초점을 맞추어 합의를 추구하고, 안 되는 경우 화해·조정을 활용하도록 준비한다.

• 다섯째, 자율적 해결이 어려워 노동위원회의 판정이 필요하다면 법적 절차를 준비한다. 해당 차별이나 괴롭힘이 법 위반에 해당하는지 유사 사건의 판례와 판정을 확인하고, 자신이 불리한 점과 유리한 점을 찾고 정리한다. 다만 이 경우에도 판정 이전에 화해를 권유하는 것이 일반적이기 때문에 적극적으로 활용한다.

Chapter

02.

고용갈등의
의사소통

02 고용갈등의 의사소통

이준호

Ⅰ. 서론

1. 목적

우리나라에서 노동분쟁건수는 매년 증가해오고 있다. 중앙노동위원회가 노동위원들을 대상으로 한 설문조사에 의하면 노동분쟁을 해결하는 가장 큰 애로사항으로 44.81%(사용자는 50.98%)가 감정대립이었다.[1] 이러한 조사 결과는 우리나라에서 노동 분쟁(이하, 분쟁으로 약칭)은 감정 대립을 사라지게 하며 모두의 기대를 충족시키는 분쟁당사자들(이하, 당사자들로 약칭)의 의사소통에 달려 있다는 것을 말해준다. 왜 감정대립에 의한 의사소통이 계속 되어오고 있는가? 근본적인 원인은 당사자들이 시대의 환경 변화를 고려하지 않고 사람 문제를 해결하기 위한 방법들과 이를 위한 체계적인 의사소통기술을 학습하지 않은 채 자신들의 경험에 의존하는 방법을 고수해오고 있기 때문이다. 본 장은 당사자들로 하여금 이러한 문제점을 극복하는데 필요한 과학적인 방법론과 이를 구현하는 한 세트의 구체적인

---

1 한국노동경제학회, 「ADR전문가에 대한 민간수요 및 ADR 전문양성기대효과」, 2023. 6.

의사소통기술들을 소개하는 데 주안점을 두었다.

2. 전제 및 용어의 정의

의사소통의 방법들과 구체적인 기술들을 학습하기에 앞서 성공적인 의사소통과 관련된 몇 가지 중요한 전제 사항들을 살펴본다.

- 첫째, 사람 문제는 모호하다. 그러나 제대로 된 방법과 기술을 사용하면 사람 문제는 대부분 해결할 수 있다.
- 둘째, 당사자가 가진 강제력은 상대방이 거부하면 힘을 상실한다.
- 셋째, 사람 문제를 해결하는 것은 상대를 인정하는 것에서 시작된다.
- 넷째, 감정은 모든 의사결정에 지대한 영향을 미치는 실체이다. 감정이 지배하는 상황에서 이성적으로 의사결정을 하라고 하지만 이것은 말이 안 된다.
- 다섯째, 사람의 내면에서 경험하는 것은 말로 표현되는 부분은 7%에 불과하다. 93%는 표정과 몸짓이 55%, 목소리 톤이 38% 등 비언어적 부분이다. 의사소통에서는 언어적인 부분보다 비언어적인 부분이 더욱 중요하다. 상대방의 말에 의지하여 의사소통을 하면 실패한다. 비언어적인 것에 민감하게 반응할 수 있어야 한다.

본 과목에서는 당사자라는 용어로 인한 혼란을 피하기 위해 당사자들 중 어느 일방을 지칭할 때는 '당사자'와 '상대방'(혹은 '사측 당사자', '근로자 측 당사자'), 당사자들 모두를 지칭할 때는 '당사자들' 혹은 '모든 당사자'라고 표현한다. 노동 분쟁과 관련된 당사자에는 다양한 사람들이 포함된다. 때문에 당사자들을 특정할 필요가 있는 경우 '분쟁조정자'(혹은 '갈등조정자'), '고충처리자'(혹은 '고충처리담당자'), '고충근로자' 등2으로 표현을 달리하였다. 그리고 본 장에서는 갈등이나 분쟁이라는 용어를 포괄하여 갈등이라는 용어를 사용하지만 양자를 구분하여 사용할 필요가 있는 경우에는 조직 내에서 당사자들 사이의 욕구 충돌은 갈등 그리고 갈등이 비화되어 외부로 표출되는 경우는 분쟁이라는 단어로 구분하여 사용하였다.

3. 의사소통기술의 구조

본 과목에서 설명할 의사소통의 방법론이나 기술은 임상 심리학에서 오랜 연구를 통해 성과가 검증된 '과학적 관계 모델(Scientific Relation Model, 이하, 관계 모델이라 칭함)'3과 '통합적 의사소통모델'4에 기반을 둔 것들이다. 관계 모델은 당사자들이 사용하는 의사소통기술은 두 단계를 통해 결정한다고 본다. 첫째, 상대방 행동5으로 인해 당사자들 중 누가 문제6(욕구가 만족되지 못해 감정적으로 불편한 심리 상태)를 소유한 관계 상황인가?를 판단한다. 둘째, 관계 상황별로 문제를 해결하는 데 필요한 의사소통기술을 선택한다. 여기서는 관계 상황 5가지를 설정하였다.

- 첫째, 상대방이 문제를 소유한 경우 당사자는 상대방이 자신의 문제를 해결할 수 있도록 상대방을 돕는 기술을 선택한다.
- 둘째, 상대방 때문에 당사자가 문제를 소유한 경우 당사자는 자신의

2 화해조정인과 개별 근로자, 노동위원과 조사관, 조사관과 개별 근로자, 회사 측과 노동조합 등 모두를 포괄하는 개념이다.

3 Thomas Gordon(2001), Leader Effectiveness Training, The Berkley Publishing Group: New York, New York.

4 Schulz Von and Thun, F. (2001), Miteinander Reden, Storungen und Klarungen, Reinbek: Rowohlt.

5 행동(Behavior)이란 당사자가 상대방에 대해 보고, 듣고, 느낀 것 모두를 총칭한다.

6 문제(Problem)란 해결해야 할 업무상의 진짜 과제(Real Task)가 아니라 욕구가 채워지지 못해 업무를 정상적으로 처리하기 힘든 감정적으로 불편한 상태를 의미한다.

문제를 주도적으로 해결하기 위해 상대방을 직면하는 기술을 사용한다.

- 셋째, 당사자들 모두가 문제를 소유한 갈등 상황에서 당사자들은 서로 협력하여 모두의 욕구를 충족시키는 기술을 선택한다.
- 넷째, 갈등이 분쟁으로 발전하여 내부 혹은 외부의 분쟁조정자에게 해결이 위탁된 경우 분쟁조정자들이 해결 과정에 전략적으로 개입하는 질문의 기술들이 채택된다.
- 다섯째, 당사자들 모두에게 문제가 없는 상황에서 당사자들은 생산적인 관계를 유지 및 발전시키기 위한 다양한 기술들을 사용한다.

그러나 당사자들이 경험하는 관계 상황은 몇 가지 요인들[7]에 의해 순간적으로 변화한다. 따라서 당사자들은 변화하는 관계 상황에 맞추어 의사소통기술을 신속하게 바꾸어가면서 사용할 수 있어야 한다.

7 관계 상황에 영향을 미치는 것은 당사자의 몸이나 심리 상태, 상대방이 누구인가, 때와 장소 등 당사자가 처한 환경적 요인들이다.

II. 상대방이 스스로 문제를 해결하도록 돕는 기술

우리 팀에는 10년 이상의 베테랑 팀원이 있다. 최근 그의 실적은 최고는 아니지만 그렇다고 최하위도 아니었다. 올해 초 브로슈어를 컬러에서 흑백으로 바꾸면서 그의 상반기 실적은 더욱 하락하였다. 그러나 오히려 대다수 사람들은 실적이 오르거나 예년에 비해 크게 향상되었다. 그는 갑자기 업무에 자신감을 잃고 회의에도 참석하지 않으며 주변 동료들과 눈을 마주치지 않고 미팅도 기피한다.

1. 상대방의 심리

사례 1에서 욕구가 충족되지 못해 문제를 소유한 사람은 베테랑 팀원이다. 문제를 해결할 사람은 문제의 발생 원인과 해결책을 가장 잘 알고 있는 팀원이다. 사람들은 누구든 자신이 문제를 갖게 되면 자신의 문제가 다른 사람에게 알려지는 것을 두려워하여 문제를 감추려한다. 특히 상대가 상사라면 더욱 그렇다. 갑자기 말이 없어지고 예민해져서 누군가 자신을 건드리기만 해도 갑자기 신경질적인 행동을 보인다. 업무에 집중을 하지 못하며 불안해하고 실수를 할까봐 새로운 일을 시도하지 못한다. 이런 행동을 보이는 것은 상대방의 마음이 부정적으로 변한 감정에 의해 둘러싸여 있기 때문이다. 달리 표현하면 감정이 이성을 압도하여 자신의 상황을 객관적으로 있는 그대로 바라보지 못한다.

이런 상태에서 상대방은 자신의 감정을 정리하고 이전처럼 활발하게 자신의 업무에 매진하는 모습을 보여줄 수 있을 것인가? 예외적인 경우가 아니라면 당분간은 그에게 그런 모습을 기대하기 힘들 것이다. 상대방은 자신의 일에 집중하지 못하고 자신의 어려움을 이해하고 도움을 줄 만한 사람을 찾아 방황한다. 감정은 자신을 알아주는 사람을 만나기 전까지는 사라지지 않는다. 친근한 주변 사람들을 찾아다니면서 조직에 대해 좋지 않은 소문을 퍼트리기도 한다. 업무에 집중하지 못하고 사람을 찾아다니며 조직에 대해 불평을 한다는 소문이 돌면 불안해하는 사람은 팀의 책임을 맡은 부서장이 된다. 부서장인 팀장은 상사 혹은 동료들로부터 부서장으로서의 자격을 의심받는 상황이 나타난다. 마침내 부서장의 상대방에 대한 인내는 한계에 도달한다. 부서장은 이 위기 상황을 벗어나 자신의 능력을 증명하기 위해 무언가 나름대로의 조치를 서두른다.

2. 통상적인 해결책

부서장은 어떠한 방법으로든 부하가 빨리 자신의 감정을 정리하고 이성적이 되도록 도와 자신의 업무로 빨리 돌아올 수 있는 해결책을 강구하려한다. 일반적으로 부서장은 다음과 같은 해결책들이 상대방에게 도움이 된다고 생각하여 제안할 것이다. 이러한 해결책들이 과연 상대방으로 하여금 자신의 문제를 해결하고 이전의 모습을 회복하여 업무를 다시 활발하게 하는 모습을 보여줄 수 있을 것인가?

- "이 봐! 정신을 차리고 맡겨진 일에 집중해!"(지시, 명령)
- "계속 이런 상태라면 나도 그냥 있을 수 없다."(경고)
- "이런 어려움을 참을 수 있어야 더 큰 일도 합니다."(설교, 교화)
- "쉬운 것은 없어요. 이 일이 큰 경험이 될 거예요."(충고, 해결책)
- "어려움에는 기회도 있다. 참고 찾아보아라."(논리, 가르침)
- "멀리 볼 줄 모르고 당장 눈앞만 보니 답답합니다."(비판, 비난)
- "당신은 모든 일을 간단하게 생각하는 것 같다."(비꼼, 유형화)

- "몇 년 전만 해도 탁월한 성과를 보여주었잖아요!"(칭찬)
- "당신이 변화를 잘못 판단한 것 아닌가요?"(분석)
- "문제는 금방 사라질 거예요. 힘내세요."(위로, 동정)
- "그동안 어떻게 참았어요? 도와달라고 하지!"(캐 묻기)
- "다음에 같이 식사를 하면서 대책을 논의합시다."(회피)

극히 예외적인 경우[8]가 아니라면 도움을 주려는 부서장의 일반적인 해결책들은 상대방에게 전혀 도움이 되지 않을 수 있다. 상대방으로부터 도움이 되었다고 감사를 받기보다는 잘 알지도 못하면서 상사라도 함부로 남의 일에 참견한다는 비난을 받는다. 경우에 따라서는 부하가 상사의 해결책을 믿고 따랐지만 오히려 문제만 더욱 커져 차라리 도움을 주지 않음만도 못한 결과들도 발생할 수 있다. 왜 도움을 주려는 상사의 기대와 달리 해결책들이 역효과를 보이는가?

첫째, 비록 자신이 현재 문제를 갖고 있지만 자신은 아직 문제를 해결할 능력이 있으며 문제가 발생한 배경과 해결책을 가장 정확히 아는 사람도 상사가 아닌 자신이라고 생각하기 때문이다. 더욱이 상사의 경험은 과거의 일로 현재 자신의 문제를 해결하는 데에 거의 도움이 되지 못한다고 생각한다.

둘째, 현재 자신의 힘으로 문제를 해결할 용기를 없어 누군가로부터 도움을 필요로 한다. 그러나 도움을 받는 방법은 자신이 원하는 방식으로 도움을 받기를 원한다. 위에서 설명한 통상적인 해결책은 상대방인 부하가 도움을 받기를 원하는 방식이 아니라 상사가 생각해낸 일방적인 해결책이라고 생각한다.

---

8 당장 구하지 않으면 상대방이 위험한 상황, 상대방이 자력으로 자신의 문제를 해결할 능력이 없어 강제적으로 구해주어야 하는 상황 및 상대방이 자신의 문제 해결을 위해 당사자가 가진 자원이나 정보를 필요로 하는 경우를 의미한다.

셋째, 통상적인 해결책은 곤란한 상황에 처한 사람의 심정을 이해해주기보다는 상대방을 무시하거나 평가절하하며 잘못되었다는 의미를 전달하여 상대방에게 더욱 큰 문제를 갖게 만든다. 명령, 경고, 설교, 충고는 "당신은 이 문제를 해결할 수 없다"는 메시지를 전달한다. 논리 사용이나 비판에는 "당신은 틀렸다"는 의미가 있으며, 유형화, 칭찬, 동정, 위로는 "일을 그렇게 망치다니 당신은 바보다"라는 뉘앙스가 들어 있다. 캐 묻기는 "자료를 나에게 달라 내가 해결해주겠다"처럼 상대방을 평가 절하하며 회피는 "나는 당신의 일에 더 이상 관심이 없다"는 의미를 전달한다.

일반적으로 통상적인 해결책은 상대방이 문제가 있을 경우 자신의 유능함을 보이려는 상사들의 습관화된 반응이다. 많은 상사들이 아직도 조직에서 어떤 문제가 발생하면 자신이 당장 해결책을 줄 수 있어야 한다는 생각을 갖고 있다. 업무 기술이 고도로 발전된 오늘날 어떤 부분에 대해서는 상사보다 부하들이 많은 업무 지식을 갖고 있는 경우 상사의 해결책은 부하들에게 도움이 되지 못한다. 특히 상사가 해결책을 강요할 경우 부하로 하여금 자신의 문제를 스스로 해결하고 책임을 지려는 발전의 기회를 박탈하는 또다른 문제를 갖고 있다.

위에서 설명한 일반적인 해결책들은 상대방으로 하여금 문제를 해결하도록 하기보다는 오히려 문제 해결을 방해한다고 하여 '의사소통의 걸림돌'이라고 불린다. 이 걸림돌은 수백 가지로 사람들은 이들을 모두 기억할 수도 없고 아무리 의식적으로 노력해도 피할 수 없다.

심리학의 관련 연구들에 따르면 이상에서 설명한 문제점들을 모두 피하면서 당사자가 상대방으로 하여금 문제를 스스로 해결하도록 돕는 유일한 방법은 오로지 경청 밖에 없다는 결론을 내렸다. 이하에서는 당사자가 문제를 소유한 상대방을 돕는 데 성공하는 경청자들의 가장 기본적인 태도들에 대해 살펴보겠다.

3. 성공하는 경청자의 자세

당사자가 문제를 소유한 상대방으로 하여금 자신의 문제를 스스로 해결하도록 도우려면 당사자는 기본적으로 "나는 상담자"이며 "나는 도움을 주는 사람" 그리고 "나는 경청자"라는 확고한 태도를 지녀야 한다. 특별히 상대방을 도울 수 있는 성공적인 경청자가 되려면 수용과 공감 그리고 진솔한 자세가 필요하다.

수용은 도움을 주려는 당사자가 상대방을 판단, 진단, 평가하지 않고 상대방을 있는 그대로 받아들이는 것을 의미한다. 당사자가 상대방을 수용하면 당사자로부터 자신의 능력이나 생각이 무시를 당하지 않고 존중을 받는다는 생각을 갖게 한다. 공감이란 당사자가 상대방의 입장에 서서 상대방을 둘러싸고 있는 주변과의 관계나 내면적인 경험을 그대로 느껴보려는 자세이다. 상대방은 당사자가 자신이 경험하는 것을 자신의 입장에서 그대로 느껴보려고 노력한다는 것을 알게 되면 당사자에 대해 자신을 진심으로 이해하는 존재라는 생각을 갖는다. 상대방이 당사자를 자신을 이해하는 진정성 있는 존재로 생각하면 상대방은 자신의 경험을 당사자에게 과감히 오픈하며 자신이 경험하는 것에 대한 확신을 얻기 위해 당사자와 상호작용을 증가시키려고 노력한다. 진솔함은 상대방과 의사소통을 할 때 당사자가 상대방에 대해 인식한 것을 상대방에게 숨기지 않고 정직하게 표현하는 것을 의미한다. 진솔함은 상대방을 당황스럽게 만들기도 하지만 상대방으로 하여금 자신도 인지하지 못한 내면의 세계를 탐색하게 한다. 이러한 솔직함이 상대를 거부하기보다는 자신의 문제 해결에 조력자이며 자신의 비밀을 지켜주는 신뢰할 만한 존재로 인정을 받도록 한다. 솔직한 의사소통이 진행될수록 상대방도 당사자에게 자신을 솔직히 공개하고 두 사람은 더욱 신뢰의 관계로 발전한다.

4. 소극적 경청과 적극적 경청

경청에는 소극적 경청과 적극적 경청이 있다. 소극적 경청에는 주의 기울이기, 침묵, 인정하기 및 말문열기가 있으며 기본적 경청이라고도 불린다.

(1) 소극적 경청

주의 기울이기는 경청자인 당사자가 상대방에게 접근하여 상대방과 눈을 마주치거나 개방적인 몸짓을 보이거나 상대방에게 몸을 기울이는 행동을 말한다. 주의 기울이기는 당사자가 문제가 있는 상대방과 같이 있어주겠다는 의미를 전달한다. 침묵은 상대방의 말에 귀를 기울이면서 아무 말도 하지 않는 행동이다. 그러나 침묵은 상대방이 감당하기 힘든 감정을 가질 때 상대방으로 하여금 순간을 참지 못하고 입을 열게 만드는 강력한 힘이 있다. 인정하기는 "음!" "그렇군!" 등 간단한 표현을 하는 것이다. 이 간단한 표현이 상대방으로 하여금 경청자가 상대방의 말을 잘 듣고 있다는 의미를 전달한다. 한편 인정하기는 상대방이 계속 말을 해도 좋다는 것을 승인하는 표시이다. 상대방은 침묵이나 인정하기로는 당사자가 정말 자신에게 귀를 기울이고 있는지에 대해 확신을 하지 못한다. 상대방은 당사자에게 자신이 부담이 되는 것을 싫어한다. 상대방은 당사자에게 정말 자신이 계속 말을 더해도 괜찮은지 확실한 보장을 받고 싶어 한다. 이때 당사자가 사용할 수 있는 것이 말문열기이다. "더 들어보고 싶은데 좀 더 말해볼래요?"처럼 좀 더 개방적으로 경청을 하려는 표현이다.

그러나 소극적 경청은 어느 정도 시간이 지나면 상대방은 당사자가 정말 자신에 대해 관심을 갖고 있는지를 확신하지 못한다. 때문에 활발한 상호작용을 발생시키지 못한다. 소극적 경청만으로는 상대방을 인정하는 표시로는 약하다. 이러한 소극적 경청의 한계를 극복하기 위해 개발된 것이 적극적 경청이다.

(2) 적극적 경청

적극적 경청은 당사자가 상대방으로 하여금 자신의 부정적 감정을 걷어내고 내면에 있는 진짜 자신의 문제(과제)를 발견하고 이 문제를 해결해나가도록[9] 도움을 주는 기술이다. 적극적 경청이 성공적으로 이루어지면 당사자는 상대방이 내면에서 경험하고 진행되어지는 것들을 이해하고 공감하게 된다. 적극적 경청은 송신자가 자신의 내면에서 경험되는 것들을 언어적 혹은 비언어적인 형태로 암호화하여 내보내면 경청자는 그 암호들을 해석하고 그 속에서 파악한 생각과 감정을 송신자에게 되돌려주는 것이다. 이 과정을 통해 경청자는 송신자로부터 자신이 해석한 것들의 정확성을 확인받는다. 만일 경청자가 상대방인 송신자에게 피드백한 것들이 송신자 내면의 경험과 일치하면 송신지는 "예." 혹은 "그렇습니다!"라고 응답하지만 틀리면 "아니요." 혹은 "틀렸습니다!"라고 응답한다. 만일 송신자인 상대방이 "아니오!"라고 응답하면 이때 경청자는 송신자로부터 "예." "맞습니다!"라는 응답이 나올 때까지 송신자가 내보내는 메시지 속에 있는 암호들을 해석하여 계속 피드백을 시키기만 하면 된다.

적극적 경청에 성공하려면 송신자가 암호로 메시지를 보낼 때 경청자는 일단 하던 모든 일을 멈추고(Stop), 송신자의 모든 행동을 주목하면서 (Look), 상대방에게 귀를 기울이는(Listen) 준비 자세를 취해야 한다. 송신자인 상대방이 경험하는 내면의 진실은 언어적 표현(말)보다는 비언어적 표현(얼굴 표정, 몸짓, 목소리 등)에 나타난다. 때문에 경청할 때 경청자는 비언어적 표현에 집중하여 피드백을 보내는 것이 중요하다.

---

9 상대방으로 하여금 자신의 문제를 해결하도록 돕는다는 것은 상대방에게 문제 해결의 책임을 유지시킨 채 상대방으로 하여금 문제 파악, 해결책 도출, 해결책 평가 및 해결책 결정 등 단계를 거쳐나가도록 도움을 준다는 의미이다.

- "당신은 ……(생각)해서 ……(감정)을 말하는 것 같군요!"
- "당신은 ……(생각)해서 ……(감정)하다는 의미이지요?"
- "당신은 ……(감정)을 느끼고 있군요!"

적극적 경청은 위의 설명처럼 생각과 감정이라는 두 부분으로 구성된다. 만일 사례 1에서 경청자가 송신자에게 보내는 메시지를 제대로 알아들었다는 확신이 들면 다음과 같은 형태로 메시지를 구성하여 상대방인 송신자에게 피드백을 보내면 된다.

- "당신은 실적이 계속 떨어지니 더 이상은 인내할 수 없는 것 같다는 의미이지요?"
- "당신은 실적 저하의 원인을 제대로 알지 못해 정말 당황하고 있군요!"

그러나 경청자가 송신자의 신호를 정확하게 파악하지 못했거나 송신자가 경청자의 적극적 경청을 수용할 것이라는 확신이 들지 않을 때 경청자는 송신자에게 양해를 구하는 방식으로 적극적 경청을 보내는 것이 안전하다.

- "당신의 메시지를 정확히 들었는지 모르겠습니다만 당신은 ……(생각)해서 ……(감정)을 느낀다는 말이지요?"
- "내가 잘못 들었다면 말씀해주세요. 당신은 ……(생각)해서 ……(감정)이시다는 의미인가요?"
- "잘은 모르겠지만 ……(생각)해서 ……(감정)인 것처럼 보이네요."
- "내가 잘못 들었는지 모르겠지만 당신은 몇 년 동안 영업이 너무 힘들어 더 이상 조직 생활이 힘들다는 것처럼 들리네요."

5. 적극적 경청의 효과

적극적 경청이 효과적인 이유는 적극적 경청이 다음과 같은 이점을 제공하기 때문이다.

- 첫째, 감정은 일시적이다. 적극적 경청은 상대방으로 하여금 부정적인 감정을 사라지게 하고 상대방을 억눌렀던 감정으로부터 갑자기 해방시키는 카타르시스를 경험하게 한다. 이 경험을 하면서 상대방은 자신과 자신을 둘러싸고 있는 환경들을 새로운 시작으로 바라보며 정신을 차리게 된다.
- 둘째, 감정이 배출되면서 상대방으로 하여금 진짜 자신이 해결해야 할 문제가 무엇인지를 발견하게 하고 자신의 힘으로 과감히 문제를 해결하여야 한다는 것을 깨닫고 용기를 내어 행동으로 옮기도록 만든다.
- 셋째, 당사자로 하여금 상대방의 존재를 이해하게 되면서 상대방이 생각보다 훨씬 좋아할 수 있는 존재라는 것을 깨닫게 한다. 이전에는 서로 큰 관심이 없는 존재였으나 이제는 상대방을 당사자 자신과 동등한 생각과 감정을 지닌 신뢰할 수 있는 존재로 바라보게 한다.
- 넷째, 상대방이 스스로 문제를 해결하게 하여 조직에서 자신에 대해 책임을 지는 독립적인 존재로 성장하도록 한다. 스스로의 힘으로 어려움을 극복을 한 경험을 하면 상대방은 조직에서 발생하는 문제를 도전해야 할 긍정적인 기회로 생각하는 관점의 전환을 한다.

6. 적극적 경청의 성공 조건

적극적 경청이 언제나 성공을 하는 것은 아니다. 적극적 경청이 성공하기 위해서는 송신자와 경청자에게 다음과 같은 조건들이 충족되어 있어야만 한다.

① 송신자의 조건
- 첫째, 내면에서 강력한 감정이나 문제를 경험 중이어야 한다.
- 둘째, 자신의 감정이나 문제를 언어적 혹은 비언어적인 신호로 보내고 있어야 한다.
- 셋째, 상대방이 자신이 처한 상황에 대해 경청자인 당사자에게 기꺼이 말하려는 의지를 보여야 한다.

② 경청자의 조건
- 첫째, 진정으로 송신자를 수용하여야 한다.
- 둘째, 상대방을 진정으로 돕기를 원해야 한다.
- 셋째, 충분한 시간을 갖고 의사소통을 할 수 있어야 한다.
- 넷째, 송신자가 자신의 문제를 해결할 수 있는 능력이 있다고 믿어야 한다.
- 다섯째, 냉정하게 이성을 유지한 상태에서 상대방이 경험하는 감정을 느껴보려고 해야 한다.

성공의 조건에서 경청자의 조건이 송신자보다 많다. 이것은 적극적 경청이 성공하려면 송신자보다는 경청자의 역할이 중요하다는 것을 의미한다. 대부분 적극적 경청이 실패하는 이유는 경청자가 적극적 경청의 기술을 사용하지 않는 것보다는 이들 성공의 조건들이 갖추지 못한 경우들이다. 예를 들어 송신자인 상대방이 경청자인 당사자와 기꺼이 말을 하지 않으려 하거나 당사자가 상대방을 진심으로 수용하지 못하는 상황에서 당사자가 적극적 경청을 시도하는 경우이다. 경청자인 당사자가 적극적 경청에 필요한 충분한 시간을 내지 못하는 경우도 실패한다. 도울 마음이 들지 않는다면 차라리 도우려고 해서는 안 된다. 만일 적극적 경청에 필요한 양측의 조건들이 충족된 경우라면, 상대방은 당사자가 적극적 경청이 아닌 소극적 경청의 기술만을 사용해도 기뻐하며 경청은 성공한다.

III. 자신의 문제를 해결하기 위한
당사자의 직면적 자기노출 기술

사례 2

근로자 측 화해신청인이 약속된 회의시간에 나타나지 않았다. 조사관을 통해 연락을 취해보니 경기도 외곽에서 버스와 지하철을 통해 이용해 회의 장소로 이동 중인데, 금요일 오후 서울로 진입하는 차량이 많아 늦어지고 있다는 설명이었다. 회사 측 대표는 정시에 나와 대기 중이었다. 근로자 측 신청인은 무려한 시간 반이나 늦었다. 이 정도면 대부분의 화해는 종료가 될 시간이다. 40대 초반은 되어보였는데 대중교통을 이용하는 것을 보니 자신은 절대 손해를 보지 않는 스타일로 보였다. 회사 측에 최고액을 요구한 것으로 보아 이번 화해가 성공할지가 염려되었다. 나는 화해위원으로서 연신 늦어서 죄송하다는 말을 거듭하면서 자리에 앉는 화해신청인을 보면서 이 회의를 어떻게 진행해야 좋을지 당황하였다.

1. 당사자의 심리

당사자는 정상적으로 업무를 처리하기 위해 상대방과는 항상 좋은 관계를 유지하기 위해 노력한다. 그러나 사례 2처럼 당사자는 상대방의 예기치 않은 행동 때문에 자신의 업무 수행이 방해를 받으며 욕구를 만족시키지 못하는 상황을 맞이한다. 이때 문제를 소유한 사람은 적극적 경청의 경우와 반대로 당사자가 된다. 왜 화해위원인 당사자가 문제를 갖게 되었나? 상대방으로부터 자신의 존재가 무시를 당했기 때문에 자존심이 크게 상했을 것이다. 화해에 필요한 시간이 크게 줄어들어 여유를 갖고 공정하게 화해 사건을 다룰 자신감이 없어진 것도 이유가 될 것이다. 그리고 당황한 채로 화해를 시도하지만 이러한 상태에서 자칫 실수를 하면 화해가 실패로 끝날 수도 있다는 염려도 중요한 원인으로 작용했을 것이다.

따라서 화해위원인 당사자는 본격적으로 화해 사건을 다루기에 앞서 자존심과 마음의 평정심을 회복하여 화해를 공정하고 이성적으로 처리할 수 있는 환경을 만드는 것이 시급한 당면 과제이다. 그러나 자신의 문제를 해결하려고 시도할 경우 상대방이 어떻게 나올지 모르며 일이 잘못될 경우 문제가 더욱 커질 수도 있다. 그렇다고 해결될 때까지 마냥 놔둔다고 문제가 저절로 해결되는 것도 아니다. 일반 조직이라면 상사인 당사자가 상대방인 부하가 상사에게 문제를 발생시킨 경우 제 시간 내에 해결하지 못하면 상사인 당사자는 조직으로부터 신뢰를 잃을 수도 있는 심각한 상황이다. 왜냐하면 부하로 인해 상사가 문제를 갖는 것은 조직의 목표 달성에 문제를 발생시키는 것으로 상사가 신속히 해결하지 않으면 경고의 대상이 되기 때문이다.

2. 통상적인 해결책

당사자 자신이 문제를 소유할 때 당사자가 보여주는 일반적인 문제 해결 행동은 일단 참거나 그것도 안 되면 상대방을 비난하거나 깎아내리거나 경고를 하거나 공격하는 것이다. 참는 것은 당장은 서로에 대해 아무런 문제를 일으키지 않지만 당사자는 엉뚱한 대상에게 분노를 폭발시켜 주변 사람들에게 피해를 준다. 그리고 주변 사람들에게 자신을 통제하지 못하는 사람이라는 좋지 못한 이미지를 갖게 한다. 주변 사람들에게 분노를 폭발한 다음에도 자신에게 분노를 갖게 만든 상대방을 원망하며 기회가 되면 복수할 것을 생각한다. 한편 비난과 공격은 상대방과의 관계를 직접적으로 악화시키고 상대방에게 복수심을 갖게 한다. 참는다든지 비난이나 공격은 문제가 발생한 책임을 상대방에게 돌리는 것으로 '유-메시지'라고 불린다. 유-메시지는 상대방으로 하여금 당사자에게 문제를 갖게 한 상대방의 행동을 중지시키지 못할 수 있다. 심지어 상대방은 당사자에게 저항해 당사자에게 더 큰 문제를 일으킬 수 있다.

왜 당사자가 선택하는 통상적인 해결책은 효과가 없는 것일까? 주된 이유는 유-메시지가 다음과 같은 의미들을 갖고 있기 때문이다. 첫째, 유-메시지에는 상대방의 어떤 행동이 당사자에게 문제를 일으키는지 알려주는 구체적인 정보가 거의 없다. 둘째, 당사자는 자신에게 일어나는 경험에 대해 자신을 솔직히 공개하지 않고 자신이 문제를 가진 것을 무조건 상대방의 책임으로 돌린다. 상대방은 정확한 이유도 알지 못하면서 자신이 비난을 받고 있기 때문에 불쾌하다. 자신이 비난받는 이유를 이해하지 못하는 채 어이없는 상태가 된다. 이러한 상태가 되면 상대방은 당사자를 자신의 입장만을 앞세우는 이기적인 정직하지 못한 존재이며 더 이상 인격적인 관계를 유지해나가야 할 상대라고 생각하지 않는다.

3. 상대방의 행동을 다루는 방법

당사자가 자신에게 문제를 발생시킨 상대방의 행동을 해결하는 방법은 첫째, 당사자가 상대방의 행동을 인정하여 자신의 행동을 변화시키는 것이다. 둘째, 문제를 일으키는 주변의 환경을 바꾸는 방법이다. 당사자에게 문제를 일으키는 환경을 변화시키면 상대방의 행동이 문제가 안 되는 경우이다. 셋째, 상대방에게 영향을 미쳐 문제를 일으키는 상대방의 행동을 변화시키는 방법이다. 이들 방법 중 당사자가 자신의 행동을 변화시키는 것과 주변 환경을 바꾸는 것은 경우의 수가 많지 않다. 가장 효과적인 방법은 당사자에게 문제를 일으키는 상대방이 자신의 행동을 바꾸도록 영향을 미치는 방법이다. 다음부터는 상대방에게 영향을 미쳐 문제를 일으키는 상대방의 행동을 변화시키는 직면적 자기노출의 방법에 대해 살펴본다.

4. 직면적 자기노출

(1) 직면과 직면의 방법

직면(Confrontation)이란 당사자가 자신의 문제를 해결하기 위해 문제를 일으키는 상대방의 얼굴을 직접 마주대하는 방법이다. 직면에는 다양한 방법들이 있다. 일체 상대방에 대해 대응을 하지 않는 것, 옆에 가서 상대방의 행동을 지켜보는 것, 간단하게 한마디 신호를 보내는 것, 유-메시지, 직면적 아이-메시지, 위협, 처벌, 전쟁 등을 들 수 있다. 어떤 것이 가장 좋은 방법인지 단정을 지을 수는 없다. 해결의 속도나 관계 훼손의 위험도를 모두 고려하여 상황에 적절한 방법을 선택하여야 한다. 만일 당사자가 상대방과 계속 좋은 관계를 유지할 필요가 없는 관계라면 위협, 처벌, 전쟁도 선택할 수 있다. 또 조직의 목표를 달성하기 위해 위급한 상황에는 유-메시지나 일반적인 명령도 용납된다. 그러나 유-메시지나 명령과 같은 방법은 일이 끝난 이후 사용한 이유를 나름대로 설명해주어야 할 것이다.

(2) 자기노출의 중요성

직면의 방법 중 가장 효과적인 것은 직면은 하되 상대방에게 명령하거나 비난하지 않고 있는 그대로의 자신을 정직하게 노출시키는 '직면적 자기노출'이다. 이러한 직면적 자기노출은 상대방에 대한 비난이나 무엇을 하라는 해결책이 없기 때문에 상대방은 당사자의 요구에 대해 자유로움을 느낀다. 직면적 자기노출은 자신을 있는 그대로 정직하게 공개하는 것으로 상대방은 정직하고 투명하게 공개하는 사람을 자신과 동일한 인간 냄새가 나는 존재라고 생각하게 한다. 그리고 자신도 당사자처럼 정직하게 자신을 공개하고 싶다는 생각을 하며 가능하다면 자신이 선택할 수 있는 방법 중 하나를 택해 당사자의 요청에 응해주어야겠다는 생각을 갖게 만든다.

(3) 직면적 아이-메시지

직면적 아이-메시지는 아래와 같이 세 가지의 요소로 구성된다.

- 상대방의 어떤 행동이 당사자에게 문제를 발생시키고 있는가?(행동)
- 행동이 당사자에게 어떤 혹은 얼마만큼 영향을 미치고 있는가?(영향)
- 당사자가 그 영향으로 인해 어떤 감정을 갖게 되었는가?(감정)

첫째, 비난을 하지 않는 형태로 객관적으로 상대방의 행동을 묘사하여 상대방의 어떤 행동이 당사자에게 문제를 갖게 하였는지에 대한 구체적인 정보를 제공한다. 상대방은 당사자의 직면적 아이-메시지를 듣고 기분이 좋을 수는 없으나 상대방은 자신의 어떤 행동이 당사자에게 문제를 주고 있는지를 명확하게 알게 한다.

둘째, 당사자 자신에게 미치는 영향을 언급한다. 그 영향은 상대방이 인정할 만한 가시적이며 구체적인(예: 시간적인 손해, 비용 발생, 추가적인 근무, 개인적인 목표의 방해 등) 것이어야만 한다. 이를 통해 상대방은 자신의 행동이 당사자의 어떤 욕구를 방해하고 있는지를 알게 한다.

셋째, 당사자 자신에게 미친 영향이 당사자 자신에게 느끼게 한 감정을 언급한다. 감정은 상대방 때문에 받는 영향이 당사자 자신에게 얼마나 심각한 것인지를 알게 한다. 만일 당사자가 감정을 표현하지 않으면 상대방은 당사자의 문제가 얼마나 심각한 지를 인식하지 못하며 실제로 자신의 행동을 바꿀 만한 필요성을 느끼지 못한다. 직면적 아이-메시지가 성공적이려면 당사자는 자신의 진실한 감정을 표현해야 한다. 이때 감정을 표현하는 정도는 상대방도 인정할 만한 정도의 수준이면 된다.

당사자는 이들 세 가지 부분을 구성하여 하나의 문장으로 결합하여 상대방에게 보내면 된다. 순서는 중요하지 않다. 제대로 메시지를 보낼 상황이 되지 않으면 감정만이라도 일단 먼저 전달해야 한다. 세 가지 부분 중 당사자의 상태를 가장 잘 나타내는 부분이 감정이기 때문이다. 아래는 사례 2를 이용한 직면적 아이-메시지를 구성한 예시이다.

- "약속된 화해 회의시간에 늦게 출석하니 화해 내용을 충분히 다루지 못해 결과가 잘못될까봐 걱정입니다.
- "이 중요한 회의에 먼 외곽에서 시간이 정확하지 않은 대중교통을 이용하니 나는 무한정 기다릴 수밖에 없어 무시를 당한 느낌이었습니다."

5. 직면적 아이-메시지의 효과

직면적 아이-메시지에는 상대방을 비난한다거나 어떤 해결책도 포함되어있지 않다. 때문에 상대방은 가능하다면 자신이 선택할 수 있는 여러 대안 중에서 자신을 만족시키면서 당사자도 만족시킬 수 있는 대안 중 하나를 생각해보도록 한다. 당사자의 직면적 아이-메시지는 할 수만 있다면 무언가를 협력해달라는 정중한 요청이므로 관계를 계속 유지하고 싶은 경우 상대방은 쉽사리 당사자의 요청을 거절하지 못한다. 특히 일반 조직에서 당사자가 상사인 경우에는 상대방은 함부로 거부할 수 없다. 화해·조정의 경우에도 마찬가지이다. 매우 예외적인 경우가 아니라면 당사자들 모두를 만족시키기 위해 노력하는 화해 조정인의 직면적 아이-메시지를 쉽사리 무시할 수 있는 사람들은 없다고 본다.

한편 직면적 아이-메시지를 배운 사람들 중에는 직면적 아이-메시지가 유-메시지보다 당사자로 하여금 약하게 보인다고 지적하는 사람들도 있다. 더욱이 자신을 정직하게 노출시킬 경우 상대방에게 자신이 역으로 이용당할 수도 있다는 생각 때문에 사용하기를 주저하기도 한다. 이러한 의심이 들면 직면적 아이-메시지를 사용해보고 유-메시지와 그 효과를 비교해볼 것을 추천한다. 직면적 아이-메시지가 유-메시지보다 훨씬 효과적이라는 것이 임상 심리학의 오랜 연구의 결론이다. 특히 직면적 아이-메시지는 당사자들 사이에 즉시 문제를 해결하지 못했을 경우라도 차후 조직에서 갈등이 발생했을 경우 갈등을 해결하는 신뢰의 기반을 마련한다는 점에 주목할 필요가 있다.

6. 적극적 경청으로 기어 바꾸기

당사자가 직면적 아이-메시지를 보내면 상대방은 대부분 깜짝 놀라며 자신을 방어하기 위해 저항하는 행동을 보인다. 왜냐하면 상대방이 그런 행동을 한 데에는 나름대로 합당한 이유가 있는데 자신의 행동이 당사자로부터 비난을 받기 때문일 것이다. 그러나 일부러 당사자의 욕구를 방해하려는 의도에서 한 것이 아니므로 당사자의 메시지를 인정하지 못하겠다는 반응이다. 자신의 행동이 미안은 하지만 당사자에게 그런 문제를 일으키는지에 대해서는 사전에는 정보가 없었다, 자신은 다른 사람과 똑같이 행동을 하는데 왜 자신만 문제를 삼는지 이해할 수 없다는 반응이다.

이때 당사자가 상대방에게 자신을 주장하는 직면적 아이-메시지를 계속 보내는 것은 효과가 없다. 그러나 상대방이 당사자의 메시지에 대해 저항하는 행동을 보이는 것은 당사자가 자신에게 보내는 직면적 아이-메시지가 신경이 쓰인다는 간접적인 표현이다. 때문에 당사자는 상대방이 저항을 보일 때 자신의 문제를 해결할 수 있는 좋은 기회라고 생각하고 적극적 경청으로 상대방이 가진 저항에 대해 미안해하며 인정한다는 메시지를 보내야 한다. 이처럼 직면적 아이-메시지에서 적극적 경청으로 대응하는 자세를 바꾸는 것을 기어 바꾸기라고 한다. 기어 바꾸기는 "나는 당신이 직면적 아이-메시지로 인해 상처를 받은 것을 나는 이해한다", "당신이 느끼는 어려움을 진지하게 받아들인다", "나는 내가 원하는 것을 연기할 용의가 있다" 등 상대방의 입장을 존중한다는 의미를 전달한다. 당사자가 적극적 경청으로 기어 바꾸기를 하면 상대방은 처음에는 저항하지만 당사자가 자신이 갖게 된 어려움과 감정을 인정해주면 자신도 행동을 변화시켜 당사자에게 협조해주어야겠다고 생각을 갖게 만든다.

의사소통의 기술을 배운 경험자들에 의하면 직면적 아이-메시지를 보낸 후 상대방이 저항을 할 때 적극적 경청으로 기어 바꾸기를 하는 것이 가장 힘든 경험이었다고 말한다. 상대방이 저항할 때 당사자들이 당혹감은 상상 이상으로 심리적인 부담을 안겨주기 때문에 이를 극복하려면 자신의 감정을 완전히 통제해야 적극적 경청을 할 수 있기 때문이다. 적극적 경청으로의 기어 바꾸기에 성공하려면 당사자가 직면적 아이-메시지를 보낸

후에는 반드시 상대방의 저항을 예상하고 적극적 경청을 할 준비를 해야 한다. 그리고 몇 차례 적극적 경청을 보낸 후 상대방에게 감정의 온도를 낮추어가면서 다시 직면적 아이-메시지를 시도하는 과정을 반복해야 한다. 아래의 내용은 사례 2에서 당사자인 화해위원이 상대방인 신청인에게 직면적 아이-메시지와 기어 바꾸기를 통해 화해회의를 시작하기 전에 자신의 불편한 문제를 어떻게 해결했는지를 소개한 것이다.

- **화해위원**: "약속된 화해회의시간에 한 시간 반이나 늦게 출석하니 시간 부족으로 오늘 정해진 시간에 중요 사항을 충분히 다루지 못할 것 같아 걱정이 됩니다."
- **신청인**: "죄송합니다. 저는 교통이 막혀 대중교통수단이 가장 빠르다고 생각했습니다."
- **화해위원**: "불가피한 상황이었는데 제가 이해를 못해주니 섭섭하시죠?"
- **신청인**: "아니오!, 섭섭하기보다 제가 큰 실수를 했다는 생각이 듭니다."
- **화해위원**: "큰 실수를 했다는 생각이 들었군요!"
- **화해위원**: "실수한 것이 화해에 영향을 미칠까 불안해하시는 것 같네요."
- **신청인**: "예!, 그렇습니다! 위원님께 잘못한 것 같아 초조하고 불안합니다."
- **화해위원**: "화해를 신청했지만 잘못되면 어떻게 하나 매우 힘드셨다는 말이군요?"
- **화해위원**: "예! 너무 예민하여 미처 금요일 오후 교통 사정을 미리 고려하지 못했다는 것처럼 들리네요."
- **화해위원**: "그렇습니다. 나름 최선을 다한다고 생각했는데 모든 것이

엉망이 되어버린 것 같아 당황하시는 것 같네요."

- 신청인: "예!, 그렇습니다. 정말 당황스럽습니다."

- 화해위원: "실은 저는 이처럼 개인적으로 중요한 일에 정작 신청인이 늦는다는 것을 상상도 못했습니다. 저는 정시에 출석한 회사 측 대표가 협조를 해줄지 내심 크게 걱정하고 있습니다."

- 신청인: "회사 측에게도 미안한 마음이 듭니다. 오늘 회의에 최선을 다해 협조하겠습니다. 준비가 되었습니다. 진행해주셔도 됩니다."

- 화해위원: "자, 그러면 회의를 한번 시작해봅시다!"

IV. 당사자들 간의 협력적 분쟁 해결 기술

조직 내에서 당사자들이 모두 문제를 소유한 상태는 갈등이다. 이 상태에서 어느 일방의 욕구는 만족되고 상대방의 욕구가 희생되면 양자의 관계는 적대적이 된다. 그러나 당사자들이 모두 협력적인 방법으로 갈등을 창의적인 방법으로 해결할 수만 있다면 갈등은 싸움이 아니라 오히려 당사자들 모두를 발전시킨다는 인식의 전환을 가져온다. 이 방법은 조직 내에서 두 당사자들 간에 사용되기도 하지만 분쟁사건의 화해조정인처럼 누군가 조정자가 있어서 구성원들 사이에 문제들을 해결하는 데 응용되기도 한다. 여기서는 John Dewey가 정립한 문제 해결 단계[10]를 활용해 조직 내에서 발생한 갈등을 당사자들 간의 합의에 의해 협력적인 방법으로 갈등을 해결하는 데 필요한 해결 단계와 관련된 의사소통기술들을 다루어본다.

---

10 미시간대학 및 시카고대학 교수, 미국 근대 교육의 아버지로서 어떤 문제든지 문제를 해결하려면 문제 해결을 위한 마음 준비, 문제의 확정, 해결 방법의 제안, 제안된 아이디어들을 추론 및 결합, 해결책 검증 등 5단계를 거치는 것을 밝혀냈다.

1. 사전 준비

당사자는 갈등이 존재한다는 것을 인지하면 즉시 상대방에게 이 사실을 알린다. 당사자는 분명하고 솔직하게 직면적 아이-메시지를 사용하여 자신의 문제를 상대방에게 전달한다. 그 다음 당사자는 자신의 직면적 아이-메시지로 인해 문제를 소유하게 된 상대방에게 적극적 경청을 해줌으로써 상대방의 불편해진 감정을 다룬다. 당사자는 상대방과 서로의 감정이 안정될 때까지 직면적 아이-메시지와 적극적 경청을 반복하고 서로 이성적이 되었는지를 확인한다. 이성적이 되었다고 판단되면 당사자는 갈등 해결의 프로세스에 대해 설명하고 상호 합의 하에 갈등을 해결하고 싶다는 의사를 전달한다. 그리고 어느 일방의 욕구 충족을 위해 강제적인 방법에 의하지 않고 합의를 통해 서로를 만족시킬 때까지 협의를 중단하지 않을 것을 약속하고 동의를 받는다. 이때 상대방으로부터 모호한 점이나 불안감이 있으면 질문을 통해 말끔히 해소시킨다.

많은 경우 당사자들은 갈등을 강제적인 힘에 의존하지 않고 모두를 만족시키는 방법으로 해결하자는 것을 힘들어 한다. 상대방은 그동안 다른 사람들로부터 계속 이용을 당해온 경험이 있다. 그리고 모두를 만족하는 방법으로 해결안이 도출되었다고 해도 언제든 당사자가 다른 마음을 먹으면 결과를 뒤집어 자신이 언제 이용당할지도 모른다는 염려를 하기 때문에 아무리 서로 합의를 한다고 해도 쉽사리 동의하지 않는다. 때문에 만일 당사자들 사이에 이 단계에서 합의만 제대로 이루어지면 나머지 단계는 비교적 순탄하게 진행된다. 합의가 이루어지면 나머지 과정에서 당사자들 간에 서로 지켜야 할 규칙에 대해 의견을 교환한다.

2. 문제를 욕구로 정의

당사자들은 직면적 아이-메시지를 사용해 자신들의 문제를 욕구로 표현하며 적극적 경청을 통해 상대방과 자신의 욕구를 확인한다. 당사자는 서로의 욕구를 명확하게 정의할 때까지 의사소통을 계속한다. 이때 모호하거나 의심이 가는 부분에 대해 개방적 질문, 확인 질문 및 추가적인 정보 요청 질문을 통해 서로의 욕구에 대해 명확하게 정의한다. 이 단계가 사전 준비 단계와 함께 전체 갈등 해결의 시간 중 가장 많은 시간이 소요된다.

3. 해결책 개발

문제를 욕구로 정의하는 단계가 제대로 이루어진다면 해결책은 순식간에 이루어지기도 한다. 많은 경우 당사자들은 이미 자신들의 문제에 대한 해결책을 알고 있기 때문이다. 그러나 해결책 개발이 필요한 경우에는 브레인스토밍을 통해 모두를 충족시킬 수 있는 많은 해결책들을 찾아내야 한다. 이때 누가 해결책을 찾아내는가는 중요하지 않다. 그리고 당사자들에게 해결책을 평가하거나 해결책을 강요하지 않는다. 이때 도출된 해결책들이 만족스럽지 않으면 1. 사전준비단계 2. 문제를 욕구로 정의하는 단계로 되돌아가 다루어지지 않은 욕구를 발견하고 이를 만족시키는 해결책을 개발해야 한다.

4. 해결책 평가, 선택 및 합의

좋은 해결책을 찾고 나쁜 해결책을 버린다. 양측이 본능적으로 알고 있는 하나의 해결책이 두드러진다면 그것을 선택한다. 숨겨진 문제가 있는 가? 실제로 효과적인가? 제대로 작동할 것인가? 등을 평가하면서 모두를 만족시키는 해결책을 도출한다. 신속한 합의를 위해 거짓된 해결책을 선택하지 않는다. 좋은 해결책을 만들어내려면 당사자들 간에 창의적인 노력이 필요하다. 창의적인 해결책이 만들어지면 구체적으로 누가, 무엇을, 언제 할 것인지에 대해 결정하고, 합의안을 작성한다. 이때 당사자들은 서둘러 합의해줄 것을 강요해서는 안 되며 신중하게 검토할 시간을 주어야 한다. 합의가 이루어지면 당사자는 상대방에게 그동안의 협조에 대해 감사를 표한다.

5. 당사자들 간의 분쟁 해결의 효과

이 방법으로 당사자들 사이에 갈등이 해결되면 당사자들 사이에 해결책을 실행하는 데 추가적인 설득이 필요 없다. 그리고 당사자들이 서로 가진 강제적인 힘을 사용하지 않고 토론을 통해 해결하게 되면 당사자들은 갈등을 더 이상 나쁜 것으로 여기지 않고 신뢰하면 오히려 갈등을 서로의 성장을 위한 씨앗이라고 바라보는 사고의 전환이 일어난다. 당사자들은 충분한 상호작용을 했기 때문에 인격적인 공정성을 느끼며 조직에 대해 자부심을 가진다. 이러한 변화는 당사자들로 하여금 서로를 운명공동체라는 인식을 갖게 한다. 당사자들이 한번이라도 경험한다면 상대방에 대해 업무 이외의 일에 대해 서로 자발적으로 협조하는 경험을 갖게 된다.

V. 분쟁조정자에 의한 협력적 분쟁 해결 기술

1. 전략적 개입 도구로서의 질문

조직에서 발생한 갈등은 당사자들이 서로를 만족시키는 방법에 의해 해결될 수 있다. 그러나 이 방법으로 해결하지 못하는 갈등은 조직 내 혹은 외부의 분쟁이 되어 분쟁조정자[11](노동위원회, 노동청 및 법원 등의 분쟁조정자들을 총칭)에게 해결이 의뢰된다. 조직 내 분쟁이나 외부에 의뢰한 분쟁에 대한 최종적인 해결책임은 당사자들의 몫이다. 분쟁조정자는 어디까지나 분쟁 해결의 조력자이다. 그러나 분쟁조정자는 당사자들로부터 해결자 역할을 요청받은 것이므로 분쟁에 전략적으로 개입하여 요청자를 모두 만족시켜야 할 책임이 주어진다. 분쟁조정자가 분쟁 해결에 필요한 정보는 당사자들과의 적극적 경청으로는 충분하지 않다. 따라서 부족한 부분은 질문을 통해 분쟁조정자가 주도적으로 정보를 획득하여야 한다. 이하에서는 분쟁조정자가 전략적 개입 도구로서 질문을 하는 데 필요한 태도와 질문의 기술들에 대해 설명한다.

2. 성공하는 질문자의 태도

첫째, 질문이 성공하려면 질문은 배우려는 자세로 이루어져야 한다. 질문은 목적에 따라 의사소통에 도움이 되기도 하지만 잘못 사용하면 오히려 악영향을 미치기도 한다. 때문에 분쟁조정자가 진짜 하고 싶은 말을 질

---

11 분쟁조정자의 범위에는 외부 노동위원회 등의 중립적인 분쟁조정자 이외에 조직 내에서 당사자들 사이에 발생한 고충을 해결하는 고충처리담당자들도 포함된다고 보았다.

문의 형태로 위장해서는 안 된다(예: 질문은 "냉장고 문을 저렇게 열어둘 겁니까?"인데, 속마음은 "냉장고 문을 닫아주세요. 정말 짜증난다!"이다). 방어하려는 목적에서 하는 질문도 효과가 없다. 왜냐하면 방어하는 질문을 하면 상대방도 자신을 방어하기 위해 분쟁조정자의 질문에 대해서는 관심을 갖지 않는다(예: "모두 내 잘못이라 하는데 당신도 실수가 많지 않습니까?").

둘째, 질문자인 분쟁조정자는 당사자들로 하여금 자신이 수용되고 공감을 받고 있다는 확신을 들게 해야 한다. 이러한 확신이 없으면 당사자들은 질문하는 사람의 의도를 의심한다. 아무리 질문이 정중하게 이루어진다고 해도 질문에는 상대방에 대한 정보를 탐색해본다는 의미가 담겨져 있기 때문이다. 따라서 분쟁조정자는 당사자들에게 충분히 경청을 해준 다음 라포가 형성된 다음에 질문을 시도해야 한다. 분쟁당사자가 원하는 정보를 빨리 얻기 위해 질문을 서둘렀다가 오히려 낭패를 본다. 질문을 하기 전에 충분히 적극적 경청을 하고 질문을 한 다음 다시 적극적 경청으로 대응할 수 있어야 한다.

3. 통상적인 질문의 기술

질문에는 어느 상황이든지 일반적으로 사용되는 질문과 특수한 목적을 위한 질문들로 구분할 수 있다. 통상적인 질문부터 살펴본다.

1) 폐쇄적 질문과 개방적 질문

폐쇄적 질문은 "예"와 "아니요"를 요구하는 질문이다. "해결책이 마음에 듭니까?" "더 이상 제시할 의견은 없나요?"처럼 당사자가 해결책을 개발, 평가 및 최종안을 선정하는 경우처럼 빠른 응답을 원한다든지, 추가적인 정보를 필요로 하지 않는 경우, 의사결정의 정확성을 점검할 때 그리고 이미 교환된 의견의 완성도를 높이려는 경우에 유용하다. 이에 비해 개방적 질문은 응답에 제한이 없는 형태이다. 분쟁조정자가 당사자들로부터 중요한 정보를 가급적 최대한 획득하려고 할 때 사용된다. "무엇을, 언제, 어떻게 생각하십니까?" 등의 형태를 띤다. 상대방의 관점, 생각, 의견, 감정 등 다양한 정보를 이끌어내는 데 적합하다. 폐쇄적 질문은 세부 사항을 명확히 하고 의사소통의 방향을 안내하는 데 도움이 되지만 개방적 질문은 상대방들에 대해 더 깊은 이해와 탐색을 촉진한다. 아래는 개방적 질문의 예들이다.

- "그 문제에 대해 어떻게 생각하십니까?"
- "이 분쟁과 관련하여 입장은 무엇입니까?"
- "그런 말을 들으면 어떤 느낌이 드십니까?"
- "상대방이 취한 행동에 대한 생각은 어떠하십니까?"
- "당신은 지금 이 분쟁을 통해 무엇을 기대하고 있나요?"
- "내가 알지 못하는 사실들이 있다면 말해줄 수 있습니까?"
- "목표는 무엇인가요?"

2) 추가적인 정보 요청의 질문

추가적인 정보를 요청하는 질문은 당사자들이 표현한 내용 중 명확하게 이해가 되지 않는 부분이 있거나 더 자세한 정보가 필요한 경우에 사용된다. 분쟁조정자가 추가적인 질문을 하지 않으면 분쟁조정자가 당사자들의 의도를 오해한다든지 잘못 판단하여 의사소통이 전혀 다른 방향으로 이루어지기도 한다. 분쟁조정자는 당사자들로부터 모호한 부분이나 제대로 파악하지 못한 부분을 발견한다면 반드시 이러한 부분을 명확하게 하기 위한 질문을 해야만 한다. 그리고 당사자들이 말한 내용 중 집중적으로 다루어야 할 부분이 나타날 때에도 추가적인 요청 질문을 해야 한다. 이때 이루어지는 추가적인 정보 요청 질문은 마치 과학실험실에서 깔때기와 같은 기능을 수행한다고 하여 '깔때기 질문'이라고도 불린다. 추가적인 정보 요청 질문에 대한 적용 예들을 살펴보자.

- 당사자: "당신과는 더 이상 일을 같이 할 수 없다."
- 추가적인 정보 요청 질문: "당신과 함께 일을 한다는 것이 당신에게 구체적으로 어떤 의미인가요?"
- 당사자: "A는 게을러서 업무 보고를 제 시간에 하지 못한다."
- 추가적인 정보 요청 질문: "게으르다는 것이 무슨 뜻이지요?"

3) 확인 질문

분쟁조정자가 당사자들이 말한 내용을 자신이 제대로 이해하고 있는지를 확인하기 위해 상대방이 말한 내용을 간단히 요약하여 질문하는 것이다. 확인 질문은 아래의 예시처럼 분쟁조정자가 당사자들의 메시지에서 본래의 뜻을 벗어나지 않는 선에서 자신이 나름대로 이해한 것들을 피드백 시키는 '바꾸어 질문하기(Paraphrasing)'의 형태로 이루어지도 한다.[12] 의사소통이 있은 후 핵심적인 내용을 확인하거나 노동위원회처럼 이전에 다루어진 내용을 확인하기 위해 사용된다.

- 당사자: "이 프로젝트의 마감일은 다음 주 금요일입니다."
- 분쟁조정자: "프로젝트를 다음 주 금요일까지 완료해야 한다는 말이지요?"
- 당사자: "이 보고서를 우선순위로 처리해야 합니다."

---

12 '바꾸어 질문하기'는 질문이지만 적극적 경청과 유사한 형태로 이루어지기 때문에 적극적 경청의 범주로 취급되기도 한다.

- 분쟁조정자: "이 보고서가 지금 가장 중요한 업무라는 뜻이지요?"

4) 캐 묻기

이상의 질문과는 달리 캐 묻기 질문이 있다. 왜? 언제? 어디에서? 어느
정도? 등 의문의 형태로 이루어진다. 분쟁조정자가 캐 묻기 질문을 하면
핀잔, 비난, 심문 등을 느껴 당사자들은 분쟁조정자와의 의사소통을 중단
한다. 반드시 사용해야 할 극히 예외적인 상황이 아니라면 가급적 사용하
지 않는 것이 좋다.

- "방금 말한 내용이 말이 된다고 생각하세요?"(핀잔)
- "그 정도 말했으면 다 알아들었어야죠?"(비난)
- "왜 그렇게 했어요?"(캐 묻기)
- "책임은 당신에게 있는 것 아닌가요?"(심문)
- "그렇게 해서 도대체 당신이 얻는 것이 무엇입니까?"(회의)
- "모두 분쟁을 해결하기를 바라지 않는 것이지요?"(수사)

4. 개입 단계별 질문

앞에서 설명한 통상적인 질문들과 달리 분쟁조정자가 분쟁의 해결에 개
입하는 단계에 따라 자주 사용하는 질문이 달라진다.

1) 정보 수집

개입 초기에 분쟁조정자는 개방적 질문을 사용하여 당사자들이 자신의
의견을 자유롭게 표현할 수 있도록 하는 것이 바람직하다. 예를 들면 "이
상황을 어떻게 보았는지 말씀해주세요!"처럼 당사자들이 사안을 어떻게

평가하는지에 대해 가급적 많은 정보를 수집하여야 할 경우 특히 중요하다. 주의할 점은 한 측 당사자로부터 나온 응답을 다른 측 당사자를 판단하기 위한 기준으로 사용해서는 안 된다. 때문에 첫 번째 당사자와 두 번째 당사자에게 질문을 할 때 분쟁조정자는 시간적인 격차를 두면서 질문을 하여야 한다. 그리고 분쟁조정자는 당사자들의 응답 중 모호한 표현이나 숨겨진 의도가 있다고 느껴진다면 이들을 분명하게 파악하기 위해 추자적인 정보 요청 질문을 하여야 한다.

2) 이해관계 분석 및 창의적인 아이디어 모색
① 관점 바꾸기 질문

이해관계 분석과 창의적인 아이디어를 모색하는 단계는 분쟁조정자가 분쟁을 해결하는 데에 가장 중요하며 많은 시간이 소요된다. 분쟁을 경험하는 경우 당사자들은 〈그림 1〉 관점의 전환에서 왼쪽에 위치한다. 자신의 입장을 고수하고 사안을 판단하며 책임을 상대방에게 전가한다. 그리고 개인적 문제에 집중한다. 분쟁조정자가 당사자들 모두를 충족시키는 창의적인 해결책을 찾아내려면 겉으로 드러난 입장이나 행동 이면에 당사자들에게 숨겨져 있는 이해관계, 욕구, 성격, 사고 및 가치관 등을 찾아낼 수 있어야 한다. 이러한 목적을 달성하기 위해서 분쟁조정자가 당사자들 각각에게 〈그림 1〉 관점의 전환 중 오른쪽 항목들을 대상으로 각 당사자들이 가지고 있는 다양한 시각들을 명확하게 밝혀내는 작업이 필요하다. 당사자들이 분쟁을 서로 다양한 관점에서 보고 있다는 것을 깨닫게 되면 분쟁조정자는 당사자들 사이의 분쟁이 대립이 아니라 모두를 만족시킬 수 있는 해결책을 찾아낼 수 있다. 당사자들도 서로 상이한 방법으로 분쟁을 바라보고 있다는 것을 알게 되면 과거가 아닌 미래로 그리고 개인적 문제에서 공동의 문제로 인식의 변화가 시작된다. 이때부터 당사자들은 분쟁

조정자와 협력하여 해결책을 신속하게 만들어내려는 희망을 갖고 해결책을 서두른다.

아래의 예시들은 분쟁조정자가 한 가지 업무 배정을 대상으로 한 측 당사자인 부하를 대상으로 행한 관점 바꾸기의 질문들이다. 분쟁 조정자의 관점 바꾸기 질문은 동일한 요령으로 분쟁을 경험하고 있는 또 다른 측의 당사자에게 동일하게 이루어진다. 이들 질문을 통해 수집된 정보에 의해 분쟁조정자는 당사자들 모두를 만족시키는 창의적인 해결책을 제안한다.

<그림 1> 관점의 전환

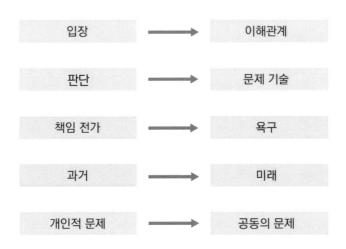

자료: 문용갑·이남옥, 『가족과 상담』, 2015, Vol.5, No.1, 21~37.

예시 1: 입장 질문 vs. 이해관계 질문[13]

• 입장 질문: "왜 상사는 당신에게 이렇게 많은 일을 시키나요?"

---

13 입장 질문은 각 당사자가 현재 문제에 대해 가지고 있는 구체적인 요구, 바라는 바, 혹은 목표를 명확히 드러내기 위해 사용되며 각자의 주장이나 요구 사항을 이해하는 데 도움을 준다. 이해관계 질문은 당사자들이 문제에 대해 왜 그런 요구를 하는지 그 뒤에 숨겨진 동기나 필요를 탐색하게 한다. 요구의 기저에 있는 진정한 욕구나 관심사를 파악하는 데 중점을 둔다.

- 이해관계 질문: "상사가 당신에게 많은 일을 시키는 이유가 무엇이라고 생각합니까?"

  "상사는 당신을 통해 어떤 목표를 이루려는 것입니까?"

예시 2: 판단 질문 vs. 문제 기술 질문[14]
- 판단 질문: "왜 상사는 당신의 일에 이따금 불만을 나타냅니까?"
- 문제 기술 질문: "상사는 당신의 업무 중 어떤 부분에 문제가 있다고 생각하나요? 그리고 상사가 문제라는 것은 구체적으로 무엇일까요?"

예시 3: 책임 전가 질문 vs 욕구 파악 질문[15]
- 책임 전가 질문: "당신은 조직에서 어떤 것이 혹은 누가 잘못되었다고 생각하십니까?"
- 욕구 질문: "당신이 상사로부터 원하는 것이 무엇인가요?"

  "혹시 업무에 실패할까 봐 두려우신가요?",

  "지시를 성공적으로 수행하는 데에 필요한 자원이나 정보를 원하시나요?"

예시 4: 과거 질문 vs. 미래 질문
- 과거 질문: "상사는 왜 당신의 지난번 실수에 대해 계속 불만을 가지고 있을까요?"
- 미래 질문: "다음 기회에 어떻게 하면 상사의 인정을 받을 수 있을

---

14 판단질문은 당사자가 가진 가정, 전제, 신념을 명확히 하여 왜 그런 판단을 내리게 되었는지를 탐색하게 한다. 문제기술질문은 구체적인 문제와 그 원인, 영향을 명확히 기술하여, 객관적인 이해와 협력적인 문제해결을 유도한다.
15 책임전가질문은 책임 소재를 명확히 하고, 당사자들이 서로에게 책임을 전가하는 상황을 탐색한다. 욕구질문은 각 당사자의 근본적인 필요와 욕구를 이해하여, 분쟁의 기저에 있는 요구를 파악하기 위한 것이다.

까요?"

"앞으로 실수를 줄이기 위해 어떤 조치를 취할 수 있을 까요?"

예시 5: 개인적 문제 질문 vs. 공동의 문제 질문[16]
- 개인적 문제 질문: "왜 상사는 당신이 일을 제대로 하지 않는다고 생 각할까요?"
- 공동의 문제 질문: "조직이 더 나은 결과를 얻기 위해 상사와 당신이 어떤 방법으로 협력하면 좋을까요?"
  "그 방법은 구체적으로 무엇일까요?"

② 순환 질문

관점 바꾸기 질문으로서 당사자들 사이에 관점의 차이를 더욱 명확히 드러내기 위해 사용되는 또 하나가 순환 질문이다. 이 질문은 당사자들에 게 현재 경험하고 있는 분쟁을 타인의 관점, 다른 시간, 다른 상황 등에서 응답하게 하여 실질적으로는 당사자의 관점 차이를 드러내기 위해 사용 된다.
- 동료나 친구라면 이 분쟁을 어떻게 생각할까요? (동료의 관점)
- 좋은 환경이 만들어진다면 이 분쟁은 어떻게 바뀔까요? (새로운 환경의 관점)
- 3년 후 이 분쟁을 돌아보면 다른 사람들은 이 분쟁을 어떻게 생각할 까요? (다른 시점)
- 당신이 상사라면 당신과 동료와의 관계를 어떻게 볼까요? (상사의 관

---

16 개인적 문제 질문은 개인의 감정과 필요를 이해하고 개인적인 시각에서 분쟁의 원인을 파악하기 위한 것. 공동의 문제 질문은 조직 전체의 이익과 영향을 고려하여 해결책을 모색해보려는 질문이다.

점)

③ 인지와 가정 파악의 질문

노동 분쟁은 하나의 원인과 결과로만 설명할 수 없는 복잡한 사회체계이다. 그러나 당사자들은 자신들의 경험이나 사고에 의지하여 분쟁의 복잡성을 감소시키면서 서둘러 의사결정을 하려 한다. 그러나 경험은 분쟁을 제대로 해결하는 것과는 거리가 멀다. 당사자들의 인지와 가정에 오류가 있을 경우 당사자들은 실제 문제의 원인이나 본질을 잘못 이해하고 잘못된 의사결정을 하도록 한다. 이러한 오류로 인해 당사자들이 더 큰 문제를 갖는 것을 방지하기 위해 당사자들에게 인지와 가정 파악의 질문을 사용한다. 인지와 가장 파악의 오류는 세대 간 그리고 성별로도 나타나지만 집단적 노동분쟁에서도 집단 간에 현저하다.

- "왜 그렇게 생각하시는 이유를 설명해줄 수 있나요?"
- "이런 해결책에 대해서는 어떻게 생각하시나요?"

3) 해결책 도출과 합의, 해결책 합의 및 실행

책임감 강화 질문은 분쟁 당사자가 분쟁의 발생과 그 해결책에 대한 책임이 당사자들에게 있다는 것을 강조하는 것이므로 분쟁을 해결하는 전 단계에 걸쳐 사용될 수 있다. 그러나 이 질문은 책임 있는 당사자들 간에 해결책 도출과 합의가 좀처럼 진행되지 않는 상황에서 당사자들로 하여금 분쟁의 해결을 위한 협조를 촉구할 때 특히 유용하다. 이때 분쟁조정자는 당사자들에게 분쟁의 발생 원인에서부터 해결책 실행까지 모든 책임이 자신들에게 달려 있다는 것을 명확하게 지적하여야 한다. 아래는 분쟁조정자가 당사자들에게 책임력 강화를 유도하기 위한 질문들이다.

- "해결책을 방해해서 당신이 얻고자 하는 것은 무엇입니까?"
- "당신의 목표는 무엇입니까?"
- "무엇이 당신을 도울 수 있는 방법인가요?"
- "어떻게 하면 당신은 상대방과 의견의 격차를 줄일 수 있나요?"

VI. 생산적인 관계를 유지 및 확대시키는 기술

이상에서는 당사자들과 분쟁조정자가 다양한 문제 상황들을 해결하는데에 적합한 의사소통기술들을 살펴보았다. 여기서는 이들 의사소통기술을 적용한 결과에 의해 만들어지는 당사자들 모두에게 문제가 없는 생산적인 상황에서 당사자들이 서로의 관계를 유지, 발전시키는 데 적용할 의사소통기술에 대해 살펴본다.

1. 적극적 경청의 활용

모두에게 문제가 없는 상황에서 의사소통은 비난을 제외한 모든 의사소통기술을 사용할 수 있다. 비난은 또 다른 비난을 만들어내어 문제를 일으키므로 비난은 의사소통기술로서 어느 곳에서도 사용해서는 안 된다. 그러나 비난을 제외한 어떤 의사소통기술도 모두 문제가 없는 상황에서는 사용할 수 있다. 명령, 설교, 위로, 칭찬 등 걸림돌들도 모두 문제없는 상황에서는 사용할 수 있으며 조직에 재미와 생기를 불어넣는 활력소로 작용을 한다. 그러나 모두 문제가 없는 상황에서도 당사자이든 분쟁조정자이든 적극적 경청을 사용하는 것이 안전하다. 모두 문제없는 상황에 있더라도 사람들 간의 관계 상황이 언제 어떻게 변할 것인지 예측할 수 없다.

그리고 표면적으로 당사자들이 모두 문제가 없는 것처럼 보이지만 당사자들 내면에는 많은 문제들이 잠복해있는 경우가 많다. 후자의 경우 사용을 해서는 안 되는 걸림돌을 무심코 사용하여 상대방과의 신뢰를 상실하는 경우들을 자주 목격된다. 따라서 모두 문제없는 상황에서도 당사자들은 가급적 적극적 경청을 사용하며 스스럼없이 걸림돌을 사용할 경우에도 상대방의 행동 변화를 기민하게 살펴가면서 의사소통을 하는 것이 현명하다.

2. 다양한 자기노출의 기술

당사자들이 자기노출을 하지 않는 경우는 당사자들에게 욕구 충족의 기회가 줄어든다. 당사자들이 자신에 대해 기회가 있을 때마다 정직하게 자기를 노출하는 빈도가 많아질수록 사람들은 그러한 사람을 사귀려하며 자신들도 상대방에게 자신의 노출의 빈도를 높인다. 서로 자신을 노출하는 빈도가 높아질수록 서로의 욕구를 잘 알기 때문에 서로의 욕구를 충족시킬 기회가 증가한다. 정직한 자기노출을 위한 의사소통기술로는 선언적 아이-메시지, 감사의 아이-메시지, 예방적 아이-메시지 등이 있다. 선언적 아이-메시지는 당사자가 자신의 의견이나 느낌을 한 문장으로 진솔하게 표현하는 것이다. 감사의 아이-메시지는 상대방이 당사자에게 기여한 행동에 대해 진심으로 고마움을 표현하는 것이다. 이에 비해 예방적 아이-메시지는 당사자가 상대방에게 차후 서로에게 일어나지 않기를 바라는 행동을 미연에 방지하기 위해 사용한다.

3. 과제 해결을 돕는 코칭

모두 문제가 없는 상황에서 한 측의 당사자가 다른 측의 당사자에게 자신의 업무에 있어 진짜 어려운 과제(Real Task)를 해결하기 위해 도움을 요청할 때 사용한다. 상대방에게 문제 해결의 책임을 그대로 남겨둔 채 문제 해결 단계를 따라가면서 당사자가 과제의 전문가로서 상대방이 필요로 하는 부분을 코칭을 해주는 것이다. 이때 주의할 점은 문제 해결의 책임을 상대방에게 그대로 유지시킨 채 도움을 주는 것이므로 해결 단계마다 상대방이 생각지 못하는 것들을 한두 개 정도 코칭해주는 기술이다.

VII. 총정리

첫째, 사람 문제는 모호하지만 당사자들이 제대로 된 의사소통의 방법과 기술을 사용하면 거의 대부분 해결할 수 있다.

둘째, 의사소통기술을 사용하기에 앞서 당사자들은 누가 문제를 소유한 사람인지의 상황을 분석하고 상황에 적합한 의사소통기술을 선택하여 사용한다.

- 상대방이 문제를 가진 경우 당사자는 상대방이 스스로 자신의 문제를 해결할 수 있도록 도움을 주어야 하며 경청(특히 적극적 경청)의 기술을 채택한다.
- 당사자가 문제를 소유한 상황에서는 문제를 해결할 자는 당사자 자신이다. 당사자는 자신의 문제를 해결하기 위해 용기 있게 상대방과 직면해야 한다. 적합한 의사소통기술은 직면적 아이-메시지와 상대방이 저항을 보일 경우 적극적 경청으로 대응하는 기어 바꾸기를 선택하여 해결한다.

- 당사자들이 모두 문제를 갖고 있는 갈등 상황에서는 당사자들이 협력하여 모두를 만족하는 해결책을 도출해내기로 합의해야 한다. 한 측의 당사자가 갈등을 해결하는 과정을 주도해야 한다. 갈등을 모두를 만족시키는 창의적인 대안으로 발전시키는 방법을 사용한다. 의사소통기술은 적극적 경청과 직면적 아이-메시지이며 질문의 기술로는 추가적인 정보 요청 질문과 확인 질문을 주로 사용한다.
- 한편 조직 내에서 갈등이 해결되지 못해 분쟁으로 발전되어 외부의 분쟁조정자에게 분쟁의 해결이 맡겨지는 상황에서는 분쟁조정자가 분쟁해결에 개입하는 방법이 사용된다. 이때 정보 수집부터 해결책을 도출하기까지 다양한 질문의 기술들이 사용된다. 당사자들의 관점을 변화시켜 해결책을 도출하기 위해 다양한 관점 바꾸기 질문들이 중요한 기술로 사용된다.
- 이상의 방법을 통해 당사자들 모두에게 문제가 없는 생산적인 관계가 조직 내에서 만들어지면 당사자들은 이 상황을 유지 혹은 확장시키는 노력을 해야 한다. 정직하게 자신을 개방시키는 다양한 자기노출기술들이 사용된다. 그리고 상대방이 업무상 과제 해결에 도움을 요청할 경우 코칭을 해주며 경청을 일상화시킨다.

셋째, 당사자들 사이에 발생하는 관계 상황은 극히 짧은 순간에도 변화한다. 때문에 의사소통을 통해 당사자들이 문제를 해결하기 위해서는 변화하는 상황에 맞추어 기민하게 의사소통기술을 변경시키면서 능숙하게 사용할 수 있도록 충분히 훈련되어야 한다.

넷째, 의사소통에 성공하려면 당사자들이 각 상황에 적합한 의사소통기술을 익히는 것은 필수적이지만 이보다 더욱 중요한 것은 의사소통을 하는 당사자들과 분쟁조정자의 태도이다. 태도가 제대로 되어 있지 않으면 의사소통기술은 아무리 능숙하게 사용할 수 있다고 해도 실패한다. 의사소통기술이 다소 미흡해도 태도들이 제대로 준비되어 있으면 의사소통은 성공한다. 가장 기본적인 태도는 자신의 경험이나 지위가 가진 강제적인 힘을 내려놓고 상대방을 자신과 동일한 욕구와 감정을 가진 귀중한 존재로 인식하고 공감하며 상대방에게 정직하게 자신을 공개하며 언행일치의 태도를 보여줄 수 있어야 한다.

Chapter

03.

고용분쟁과
화해의 활용

03 고용분쟁과 화해의 활용

서광범

Ⅰ. 화해제도의 이해

노동위원회에 제기되는 고용분쟁[1]의 구제신청건수가 해마다 폭발적으로 증가하여 2023년도에 이미 1만 7천 건을 상회하는 상황에까지 이르게 되었다. 게다가 매년 20% 가까이 증가하는 고용분쟁사건을 법률적 판단으로 처리하기에는 이미 물리적으로 한계점에 와 있다고 할 수 있다. 더욱이 고용분쟁은 일반소송사건과 다르게 분쟁이후에도 고용관계가 계속 유지될 수 있기에 분쟁과정에서 발생할 수 있는 후유증과 부작용을 최소화할 필요가 있다는 점을 간과해서는 안 된다. 따라서 승자와 패자를 가르는 법률적 판단이 주는 후유증을 감안 할 때 분쟁당사자가 중심이 되어 자율적 해결을 도모하는 방법이 당사자 모두에게 더 유익한 결과를 가져올 수 있다. 이를 위해 패자를 낳지 않고 분쟁을 해결하는 화해·조정·중재 등이른바 '대안적 분쟁해결(ADR: Alternative Dispute Resolution)' 제도가 향후 보다 더 활성화되어야 할 것이다.

---

1 노동위원회에서 다루는 사건은 크게 고용상의 권리구제사건과 집단적 노사관계에 의한 노동쟁의조정사건으로 구별할 수 있지만 이 책에서는 화해제도가 적용 가능한 고용관계에서 발생하는 권리구제사건(이른바 부당해고, 부당전직, 부당채용내정취소, 부당노동행위사건 등)을 '고용분쟁'이라 칭하기로 한다.

이에 이 책에서는 대안적 분쟁해결(ADR), 그중에서도 노동위원회에 제기된 고용분쟁 심판사건의 화해(和解, Compromise)에 초점을 두고 논의를 전개하고자 한다. 여기에서 소개되는 내용은 주로 위원이나 조사관 등 화해인(이하 '화해인'이라 한다)이 중립적이고 공정한 제3자의 위치에서 당사자들의 분쟁을 어떻게 효과적으로 조율해 나가면서 화해에 이르도록 하는가에 초점을 두고 내용을 전개하고 있다. 논의의 집중을 위해 노동위원회의 화해제도에 초점을 두고 내용을 서술하고는 있지만 기업의 고충처리를 담당하는 위원이나 법원의 조정위원 등 조정자로서의 역할을 수행하는 수많은 이들에게도 도움을 줄 수 있는 내용을 담고 있다.

화해는 당사자가 서로 양보하여 당사자 간의 분쟁을 끝낼 것을 약정함으로써 그 효력이 생긴다. 법에서 말하는 화해는 일반적으로 말하는 화해와 비슷하면서도 특수한 의미를 갖는데 재판 외 화해와 재판상화해로 구분 할 수가 있다. 재판 외 화해란 당사자 간 계약의 일종으로 "민법상 화해"[2]라고도 하는데 "민사상 합의"와 대체로 같은 개념이다. 재판상 화해는 재판 외 화해와 취지는 비슷하지만 판사가 화해를 주도하고 판사가 판결문과 유사하게 화해조서를 만들어줌으로써 기판력이 생기고 내용에 따라서는 집행권원까지 만들 수 있다는 것이 재판 외 화해와의 결정적 차이점이다. 노동위원회에서의 화해 또한 관련법[3]에 따라 법원의 재판상 화해와 동일한 효력을 갖기에 동일한 사건과 같은 내용으로 다시 다툴 수 없고, 상대방이 화해조서(Compromise Protocol)의 내용을 이행하지 않을 경우 법원에 강제집행을 신청할 수 있다.

화해제도의 진정한 목적은 분쟁 당사자들이 자율적으로 문제를 해결하

---

2 민법 제731 조(화해의 의의) 화해는 당사자가 상호 양보하여 당사자 간의 분쟁을 종지할 것을 약정함으로써 그 효력이 생긴다.

3 노동위원회법 제16조의3(화해의 권고 등) ⑤ 제3항 및 제4항에 따라 작성된 화해조서는 「민사소송법」에 따른 재판상 화해의 효력을 갖는다.

도록 돕는 데 있다. 화해는 당사자들을 문제해결과정에 직접 참여시키는 당사자 중심의 능동적 문제해결 방법이다. 우리 사회가 발전해 갈수록 당사자들의 요구는 다양해지고 법률에 따라 정해진 대로 엄격하게 판단할 수밖에 없는 판정이나 판결만으로는 다양한 요구를 수용하기에 한계가 있다. 화해제도가 분쟁당사자 모두에게 유익함을 주는 이유는 다음과 같다.

첫째, 법률적인 판단에 국한되는 판정이나 판결에 비해 시간, 비용, 심리적 에너지 등이 적게 들고 분쟁을 신속히 종결할 수 있다. 분쟁사건을 처리하는 기간이 정해져 있기 때문에 신속한 처리가 이루어지는 것으로 알려진 지방노동위원회의 심판과정조차도 최소 3개월의 시간이 소요된다. 초심에 불복하여 중노위 재심, 행정법원, 고등법원, 대법원으로까지 소송이 이어질 경우에는 수년에 이르는 시간과 경제적 비용, 정신적 고통이 수반될 수밖에 없다. 이처럼 판정이나 판결의 경우에는 불복절차가 종료될 때까지 구제가 지연되나 화해는 화해 성립과 동시에 분쟁당사자간에 대립된 입장을 신속히 해소시켜줄 수 있다.

둘째, 승패를 정하기 어려운 복잡한 사건의 경우에도 서로가 수용할 수 있는 다양한 방안들을 제안하고 선택하게 함으로써 당사자 모두에게 만족을 줄 수 있다. 서로의 욕구를 충분히 반영해서 문제를 해결하기에 당사자 누구도 패자가 되지 않도록 하면서도 문제를 해결할 수 있다는 장점이 있다.

셋째, 화해의 과정을 통해 오랜 기간 누적된 감정의 충돌과 왜곡을 해소시켜 줄 수 있다. 화해는 제한된 시간 내에 진행되는 심문회의와 달리 시간에 구애됨이 없이 당사자들과 충분히 소통할 수 있기에 문제의 본질을 정확히 파악할 수 있을 뿐만 아니라, 감정의 문제까지 깊이 있게 다루어줄 수 있어 감정완화 및 문제해결에도 도움을 줄 수 있다.

넷째, 당사자들 간에 이루어지는 합의의 경우에 제척기간[4] 내에는 언제든지 구제신청을 할 수 있기 때문에 분쟁해결의 완전한 종식 측면에서 불안정적인 요소가 존재한다고 할 수 있다. 반면에 법원이나 노동위원회에서 이루어지는 화해는 확정판결과 동일한 법률적 효력을 가지고 있어 안정적으로 분쟁을 종결 할 수 있다. 뿐만 아니라 노동청이나 검찰로 이어지는 진정·고소내용까지도 포함하여 화해가 이루어 질 수 있기에 분쟁을 근원적으로 조기에 끝낼 수 있다는 장점을 가지고 있다.

Ⅱ. 화해회의 진행

화해회의[5]는 당사자들로부터 신뢰를 얻어가는 과정이다. 화해회의를 진행하는 화해인은 분쟁해결의 주체가 당사자라는 사실을 잊지 말고 당사자들이 진정 원하는 방법으로 문제를 해결하도록 노력해야 한다. 그러기 위해서는 '내가 먼저 당사자들을 이해시키려 하기 보다는 내가 먼저 상대방을 이해하려는 자세'가 필요하다. 또한 문제해결에 초점을 맞추는 것에 선행하여 근로자와 사용자 모두에게 유익한 결과를 만들어낼 수 있고, 적어도 당사자 모두에게 판정이나 판결보다 유익한 결과를 만들어 낼 수 있다는 자기 확신을 갖고 화해회의에 임하는 것이 중요하다. 화해를 하는 것

---

4 제척기간이란 권리를 행사할 수 있는 법정기간이다. 노동법에서는 주로 권리구제를 위한 심판이나 소송을 제기할 수 있는 기간으로서 중요한 의미를 가진다. 즉, 구제신청이나 심사청구, 심판청구, 행정소송제기 등은 법률에 정한 일정기간 내에 하여야 하며, 그 기간을 경과하면 해당 구제절차를 거칠 수 없게 된다. 부당해고 및 부당노동행위구제신청의 경우, 당해 해고나 부당노동행위가 있는 날로부터(부당노동행위의 경우 계속된 행위는 그 종료일) 3개월(90일이 아님에 유의)이내에 하여야 하고, 지방노동위원회의 초심판정에 불복하여 중앙노동위원회에 재심을 신청하는 때에는 초심명령이나 결정서의 송달을 받은 날로부터 10일 이내, 중앙노동위원회의 재심판정에 불복하여 행정소송을 제기하는 때에는 재심판정서의 송달을 받은 날로부터 15일 이내에 하여야 한다.

5 노동위원회에서는 노동위원회법 제16조의3(화해의 권고 등) ①에 의거 판정, 명령, 또는 결정이 있기 전까지 관계당사자의 신청을 받아 또는 직권으로 화해를 권고하거나 화해안을 제시할 수 있는데 이때 열리는 회의를 「화해권고회의」라 칭하고 있다. 이 책에서는 노동위원회뿐만 아니라 사업장내에서의 고용갈등 화해 등 다양한 분야에서 화해가 필요함을 감안하여 화해회의라 부르기로 한다.

이 사용자에게는 어떤 유익함이 있고 근로자에게는 어떤 유익함이 있는가에 대한 자기 확신이 분명할 때 당사자들과의 대화에서도 힘 있는 설득력으로 당사자들을 양보와 타협의 장으로 이끌어 줄 수 있다. 회의를 진행하면서 화해인 스스로 화해의 유익에 대한 자기 확신이 서지 않을 때가 있다. 이때 무리하게 화해를 시키는 것은 바람직하지 않다. 당사자 중 어느 일방이라도 화해의 실익이 없다고 판단될 때에는 법적인 판단을 받도록 하는 것이 나을 수 있다.

1. 화해회의에 임하는 자세

(1) 억울한 사람이 없도록 하기

화해회의를 진행하면서 중요하게 생각해야 할 것은 화해결과로 인해 억울한 사람이 생기지 않도록 해야 한다는 것이다. 근로자도 억울해서는 안되고 사용자도 억울해서는 안 된다. 언젠가 화해를 담당하는 위원으로부터 "해고사건에서 근로자에게 귀책이 크고 판정에서도 불리하게 판단 받을 수 있는 사건임에도 사용자를 설득해서 1~2개월의 임금 상당액을 지급하도록 하고 있다."는 이야기를 듣고 '그렇게 화해가 되어서는 안 된다'고 단호히 잘라 말한 적이 있다. 어떤 경우라도 당사자 스스로가 충분히 이해하고 납득할 수 있는 화해가 되어야지, 당사자 어느 쪽이든 마지못해 수용하는 형태로 의사결정이 되어서는 안 된다.

해고 등 고용분쟁을 다투는 심판사건의 경우에는 노동조합과 사용자 간의 집단적 노동쟁의 조정과정과는 분명히 달라야 한다. 자칫 화해 성립에 집착하기가 쉬운데 그렇게 회의를 진행하다보면 어느 한쪽에 유리한 결과를 만들어내는 오류를 범할 수 있다. 심판사건을 화해시키는 경우에는 사건내용을 꼼꼼히 살펴보고, 당사자와의 면담과정에서도 사건의 실체파악을 통해 심문회의까지 갔을 때 어떤 판정결과가 나올 것인지를 예측하면서 진행해야 적어도 억울한 당사자를 만들지 않게 된다. 여기에서 한 걸음 더 나아가 서로가 만족할 수 있는 화해방안 마련을 위해, 화해회의 과정의 매 순간 순간 집중력을 잃지 않고 정성을 다해야 한다.

(2) 불안한 마음 해소시켜주기

화해회의에 참석하는 노사 당사자들은 대개 불안한 마음을 가지고 있다. 식사시간이 지났음에도 입맛이 없어서 식사를 하지 못했다거나 며칠 동안 제대로 잠을 자지 못했다는 이야기는 당사자들로부터 흔히 듣는 이야기이다. 편안한 마음을 가지고 있는 상대와, 불안한 마음을 가지고 있는 상대가 있다면 누구의 마음을 움직이는 것이 쉬울까? 당연히 상대가 심적으로 편안할 때 그의 마음을 움직이는 것이 훨씬 쉽다. 왜냐하면 편안한 마음을 가지고 있을 때 올바른 판단도 할 수 있고 후회 없는 선택을 할 수 있다. 불안한 마음을 갖고 있는 상대방의 마음을 움직이는 것은 쉽지 않다.

그러므로 화해의 첫 걸음은 당사자들의 불안한 마음을 해소시켜 심적인 안정을 찾아 주는 것이다. 회의실에 들어오는 당사자들을 부드러운 미소로 반갑게 맞이해주고, 찾아오는데 불편함은 없었는지, 식사는 했는지 등의 간단한 물음을 통해 관심을 표명해주면 회의장의 분위기도 한결 밝아지고 당사자들도 편안한 마음으로 자신들의 이야기를 마음껏 펼칠 수가 있다. 화해 성립에 큰 도움이 되는 것은 물론이다.

(3) 화해인으로서 갖추어야 할 성품과 역량

당사자들로부터 신뢰를 얻지 못하면 화해를 성립시킬 수 없다. 신뢰성의 핵심요소는 성품과 역량이다. 뿌리가 깊고 튼튼해야 줄기와 잎이 튼튼하게 뻗어 나갈 수 있듯이 나무의 뿌리와 같은 성품적인 요소는 화해인이 갖추어야 할 첫 번째 덕목이라 할 수 있다. 회의를 진행하면서 당사자를 어떻게 대해야 하는가에 대한 태도적인 문제는 화해의 성패를 가르는 데 있어서 가장 중요한 요소라고 해도 지나치지 않을 만큼 중요하다. 성실성, 책임감, 상대에 대한 배려, 긍정적 태도, 감정관리, 정성스러운 마음, 근로자와 사용자 모두에게 유익한 화해방안을 만들겠다는 선한 의도, 여기에 더하여 전문가로서의 역량이 바탕이 될 때 서로가 만족할 수 있는 화해 방안을 만들 수 있다.

나아가 자신의 몸과 마음이 평안하지 않은 상태에서 당사자들에게 정성을 다하기란 쉽지 않다. 머리로는 정성을 다짐하지만 몸과 마음이 받쳐주지 않으면 현실적으로는 가능하지 않다. 따라서 평소 운동과 스트레스관리 등 자기만의 건강관리법을 꾸준히 실천하여 최적화된 몸과 마음의 상태로 분쟁 당사자들을 만나야 한다. 한 걸음 더 나아가 전문가로서의 자기관리가 필요하다. 판정까지 갔을 때 그 결과까지도 예상할 수 있는 정도의 법률적인 지식, 당사자의 불편한 마음을 편안하게 만들어 줄 수 있는 의사소통기법, 갈등관리 및 코칭, 협상 및 조정능력 등 전문가로서 갖추어야 할 역량을 키워나가야 한다.

(4) 경청하기

사람들은 누군가 자신의 말을 잘 들어준다고 느낄 때 상호작용이 활발해진다. 잘 들어줌으로써 이유서나 답변서, 조사보고서에서 파악할 수 없었던 새로운 정보를 얻을 수도 있고, 상대방이 처한 상황이나 생각을 잘 읽을 수 있는 등 경청이 주는 유익함은 매우 많다. 그럼에도 자칫 결과에 집착하다보면 상대방이 받아들일 마음의 준비가 되어 있지 않은 상황에서 캐묻기, 판단, 해석, 비판, 비난, 충고, 설득, 성급한 해결책 제시 등과 같은 의사소통을 방해하는 걸림돌을 사용하기가 쉽다. 이러한 걸림돌은 상대의 말을 수용하지 않는다는 의미를 전달하는 수단으로 작용하게 되고 방어심리와 저항감을 불러일으킬 수 있어 자칫 문제해결을 방해하는 요소로 작용할 수 있다.

잘 들어준다는 것은 상대방을 존중한다는 마음을 바탕으로 화해인의 관심과 욕구의 편견을 한 쪽으로 밀어놓고, 당사자들을 진정으로 이해하고 공감하겠다는 의지의 표현이다. 상대방이 이야기 할 때 그의 입장이 되어서 헤아리고 그 느낌을 잘 반영해 줌으로써 상대로 하여금 이해받고 있다는 느낌을 줄 수 있다면 의사소통의 상당부분은 성공한 것이다. 얼핏 '어떤 말로 당사자들을 잘 설득할 수 있는가?'가 화해 성공에 미치는 영향이 크다고 생각할 수 있지만, 실제 화해회의의 경험을 통해 발견한 사실은 잘 말하는 것보다 잘 들어주는 것이 선행되어야 하고 훨씬 효과적이라는 것이다. 화해인은 문제해결의 선택과 책임이 언제나 사건 당사자의 몫이라는 사실 또한 잊지 말아야 '화해인'으로서의 공정한 역할을 수행할 수 있다. 자칫 강요에 의한 화해성립은 공정성 훼손뿐만 아니라 향후 보다 심각한 분쟁의 시작점이 될 수 있기 때문이다.

(5) 방심하지 않기

화해회의를 주재하면서 방심은 금물이다. 이유서나 답변서, 조사보고서 등 제출된 자료만으로도 사건의 윤곽이 잡히고 유·불리까지 판단하게 되면 자칫 편견이나 선입견을 가지고 당사자를 만나기가 쉽다. 이렇게 되면 분쟁 당사자들의 감정이나 입장 등을 무시한 채 사건에만 집중하게 되어 앞에서 살펴본 바와 같이 판단, 평가, 해석, 충고, 설득, 해결책 제시 등 일방적인 대화로 흘러가기 쉽다. 이 지점이 문제해결을 가장 어렵게 하는 부분이다. 이는 결국 화해성립에 가장 큰 걸림돌로 작용하게 된다.

오랜 화해·조정 경험을 통해 발견한 사실은 쉬운 사건도, 풀지 못할 사건도 없다는 것이다. 유·불리 판단이 어렵고 아무리 복잡한 사건이라도 정성스러운 마음으로 당사자들의 이야기를 잘 들어주면서 원하는 바를 파악하고 문제를 풀어가다 보면 의외로 쉽게 문제가 풀리는 경우가 많다. 반면에 표면적으로는 쉬워 보이는 사건일지라도 당사자의 마음을 열어주지 못하면 사건은 복잡하고 풀기 어려운 사건이 되고 만다. 따라서 긴장의 끈을 늦추지 말고 매 순간순간 방심하지 않고 분쟁 당사자에게 집중하면서 화해회의를 이끌어야 한다.

(6) 마지막 1%까지 집중하기

화해회의는 인내와 정성을 필요로 하는 과정이다. 이해관계를 달리하는 갈등의 당사자들을 화해시킨다는 것은 참으로 어려운 일이다. 회의를 진행하다보면 판정이나 판결에서 당연히 자신이 이길 것으로 오해하고 행동하는 사람, 상대방의 입장은 전혀 고려하지 않고 자신의 입장만 강조하는 사람, 거짓된 진술로 화해인의 판단을 흐리게 하는 사람, 지나치게 과도한 요구로 화해인을 당혹스럽게 하는 사람 등 별의별 사람을 다 만나게 된다. 화해인도 감정을 가진 사람인지라 화가 나는 상황을 맞이할 수도 있고 때로는 포기하고 싶은 순간을 맞이할 수 있다. 화해를 성립시키고 화해인 스스로 한 단계 도약하기 위해서는 어떤 경우라도 감정에 휩쓸리는 상황은 바람직하지 않다. 포기하고 싶은 순간이 고비라 생각하고 정성과 끈기를 가지고 마지막 1%까지 집중한다면 풀지 못할 문제 또한 없을 것이다.

2. 화해회의 준비

(1) 사건내용을 정확하게 파악하기

앞에서도 언급했지만 억울한 사람이 없게 화해를 시키기 위해서는 사건

내용을 정확하게 파악해야 한다. 화해회의는 법적으로 옳고 그름을 판단하는 자리는 아니다. 그럼에도 불구하고 심문회의의 주심이라는 마음으로 내용을 꼼꼼하게 살피고, 화해회의 진행에 앞서 조사관과의 사전미팅을 통해 이유서나 답변서에 담겨있지 않은 내용들은 없는지, 화해회의에 임하는 당사자들의 마음 상태와 입장은 무엇인지를 파악하는 노력을 게을리하지 말아야 한다. 회의 과정에서도 당사자들의 말에 귀 기울임으로써 사건내용을 정확하게 파악하여 판정으로 갔을 때의 결과까지도 염두에 두고 회의를 진행해야 억울한 사람이 없는 화해의 결과를 만들어 낼 수 있다.

억울한 사람이 없도록 한다는 의미는 단순히 판정으로 갔을 때의 유·불리를 논하는 것만은 아니다. 사건의 실체를 들여다보면 법적인 판단으로는 분명 절차를 위반하여 근로자가 유리한 판단을 받을 수 있는 사건임에 틀림없으나 내용적으로는 해고를 유발하는 등 다분히 사용자가 억울한 측면이 있을 수 있다. 또는 이와 반대로 상황이나 분위기에 밀려 어쩔 수 없이 사직서를 제출함으로써 불리한 판단을 받게 되는 억울한 근로자도 있을 수 있다. 이와 같이 70:30, 40:60, 51:49, 심지어 50:50의 사건일지라도 판정이나 판결로 간다면 인정이나 기각의 결정으로 100:0이나 0:100의 결과로 답할 수밖에 없다. 이와 달리 화해를 통한 문제해결은 사건의 본질 그대로 70:30, 40:60, 51:49, 50:50의 결과를 만들어 낼 수 있기에 감정의 앙금이 남지 않게 문제를 해결할 수 있다는 장점을 가지고 있다. 화해인은 진정한 화해를 통해 당사자들의 억울함도 해소시켜 주고, 관계도 회복시켜줄 수 있도록 사건과 사람에 집중하면서 정성을 다해야 한다.

(2) 당사자들의 특성 파악하기

당사자들과 대면하기에 앞서 당사자들이 가진 특성을 파악하는 것은 당사자 특성에 따라 대화의 방식 등 회의를 진행하는 방식도 달라질 수 있기에 중요한 의미를 담고 있다. 회사의 규모, 업종, 재무상태, 상시근로자수, 구제신청 횟수, 직장이동 정도, 당사자들의 연령, 성별, 화해회의에 당사자가 직접 참석하는지 아니면 대리인만 참석하는지, 대리인이 회사관계인인지, 변호사인지, 노무사인지, 그들의 성별과 연령까지도 대화를 풀어나갈 수 있는 중요한 정보들이다. 대상자 특성에 적합한 대화방식을 선택하여 적절한 방식으로 문제를 풀어나갈 수 있도록 한다.

예를 들어 당사자가 직접 참여하는 경우와 대리인만 참석하는 경우의 대화 방식은 분명 달라야 한다. 당사자들의 경우에는 감정적으로 불편한 상태로 참석하는 경우가 많기에 이들과 대화하면서 바로 본론으로 들어가는 것은 바람직하지 않다. 이들과는 적극적 경청을 통해 감정의 문제를 충분히 다루어 준 후에 문제의 본질로 들어가 이야기를 풀어가는 방식을 택하는 것이 바람직한 반면에, 대리인만 참석했을 경우 이런저런 이야기를 장황하게 하는 것은 오히려 비효율적이고 비효과적일 수 있다. 이들과 대화를 할 때는 당사자가 가장 불편하게 생각하고 있는 것은 무엇인지, 어떻게 문제를 해결하기를 원하는지, 화해조건은 무엇인지 바로 핵심사항으로 들어가서 논의를 하는 것이 훨씬 효과적일 수 있다.

(3) 다양한 화해(안) 준비하기
화해회의에 앞서 당사자 관련 기본 사항들을 정리한다. 입사일, 근로관계 종료일, 구제신청일, 심문회의 예정일은 근로자 주장이 인정될 수 있는 사건에서 해고기간 동안의 임금 상당액과 관련이 있으므로 핵심적인 중요 정보이다. 근로계약서 작성 및 교부여부, 해고예고수당 지급여부, 노동청에 제기한 진정·고소사건이 있는지, 경찰서 등에서 진행되고 있는 고소사건 등이 있는지를 파악하는 것도 분쟁의 근원적 해결을 위해 필요한 정보이다.

당사자가 제출한 이유서와 답변서, 조사관의 조사보고서(화해회의 진행 단계에서는 조사보고서가 없는 경우가 많다) 등을 토대로 사건내용을 파악한 후에는 이를 토대로 화해가 이루질 수 있는 다양한 옵션들을 검토한다. 제시한 안이 받아들여지지 않는다 해서 바로 포기할 것이 아니라 A가 아니면 B, B가 아니면 C, C가 아니면 D를 제시함으로써 당사자가 또 다른 관점에서 문제를 바라볼 수 있도록 하여 선택의 범위를 넓혀줄 수 있도록 사전에 준비를 한다.

3. 화해회의 진행

화해회의의 개최는 당사자의 희망이나 상황에 따라 심문회의 개최 이전 사전단계에서 또는 심문회의 과정 중에, 심지어 심문회의가 끝난 사건에 대해서도 화해권고기간을 부여하여 화해회의가 진행 될 수 있다. 다음은 주로 심문회의 개최이전 사전단계에서 또는 판정이 끝난 이후 화해권고기간을 통해 정식으로 열리는 화해회의를 중심으로 진행되는 절차와 내용을 소개하고 있다.

(1) 당사자와의 만남/개회선언
화해회의는 가급적 당사자들이 함께 있는 자리에서 시작하여 개회선언, 참석자확인, 위원소개, 회의진행 안내 등 형식적 절차를 진행하도록 한다. 이렇게 하는 것이 공정성 문제제기로부터도 자유로울 수 있고, 형식적 절차를 통해 화해회의의 권위확보, 화해의 필요성에 대한 공감대 형성 등 여러 긍정적 요소를 내포하고 있다.

표면상으로는 형식적인 절차를 진행하는 것처럼 보이지만 화해로 문제를 해결하면 어떤 유익함이 있는지, 화해인이 화해회의를 진행하면서 중요하게 생각하는 가치는 무엇인지를 설명할 수 있는 기회로 삼을 수 있다. 또한 당사자들로 하여금 양보와 타협에 대한 마음가짐과 화해에 임하는 자세를 바로 할 수 있는 자리로 활용할 수 있기에 매우 중요한 만남이라고 할 수 있다. 다음은 화해회의를 진행하면서 화해인이 중요하게 생각하는 가치를 설명하는 사례이다.

"화해회의를 진행하면서 제가 가장 중요하게 생각하는 가치가 두 가지가 있습니다. 첫째는, 당사자 모두에게 유익한 화해가 되어야 한다는 것입니다. 어느 일방의 희생을 강요하는 화해는 차라리 하지 않는 것만 못하다는 생각을 가지고 있습니다. 회의를 진행하다보면 본인이 판정에서 이길 것을 가정하고 자신의 요구만을 강하게 주장하시는 분들이 있는데, 그럴 경우에는 상대방에게는 화해의 실익이 없기에 판정을 받으시라는 말씀을 드리곤 합니다.

둘째는 억울한 사람이 없도록 해야 한다는 것입니다. 근로자도 억울해서는 안 되고 사용자도 억울해서는 안 됩니다. 판정으로 가면 55:45의 사건일지라도 100:0의 결과 밖에는 답을 낼 수가 없습니다. 이긴 사람의 입장에서는 자신이 원하는 방향으로 결론이 나서 좋을 것 같지만 그 안에는 상대방의 미움과 원망, 분노의 감정이 담겨 있을 수 있기에 바람직하지 않은 측면이 있습니다. 화해로 문제를 해결할 때는 사건의 실체 그대로 55:45의 결과를 낼 수 있다는 장점을 가지고 있습니다. 조건 못지않게 중요한 것이 관계라는 측면입니다. 오늘 회의가 정식 심문회의도 아니고, 판정의 결과를 예단해서 말씀드리지도 않겠지만 억울하신 분이 없도록 하기 위해 판정까지 갔을 때 어떤 결과가 나올 것인지를 깊이 있게 살펴보면서 회의를 진행하고 있습니다."

이렇게 선언적 메시지나 예방적 차원의 메시지를 전달하고 회의를 진행하는 것은 화해인에 대한 신뢰, 당사자들의 양보에 대한 마음가짐, 화해(안)에 대한 수용여부에 영향을 줄 수 있어 중요하다.

만약 당사자들이 상대방에 대한 감정적 불편함으로 대면을 원하지 않을 경우에는 회의시작부터 분리해서 회의를 진행하되, 이 경우에도 화해가 성립될 경우에는 진정한 화해를 위해 당사자들이 함께 있는 자리에서 서로에게 하고 싶은 말이나 감사의 표현 등을 할 수 있는 기회를 부여하여 불편한 감정을 해소할 수 있도록 하고 회의를 마무리하는 것이 좋다.

(2) 개별회의 진행

당사자들이 함께 있는 자리에서의 안내절차가 끝나면 각자의 욕구 및 요구사항을 파악하기 위해 개별회의로 진행한다. 개별회의에서는 최대한 편안한 분위기를 만들고, 자율적 해결을 지지하기 위하여 당사자들이 주장할 기회를 충분히 제공한다. 미리 파악한 당사자들의 특성에 따른 대화로 말문을 열면 훨씬 부드럽고 자연스럽게 대화를 이끌 수 있다. 나이가 많으신 분에겐 "이렇게 연세가 많으신 데도 일을 하고 계시니 참으로 훌륭하십니다. 건강이 허락하는 한 일을 하시는 것이 좋습니다. 저도 그렇게 하려고 합니다."이렇게 상대방의 특성을 감안해서 인정과 칭찬의 이야기로 말문을 열면 상대는 금방 마음의 빗장을 풀고 자신의 억울함부터 시작해서 편안한 마음으로 이야기를 펼치게 된다.

회의를 진행하면서 발견되는 당사자들의 특성 또한 대화를 유연하게 풀어 나갈 수 있는 중요한 정보이다. 차근차근 설명을 해 나가듯 대화를 풀어 나가는 것에 편안함을 느끼는 사람이 있는가 하면 결론부터 말하기를 원하는 사람도 있다. 자기를 솔직하게 들어내기를 두려워하는 사람이 있는 반면에 시원시원하게 개방적으로 자기를 열어놓고 말하는 사람이 있다.

대화의 방식에 정해진 정답은 없다. 상대에게 적합한 방식으로 대화를 하는 것이 가장 효과적이다. 자존감이 낮은 사람과 자존감이 높은 사람에게 대응하는 대화의 방식도 달라야 한다. 자존감이 높은 사람에게 과도한 공감은 오히려 대화를 방해하는 요소로 작용할 수 있지만 자존감이 낮은 사람에게는 많은 시간을 사용해서라도 공감해주고 또 공감해 주면서 상대방의 마음의 문을 충분히 열어준 다음에 사건의 실체적인 문제로 들어가는 것이 바람직 할 수 있다.

문제해결 못지않게 중요한 것이 과정이다. 화해가 결렬된 근로자로부터 "합의는 하지 못했지만 가슴속에 쌓여있는 울분을 다 토해낼 수 있어 마음이 편안하다."는 이야기를 들은 적이 있다. 설사 당사자들 간에 요구 조건이 맞지 않아 합의를 이끌어내지는 못했더라도 그들의 가슴속에 쌓인 감정을 충분히 털어낼 수 있도록 하는 그 자체로 회의는 성공을 거둔 것이라 할 수 있다. 이후 편안한 마음으로 자신을 성찰해 볼 수 있는 시간을 가짐으로써 심리적으로 안정을 찾고 결국엔 심문회의 과정에서 화해로 사건을 마무리하는 경우도 많이 있다.

당사자들의 주장을 편견이나 판단 없이 경청하면서 상대방에게 전달해도 될 사항과 전달해서는 안 될 사항이 있는가를 주의 깊게 살피고, 필요시에는 특정 부분의 이야기가 상대방에게 전달되어도 좋은가를 확인해 보기도 한다. 주의할 점은 상대를 자극하거나 화해에 도움이 되지 않을 이야기, 감정적으로 불편함을 유발할 수 있는 내용들은 가급적 전달하지 않도록 해야 하며, 정성스럽고 진지한 태도로 대화를 진행한다. 상대방이 장황스럽게 이야기하거나 문제의 본질에서 벗어난 이야기를 할 때에는 적절한 질문을 통해 사건내용으로 대화를 전환하도록 한다.

(3) 요구안 청취 및 화해 안 제시

개별회의를 진행하면서 당사자들과 심리적 유대감이 어느 정도 형성되었다 판단되면 "제가 어떻게 도와드리면 될까요?" 또는 "어떻게 문제가 해결되기를 원하십니까?"하면서 당사자들로 하여금 자신의 요구안을 제시하도록 한다. 이때 상대방이 어떤 (안)을 제시했는지를 확인하는 당사자들이 있다. 이 경우는 대개 자신에게 유리한 조건으로 화해회의를 끌고 가고자 하는 심리를 바탕으로 하고 있으므로 상대의 제시안을 알려주는 것은 바람직하지 않다. 본인이 원하는 바를 제시하도록 하여 조정해 나가는 것이 당사자의 욕구도 정확히 파악할 수 있고 결과에 대한 만족감도 높일 수 있다. 화해성립에도 도움이 되는 것은 물론이다.

1) 과도한 요구나 부적절한 요구를 할 때

당사자들이 과도한 요구를 하거나 부적절한 내용을 합의안에 담기를 원할 경우에는 불합리함을 지적하고 합리적인 선에서 합의안을 제시해주는 것이 바람직하다. 주의할 점은 사건에 대한 충분한 사전검토와 당사자들의 충분한 의견청취를 통해 사실관계 파악이 완전히 이루어진 후 화해안을 제시해야 공정성에 대한 신뢰를 확보할 수 있다는 점이다.

2) 최초 화해안 제시의 중요성

억울한 당사자가 발생하지 않도록 사건의 유·불리를 판단하여 판정으로 갔을 때의 결과까지 감안하면서 화해안을 제시하되, 제시한 안을 수정하는 것은 저항감을 불러일으킬 수 있으므로 최초 화해안 제시가 매우 중요하다. 합리적인 기준선이라 하더라도 서로의 조건이 맞아야 화해가 이루어질 수 있기 때문에 서로의 입장을 충분히 확인한 후 신중하게 제시하는 것이 좋다. 제시안에 대한 선택은 당사자의 몫이기에 강요하지 않고 당사자가 스스로 판단하고 결정할 수 있도록 해야 한다. 승소가 유리한 당사자에게 과도한 양보를 요구하지 않는 것도 유념해야 할 사항이다.

3) 한 가지 안에 집착하지 않기

한 가지 안에 집착하지 말고 다양한 복수의 화해(안)을 가지고 구체적인 상황에 맞게 당사자들이 선택하도록 하는 것이 화해성립을 높이는 방법이다. 화해회의가 교착상태에 빠져있을 때는 당사자들이 전혀 예상하지 못했던 창조적인 화해(안)을 제시하는 것도 합의를 이끌어 내는 데 도움이 된다. 당사자들이 미처 생각하지 못한 다양한 방안들을 제시함으로써 관점의 전환을 가져갈 수 있도록 하는 것이 화해를 돕는 길이라 할 수 있다.

4) 제3의 방법 찾아보기

서로의 요구가 팽팽하여 화해가 잘 이루어지지 않을 때에는 당사자들을 한자리에 모아놓고 또 다른 해결방안이 있는지 찾아보는 과정도 시도해 볼 만한 방법이다. 이 과정에서 당사자들이 예상하지 못했던 의외의 만족할 만한 결과를 찾게 되는 경우도 허다하므로 쉽게 포기하지 말고 다양한 방안을 찾아보는 시도가 중요하다. 다만, 당사자 모두를 참석시켜 회의를 할 경우에는 서로 다투지 않도록 비난·비판 등 상대방이 불편할 수 있는 대화가 오가지 않도록 회의 진행에 각별히 신경을 써야 한다. 어떤 경우라도 논의되고 있는 화해(안)은 상대방이 수용해야만 합의가 이루어질 수 있다는 사실을 미리 알려주어 화해(안)이 받아들여지지 않았을 때의 실망감도 줄여주고 또 다른 대안을 찾을 수 있는 마음의 준비도 갖게 하는 것이 바람직하다.

5) 추가회의 진행의 필요성

당사자들 중에는 자신이 진정 원하는 바를 정하지 못하여 원직복직, 징계감경, 금전보상 그 어떤 것을 제안해도 결정하지 못하고 갈팡질팡하는 경우가 있다. 때로는 대리인이 단독으로 참석하여, 추후 회사의 대표나 의뢰인과의 논의 과정이 필요할 때도 있다. 이들 경우에는 무리하게 서둘러 결정하게 하지 말고 날짜를 달리하여 추가회의를 진행하는 등 충분히 검토하고 결정 할 수 있는 시간을 부여하는 것이 좋다. 당사자들 중에는 간혹 자신의 선택이 잘못되지 않았을까 후회를 할 수도 있으므로 진정 원하는 방법으로 화해를 할 수 있도록 도움을 주는 것이 좋다.

(4) 재발방지를 위한 교육의 기회로 활용

화해회의를 진행하다보면 노동법에 대한 간단한 기초지식만 있었더라도 분쟁까지 가지 않았을 사건들을 접하게 되는 경우가 많이 있다. "그동안 이렇게 20~30년 사업을 해 왔어도 아무 문제가 없었습니다."라면서 억울해 하는 사용자도 있고, 때로는 두 번, 세 번 반복해서 부당해고 사건의 당사자로 노동위원회에 오는 사용자들도 있다. 화해회의를 당해 사건의 문제해결에만 치중해서 회의를 진행하다보면 당사자, 특히 사용자는 동일한 실수를 반복할 수 있다. 화해인은 사용자가 동일한 실수를 반복하지 않도록 노무관리에 대한 기본 상식을 알려줄 필요가 있다. 이렇게 하다보면 사용자는 당해 사건에서 어떤 실수와 잘못을 했는지 스스로 깨닫게 되어 화해과정에 적극적으로 참여하게 되는 이중 삼중의 효과를 거둘 수 있다.

4. 화해조서 작성 및 마무리

화해시작 못지않게 중요한 것이 마무리이다. 문제해결에 집중하다보면 자칫 조건에 의한 화해로 흘러가기가 쉬운데 그보다 못지않게 중요한 것은 서로에 대한 오해와 서운한 감정을 완화하고 해소시키는 활동이라 할 수 있다. 진행과정에서도 서로에 대한 불편한 감정을 전하지 않도록 하는 것이 기본이 되어야 함은 물론, 마무리 단계에서도 서로의 양보와 배려를 통해 원만히 마무리되었음에 감사를 표하는 등 화해의 공(功)이 온전히 당사자 서로에게 있음을 알려주는 것이 서로의 자존감을 높여주고 결과에 대해서도 만족감을 줄 수 있다.

화해가 성립되면 당사자들이 참석한 가운데 화해조서의 조항 하나하나에 대해 확인을 하고, 이견이 있을 경우에는 쌍방의 의견을 들어 수정을 한다. 화해조서는 상대방이 화해조서의 내용을 이행하지 않을 경우 별도의 소송 절차 없이 바로 법원에 강제집행을 신청할 수 있으므로 조서 작성에 각별한 주의가 필요하다.

당사자들의 불편한 감정을 해소시키고 서로가 만족할 수 있는 해결방안으로 마무리하기 위해서는 화해인의 세심한 배려가 필요하다. 개별회의 과정에서 당사자들이 수용할 수 있는 선이 어디까지인가를 확인했다면, 실제 화해 조서를 작성하는 과정에서는 당사자들이 수락한 요구안보다 더 좋은 조건으로 합의하도록 하면 지금까지 상대방에게 가졌던 불편한 감정을 해소하는데 많은 도움이 된다. 예를 들어, 근로자가 800만 원을 지급받기를 수용한다 하고, 사용자로부터는 1,000만 원의 지불의사를 확인했다면, 실제 화해조서에서는 900만 원으로 합의를 하도록 하면 당사자 모두에게 만족감을 줄 수 있게 된다. 이때 화해인의 역할이 중요한데 근로자에게는 '그동안 열심히 근무해준 데 대한 감사한 마음'으로 사용자가 양보를 했음을 전해주고, 사용자에게는 '근로자가 회사의 어려운 사정을 감안하여 작은 성의나마 감사한 마음으로 양보했다'고 이야기해주면 "미안하다" "고맙다"는 인사말로 서로를 격려하면서 훈훈한 분위기속에 회의를 마무리할 수 있게 된다. 이기고 지는 결과로 종결되는 판정이나 판결에서는 결코 볼 수 없는 풍경이다. 이와 같이 당사자들 간의 관계를 회복하게 해주는 것 또한 화해인의 중요한 역할이라 할 수 있다. 설사 화해가 불성립되더라도 당사자들을 진심으로 위로하고 격려하면서 회의를 마무리하는 것이 좋다. 화해조건이 맞지 않아 합의점은 찾지 못했을지라도 화해의 과정을 통해 상대방의 입장을 이해하게 하고 노동위원회에 대해 좋은 감정과 따뜻한 마음을 가지고 귀가하도록 한다.

III. 사업장내에서의 고용갈등 화해

사람들은 하루 일과의 대부분을 일터에서 보낸다. 가정 못지않게 많은 시간을 보내는 일터이기에 직장은 가정과 더불어 인생을 가꾸고 꾸려나가는 토대이자 근간이 되는 곳이다. 함께 근무하는 상사나 동료들의 비중이 그만큼 크다고 할 수 있다. 일터의 상사를 비롯한 구성원들은 그들 삶의 중요한 파트너이다. 건전하고 성숙한 직장문화가 중요한 이유이다. 직장의 문화는 개인의 행복과 조직의 성장에 큰 영향을 미치게 된다. 많은 연구가 제시하고 있는 바와 같이 직장인들은 상사와 경영진에 대한 신뢰가 높을 때 자기가 하고 있는 일에 대해서도 자부심과 긍지를 가질 수 있고 함께 일하는 동료들과도 재미있고 즐겁게 일을 할 수 있다고 한다. 그럼에도 불구하고 많은 직장인들이 느끼는 현실은 그렇지 못하다. 2019. 7. 16. 직장 내 괴롭힘 법제화 이후 2023. 6.까지 고용노동부에 신고된 직장 내 괴롭힘 접수건수 29,731건이라는 숫자가 보여주듯이 많은 직장인들이 직장 내 괴롭힘에 직·간접적으로 노출되어 많은 고통을 받고 있다. 괴롭힘 신고사건수가 해를 거듭할수록 증가추세에 있다는 사실과 함께 표면에 드러난 신고사건의 숫자는 빙산의 일각에 불과하다는 사실에 그 심각성을 느끼지 않을 수 없다.

괴롭힘에 노출된 직장인이 법의 도움을 받고자 신고를 할 정도이면 이미 당사자가 느끼는 고통의 정도는 심각하다고 할 수 있다. 갖은 번민과 갈등, 심지어 이직까지 결심을 하고 신고를 하고, 설사 법의 구제를 통해 문제가 해결되었다고 해도 주변의 따가운 눈초리 속에 온전한 근무가 가능할지 또한 의문이다. 이는 부당해고 구제신청사건의 신청인에게 원직복직의 희망여부를 물어볼 때 "회사에 돌아가 근무하고 싶지만 이렇게 법적으로 다툼을 했는데 불편해서 어떻게 다니겠어요?"라는 대다수 근로자의 답변에서 유추해 볼 수 있다. 이 경우 사용자 또한 머리를 절레절레 흔들기는 마찬가지이다. 상처를 제대로 치유하지 않은 채 꿰매는 수준의 봉합으로는 완전한 해결방법은 아니다. 법은 최소한의 기준이고 최후의 보루이다. 직장 내 괴롭힘 문제가 발생하지 않도록 기업차원의 예방적 노력과 함께 발생된 사건에 대해서는 외부로 사건화 되기 이전에 화해나 고충처리의 방법을 통해 신속하게 해결하는 것이 바람직하다. 직장 내 괴롭힘에 대한 법적인 문제는 해당 파트에서 검토를 하고 여기에서는 괴롭힘 방지를 위한 예방적 차원에서의 당사자 간 의사소통과 사업장 내에서 제3자를 통한 화해·조정에 초점을 두고 논의를 전개하고자 한다.

1. 당사자 간 의사소통을 통한 괴롭힘 방지

분쟁의 당사자들의 이야기를 듣다보면 갈등의 시작이 의사소통의 오류나 부재에서 오는 것임을 금방 깨닫게 된다. 괴롭힘의 가해자는 상대방이 업무지시를 잘 따르지 않는다거나 해당 근로자의 잘못된 점을 아무리 지적해도 개선이 되지 않는다고 이야기한다. 반면에 괴롭힘을 당하는 부하직원의 입장에서는 자신의 어려움을 아무리 호소해도 상사가 귀담아 듣지를 않고 자기를 무시하고 강압적으로 지시를 한다고 하소연을 한다. 당사자 간의 대화로 충분히 풀어 나갈 수 있는 문제임에도 상대방이 알아서 해주기를 기대하고, 기대에 미치지 못하면 서로 실망하고 관계가 흐트러지고 대화가 실종되는 단계로까지 가게 된다. 상사는 징계로 문제를 해결하려하고 부하직원은 직장내 괴롭힘 진정을 통해 문제를 해결하려한다.

직장 내에서의 업무 과정은 상호의존적이고 인과관계가 있기에 어느 일방에 문제를 돌리고 책임을 지울 수는 없다. 직장 내 괴롭힘은 문제 발생의 초기단계에서 자기 자신에게서 문제의 원인을 찾고 당사자 간의 소통을 통해 얼마든지 괴롭힘 순환과정을 중단할 수 있는 기회가 있다. 그럼에도 편견과 낙인찍기로 기회를 놓치는 경우가 많다. 다음은 직장 내 괴롭힘 방지를 위해 예방적 차원에서 또는 문제해결과정에서의 의사소통 방법을 제시하고자 한다.

첫째, 건강한 대화를 한다.

말은 소리로 그치지 않고 반드시 관계를 형성한다. 그 관계 속에는 힘의 주고받음이 내재한다. 보이지 않는 말이 상대방에게 영향력을 끼치고 어떤 모습으로든 두 사람 사이의 관계를 형성한다. 건강한 대화는 건강한 관계를 형성하고 병적인 대화는 병적인 관계를 형성한다. 인간은 건강하고 올바른 관계 속에서만 성장할 수 있다. 그러므로 건강한 대화를 해야 한다.

둘째, 솔직한 대화를 한다.

상사는 작업지시나 요구 사항을 분명히 말하고, 부하직원은 자기가 할 수 있는 일인지 할 수 없는 일인지 분명하고 솔직하게 의사표현을 해야 한다. 역량이 안 되면 가르쳐 달라 하고 배울 수 있는 기회를 달라고 요구를 한다. 할 수 없음에도 할 수 있는 것처럼 이야기했다가 기대가 무너지면 실망하고 신뢰받지 못하는 사람이 되고 만다. 거짓된 대화는 당사자사이의 관계를 깨뜨리는 가장 경계해야 할 요인이다. 마음에 있는 부정적인 생각이나 감정이 있으면 쌓아 두지 말고 그때그때 표현한다.

셋째, 감정적으로 반응하지 않는다.

관계를 깨뜨리는 중요한 요인 중 하나는 상대방이 말할 때 그 의도를 헤아려 가면서 잘 들으려 하지 않고 자기 나름의 생각으로 감정적으로 대응하는 것이다. 상대방이 말하고자 하는 의도가 무엇인지 정확히 이해하려는 노력이 필요하다. 그저 들리는 대로 듣고 기분 내키는 대로 말하는 방식은 모든 대인관계에서 오해와 다툼의 원인이 되기에 각별히 주의해야 한다.

넷째, 분명하게 의사표현을 한다.

말을 꺼내 놓고는 분명한 정보도 없이 흐지부지 얼버무리면 상대방은 말하는 사람의 의도를 알 수가 없다. 자신이 원하는 것이 무엇인지, 자신이 어떤 감정을 느끼고 있는지 분명하게 의사표현을 해야 한다. 자신의 의사를 제대로 표현하지 않으면서 상대방이 알아서 해주기를 기대하고, 기대에 어긋나면 야속해 하고 자신이 노력해야 할 책임을 상대방에게 떠넘기는 것은 바람직하지 않다.

다섯째, 직접적인 의사소통을 한다.

자신의 생각을 상대방에게 직접 이야기하고 그것에 대한 정확한 피드백을 받는 것이 의사소통의 기본이다. 자기가 직접적으로 말하기 곤란할 경우 또는 자신의 힘만으로는 상대방을 통제하기 어렵다고 느낄 때 종종 제3자를 통한 간접적인 대화 방식을 택하게 되는데 이는 바람직하지 않다.

간접적인 대화방식은 자신은 위험한 관계에 노출되지 않으려는 비겁한 태도에서 나오는 것이며, 때로 오해를 불러 일으켜 사람들 간의 관계를 이간시키는 결과를 초래할 수 있다.

여섯째, 기대사항을 분명하게 표현한다.

사람들은 누구나 자신만의 욕구를 가지고 있다. 그렇기에 서로 다른 욕구로 인해 불만이 생길 수 있으며 그것이 상대방 탓이라고 여기며 분노하고 좌절한다. 그러나 자신의 욕구를 충족시킬 책임은 오로지 자신에게 있다. 그러므로 자신의 욕구를 상대방에게 정확하게 알려주는 것이 중요하다. 상대방은 나의 욕구를 알 수 없기에 상대방이 알아서 나의 욕구를 채워 주리라는 기대는 잘못된 기대이고 이루어지기도 어렵다. 상대방 또한 나와 마찬가지로 자신의 욕구를 충족시키고자 하는 기대가 있다는 것을 인정하고, 나와 상대방의 기대와 열망, 욕구가 다 함께 조화를 이루어가면서 충족될 수 있도록 함께 협력하는 노력이 필요하다.

2. 제3자를 통한 직장 내 화해

당사자 간의 대화나 협상을 통해 문제가 해결되면 바람직하겠으나 그렇지 못할 경우에는 외부로 사건화 되기 이전에 조직 내부의 고충처리 제도를 활용하거나 제3자를 통한 화해를 통해 문제해결을 할 수 있다면 당사자는 물론 조직 전체로서도 큰 이익이 된다. 고충처리 제도를 활용한 문제해결은 해당 파트에서 다루기로 하고 여기에서는 화해에 초점을 두고 논의를 진행하고자 한다.

화해회의를 주관하는 화해인은 내부 구성원들 중에서 사건 당사자 모두에게 신뢰를 줄 수 있는 사람을 선임할 수도 있고, 화해회의 경험이 풍부한 중립적 입장의 외부전문가를 위촉하여 진행할 수도 있다. 각자 장단점이 있겠으나 비밀유지와 전문성, 편견을 갖지 않고 당사자와 대화할 수 있다는 측면에서 중립적 입장의 외부전문가를 활용한 분쟁 조정이 바람직해 보인다. 특히 괴롭힘의 가해자가 회사의 대표이거나 그 가족, 고위층이어서 내부 구성원으로는 중립적인 화해진행이 어렵다고 판단될 경우에는 외부 전문가를 위촉하여 회의를 진행하도록 한다. 어느 경우가 되었든 화해인은 다음 사항에 유의하면서 화해회의를 진행하도록 한다.

첫째, 편안하게 대화할 수 있는 시간과 장소를 정하여 회의를 진행한다.
사람들의 왕래가 많고 시끄럽다거나 회의시간에 쫓긴다면 온전히 회의에 집중하기가 어렵다. 화해인을 비롯하여 당사자 모두가 충분한 시간적 여유와 대화에 집중할 수 있는 환경 속에서 회의를 진행하도록 한다. 만약 당사자들이 직장 구성원들의 시선을 의식하여 직장 내부에서의 회의를 불편해 한다면 적합한 외부시설 이용 등 최대한 심리적, 물리적으로 편안한 환경에서 회의를 할 수 있도록 한다.

둘째, 무엇을 이야기해도 안전하다는 믿음을 준다.
당사자들이 편안함을 느끼고 무엇을 이야기해도 안전하다는 믿음을 줄 수 있는 대화 분위기를 만든다. 사람들은 심리적으로 편안하고 안정감을 느낄 수 있어야 자신의 이야기를 온전히 풀어낼 수 있다. 처음부터 사건의 실체파악으로 들어가지 말고 당사자가 충분히 자신의 이야기를 다 풀어낼 수 있도록 대화를 끊지 말고, 온전히 상대방에게 집중하면서 때로는 공감하고, 때로는 조용히 기다려 주고, 때로는 질문도 해가면서 대화의 촉진자 역할에 충실하도록 한다.

셋째, 감정의 문제를 충분히 다루어준다.

고용분쟁 사건의 이면을 들여다보면 거의 대부분 감정의 문제가 얽혀 있음을 볼 수 있다. "회사대표가 미안하다고 한마디만 했더라도 노동위원회까지 오지는 않았을 것입니다." 이 같은 말은 구제신청의 근로자로부터 쉽게 들을 수 있는 이야기이다. 하물며 직장 내 괴롭힘으로 고통을 받고 있는 피해자 입장에서 가장 힘들어할 수 있는 부분은 감정의 문제이다. 직장 내 괴롭힘의 가해자 또한 정도의 차이는 있겠지만 감정적으로 불편하기는 마찬가지라고 보아야 한다. 감정을 정직하고 적절하게 표현하지 않으면 친밀한 관계를 맺을 수 없다. 특히 부정적 감정을 적절하게 표현하지 못하면, 시간이 흐를수록 감정이 쌓여서 관계에 심각한 문제를 불러일으킨다. 화해인은 당사자들이 갖고 있는 내면의 부정적 감정을 해소할 수 있도록 경청자의 역할에 충실하도록 한다.

넷째, 당사자들에 대해 선입견이나 편견을 갖지 않는다.

화해인이 당사자들에 대해 어떤 선입견이나 편견을 갖게 되면 진정성 있는 대화를 할 수 없다. 가장 경계해야 할 부분이다. 회의 시작 전이나 대화의 과정을 통해 편견을 갖게 되면 판단, 평가, 해석, 충고, 설득으로 대화가 흐르기 쉽다. 문제해결을 가장 어렵게 하는 부분이다. 인간으로서의 존재 그 자체, 소중하고 가치 있는 존재, 온전히 있는 그대로의 당사자와 만나 진실된 마음으로 대화를 진행한다.

다섯째, 질문을 통해 직장 내 괴롭힘 상황을 이해하고 분석한다.

당사자와의 대화과정을 통해 충분히 심리적 유대감이 형성되었다고 판단되면 사건의 실체로 들어가서 보다 깊이 있고 구체적으로 '누가, 언제, 어디서, 무엇을, 어떻게, 왜'라는 질문을 통해 상황을 이해하고 분석한다.

특히 괴롭힘의 시작점이 언제부터인지는 갈등해결의 중요한 시작점이기에 놓치지 않고 파악해야 한다. 실체파악의 과정에서도 긍정적 존중, 수용, 공감적 이해, 정성을 다하는 겸손한 자세로 대화를 이끌어 가야 한다.

여섯째, 대화는 세심하고 객관적이어야 한다.

당사자의 입장에서 화해회의를 진행하는 화해인이 어느 한편에 치우친다는 느낌을 주어서는 안 된다. 당사자들로부터 객관적이지 않다는 판단을 받게 되는 순간 회의자체가 난항을 겪을 수밖에 없고 성과를 기대하기도 어렵다. 최대한 편안한 분위기속에서 자율적 해결을 지지하기 위하여 당사자들이 주장할 기회를 충분히 제공한다. 당사자들의 주장을 편견이나 판단 없이 경청하면서 상대방에게 전달해도 될 사항과 전달해서는 안 될 사항이 있는가를 주의 깊게 살피고, 필요시에는 특정부분의 이야기가 상대방에게 전달되어도 좋은가를 확인해 보기도 한다. 주의할 점은 상대를 자극하거나 화해에 도움이 되지 않을 이야기, 감정적으로 불쾌함을 유발할 수 있는 내용들은 전달하지 않도록 해야 한다.

일곱째, 문제를 축소시키지 않는다.

당장의 문제해결보다 더 중요한 것은, 이와 같은 문제가 반복해서 일어나지 않아야 하며 당사자 모두의 욕구가 충족되어야 한다는 것이다. 문제를 축소시키다보면 문제가 완전히 해소되지 않은 채 내면에 잠복한 상태로 언제든 다시 문제화 될 소지가 있다. 불편한 감정을 비롯하여 문제되는 상황을 다 드러내놓고 문제해결의 과정으로 들어가는 좋다.

여덟째, 서로가 패하지 않는 방법으로 문제를 해결한다.

당사자들과의 대화를 통해 갈등의 발생원인, 각자가 가지고 있는 생각,

욕구, 서로의 요구사항 등이 파악되면 문제해결의 과정으로 들어간다. 이때 화해인이 특히 유념해야 할 부분은 '괴롭힘 피해자의 동의가 없는 문제해결은 문제해결이 아님'에 유의하되, 당사자 모두의 욕구가 충족되는 무패의 방법(No-Lose Method)으로 문제를 해결해야 한다는 것이다. 누군가의 욕구가 충족되지 않은 채 문제가 해결된다는 것은 승-패, 또는 패-승의 방법, 즉 누군가는 이기고 누군가는 지는 관계로 문제를 해결하는 것이기에 바람직하지 않다. 이긴 사람의 입장에서는 자신의 욕구가 충족되어 만족할 수 있겠지만 진 사람의 입장에서는 미움과 원망의 마음을 갖게 되어 잠재된 부정적 감정은 언제든 표출될 수 있는 위험성을 가지고 있다. 더군다나 괴롭힘의 당사자는 1회성으로 끝나는 관계가 아닌, 앞으로도 한 직장에서 직장의 구성원으로 함께 근무를 해야 할 사람들이다. 이기고 지는 관계로 문제가 해결된다는 것은 차라리 하지 않은 것만도 못한 결과를 만들어 낼 수 있다. 당사자들에게 관계의 중요성을 강조하고 서로의 욕구가 존중되는 상호 수용할 수 있는 방안으로 문제를 해결할 수 있도록 도움을 주어 진정한 화해를 이루도록 한다.

Ⅳ. 화해인이 갖추어야 할 특성 및 자세

당사자들은 사건과 무관하게 말 자체에서 용서와 배려를 느끼기도 하고 분노와 좌절감을 느끼기도 한다. 말 한마디에 따라 화해라는 목표와 무관하게 당사자 사이를 더 벌어지게 할 수도 있다. 예의를 갖춘 부드러운 말투는 화해회의 중요한 핵심요소이자 기본적인 전제가 될 것이다.

화해회의를 주관하는 화해인은 어떤 경우라도 강압적이거나 권위적이어서는 안 된다. 언제나 당사자들을 존중하고 겸허한 태도를 보여주어야 한다. 감정을 상하게 하거나 프라이버시를 침해하는 행위는 각별히 조심해야 한다.

사람의 마음을 움직이는 것은 결코 쉬운 일이 아니다. 더욱이 짧은 화해 시간에 다툼을 앞에 놓고 첨예하게 대립하는 당사자들의 마음을 움직이는 것은 더더욱 어려운 일이다. 사건 당사자들의 마음의 문을 열게 할 수 있는 방법은 화해인의 진정성과 정성을 다하는 모습이다. 진정성과 정성을 다하는 자세는 화해인의 품위와 권위를 지키며 신뢰감을 높이는 결과를 만들어 내는 동시에 원만한 해결책을 이끌어내는 원동력이 될 것이다.

화해성립이라는 결과는 필요하고 중요하다. 그러나 이 결과에 집착해 무리하거나 서둘러서는 안 된다. 회의분위기를 자연스럽게 이끌어가고 당사자들과의 화해 필요성에 공감대를 형성하도록 힘써야 한다. 화해성립이라는 공동의 목표 앞에서 이해하고 양보하며 협력할 수 있도록 의견을 모으고 조율하는 것이 필요하다. 일방적이고 강압적이고 권위적인 태도는 공감대형성에 도움이 되지 않는다. 유연성 있고 합리적으로 의견접근을 할 수 있도록 인내심을 갖고 관심을 기울이고 힘써야 한다. 비록 화해라는 성과를 이루지 못했다 하더라도 사건 당사자들에게 평안함을 갖게 하고 감정을 순화시키는데 도움을 주었다면 그 나름의 역할을 다했다 할 것이다.

1. 공감능력/적극적 경청

화해에 임하는 당사자들은 감정이 악화되어 있고 심신이 상당히 지쳐 있는 경우가 많다. 자기의 주장을 끝까지 굽히려 하지 않고, 아무리 합리적인 이야기라도 자신의 견해와 다른 이야기에는 아예 귀 기울이려 하지 않고 적대적인 반응을 보일 때도 있다. 이렇게 감정의 영역이 이성적 판단을 가로막고 있는 상대방에 대해 같이 화를 낸다거나 논리적으로 설명을 하는 것은 대화의 진전이나 문제를 풀어나가는데 효과적이지 않다. 이때는 적극적 경청을 통해 상대방의 말에 공감해 주면서 감정적으로 편안해질 수 있도록 도움을 주는 것이 필요하다. 사건 이면에 깊이 자리 잡고 있는 감정의 문제들은 짧은 심문회의과정에서 다루기에는 한계가 있다. 화해회의 과정을 통해 감정의 실마리를 풀어줄 수 있고, 억울한 하소연을 들어줌으로써 감정을 다스리고 현실의 문제를 바로 볼 수 있도록 하는 것 자체로 이미 절반의 성공은 거둔 것이라 할 수 있다.

당사자 모두가 감정적으로 편안한 상태에서 회의를 진행하고, 당사자들이 진정으로 원하는 바가 무엇인지를 파악하기 위해서는 화해인 스스로 당사자들의 감정에 휘둘리지 않으면서도 이해하고 공감하는 의사소통의 기술을 갖추는 것이 중요하다. 당사자들의 이야기를 들으면서 섣불리 판단하고 충고하거나 훈계하는 등의 대화를 방해하는 걸림돌 대신에 상대방에 대한 긍정적 존중, 수용, 공감적 이해의 자세를 견지할 때 상대방은 편안한 마음으로 문제해결에 한 걸음 한 걸음 다가갈 수 있게 된다. 당사자들이 주장하는 내용에 대해 별 것 아니라는 듯한 태도를 취하거나 당사자들이 느끼는 감정을 경시하는 듯한 태도는 문제해결에 도움은커녕 걸림돌로 작용할 뿐이다.

적극적 경청은 화해인이 필수적으로 갖추어야 할 의사소통 기법이다. 당사자들은 화해인이 자기의 생각을 잘 들어주고 반영해 준다는 느낌을 가지게 되면 심리적으로 안정감을 찾을 수 있다. 그러나 적절한 선에서 경청을 해야지 지나친 경청은 오히려 자기주장을 강하게 할 수 있고 자신이 주장하는 방향으로 사건이 유리하게 전개될 수 있다는 잘못된 신호를 줄수 있으므로 합의점을 도출하는 데 오히려 방해가 될 수 있음에 유념해야 한다.

2. 공정성/중립성

화해회의를 진행하는 화해인은 당사자들을 공정하게 대하여야 하며, 어느 한쪽으로 치우친다는 느낌을 주지 않도록 각별히 주의해야 한다. 화해절차를 진행함에 있어서도 당사자들을 동등하게 대우함으로써 화해인이 공정하게 회의를 진행하고 있다는 느낌을 주는 것이 중요하다. 화해인이 당사자들로부터 공정하지 않다는 판단을 받게 되는 순간 화해의 성립을 기대하기는커녕 회의 자체가 난항을 겪을 수밖에 없다. 자기주장이 강한 당사자와 그렇지 않은 당사자, 언어표현을 조리 있게 하는 당사자와 중언부언하는 당사자 사이에도 균형을 잃지 않도록 해야 함은 물론, 화해인의 중립성을 의심받지 않도록 말의 내용뿐만 아니라 눈길, 말하는 태도, 듣는 태도에도 세심한 배려를 해야 한다. 특히 주의를 기울이고 신경써야 할 부분은 '판단적 언어'를 사용해서는 안 되고 언제나 '가치중립적 표현'을 사용해야 한다는 것이다.

화해인이 지정받은 사건의 당사자와 친족·친구관계 등 특별한 친분이 있거나 사건의 공정한 진행을 의심받을 만한 사유가 있을 때에는 노동위원회에 그 사실을 고지하여야 하고, 노동위원회에서는 그 이유가 상당하다고 인정되면 해당 사건에 대해 화해인의 지정을 취소해야 한다. 또한, 화해인은 당사자의 성별, 나이, 국적, 종교, 직업, 가치관이나 신념 등 그 어떤 이유로도 차별적으로 대해서는 안 된다.

3. 신뢰성/전문성

화해는 신뢰의 과정이라 할 만큼 신뢰성을 갖추는 것은 화해성립에 매우 중요한 요소이다. 화해인에 대한 신뢰는 곧 노동위원회에 대한 신뢰로 귀결됨을 유념하고 공과 사를 엄격히 구분해야 함은 물론, 성실한 자세와 품위 있는 태도, 진정으로 사건 당사자 모두에게 유익한 결과를 만들어 내겠다는 선한 의도를 가지고 당사자들과 대면함으로써 화해성립 여부를 떠나 앞으로의 삶에 도움이 되는 메시지를 주는 것이 중요하다.

또한 전문가로서의 역량이 바탕이 될 때 서로가 만족할 수 있는 화해 방안을 만들 수 있다. 화해인은 노동법규를 비롯하여 노사관계, 리더십, 의사소통기법 등 전문적인 지식을 습득하고, 끊임없는 훈련과 경험을 통해 화해업무를 수행하기에 충분한 전문역량을 갖추어야 한다. 또한 갈등을 조정하고 해결하는 과정에서 필요한 전문지식이나 기술을 유지하고 고양시키기 위한 교육프로그램이나 관련활동에 참가하는 등의 적극적 노력이 필요하다.

4. 자율성 지지

화해인은 절차는 물론 결과에 대해서도 당사자들이 자유롭게 심사숙고하여 선택할 수 있도록 도와주어야 한다. 마지못해 받아들이는 수동적 화해가 아닌, 스스로 판단하고 결정할 수 있는 능동적 화해가 될 때 결과에 대해서도 만족할 수 있다. 판정과 화해에 대해 각각의 장단점을 알려주고 당사자 스스로 선택하도록 해야 한다. 당사자에게 선택을 강요하거나 일방적으로 가르치려고 해서는 안 된다.

5. 무리한 화해시도 하지 않기

화해성립이 절대 선이거나 무조건인 목표가 아님을 인식하고 당사자들이 스스로 판단하고 결정하는 데 도움을 주는 역할에 충실해야 한다. 화해를 강요해서도, 강요한다는 인상을 주어서도 안 된다. 판정결과를 예단해서 알려주거나, "화해가 최선이다", "이 방법밖에 없다"는 등의 단정적인 표현을 해서는 안 된다. 어느 일방이 조금 더 생각해 보겠다거나 알아보겠다는 등의 이유로 결정을 주저하는 경우에는 무리하게 화해를 강요하지 말고, 다음 화해회의 일정을 부여하여 법률적인 상담을 받는 등 충분히 검토하고 숙고할 기회를 주는 것이 좋다. 설사 화해가 성립되지 않더라도 진행된 화해의 과정은 판정 등 이후의 사건해결에 긍정적 요소로 작용할 수 있다.

6. 화해회의에서의 주의사항

화해회의가 주는 장점 중의 하나는 충분한 시간적 여유를 갖고 당사자들의 불편한 감정의 문제들까지 해소시켜줄 수 있다는 것이다. 간혹 화해회의에 대한 안내가 부족하여 금방 끝난다는 등의 잘못된 신호로, 시간이 없어 조급해 하는 당사자들을 만나는 경우가 있다. 시간적 여유를 갖고 회의에 참석하도록 사전에 안내를 하고, 안내가 되지 않았다면 화해회의를 시작하면서 시간이 소요될 수 있음을 안내하여 시간적 여유를 갖고 회의를 진행하는 것이 좋다.

사리에 맞지 않다고 판단되거나 불필요한 이야기를 하는 당사자에 대해 통제력을 상실하고 당사자와 논쟁을 벌이는 행위, 상대방의 주장이 일리 있다며 은근히 편을 들거나 지지하는 태도, 비판적인 언어로 당사자를 자극하여 사태를 악화시키는 행위, 회의를 시작하자마자 사건의 실체에 대해 너무 빨리 평가하거나 회의가 진전이 없음을 이유로 화해회의를 쉽게 포기하는 행동, 당사자들에게 최종입장 표명이나 제안을 재촉하는 행동, 최선의 해결책임을 확신하여 제시한 화해안을 무리하게 강요하는 등의 태도는 바람직하지 않다.

7. 화해인으로서 유의할 점

화해인은 담당사건과 관련하여 사적으로 관계인들의 분쟁에 개입하거나 추후 연락을 위해 연락처를 주는 등의 행위를 해서는 안 된다. 이러한 행위는 화해인 개인은 물론 화해제도 전반에 대한 신뢰를 떨어뜨리는 결과를 초래할 수 있음에 유념해야 한다. 또한 화해인은 당사자들의 사생활 보호를 위해 정당한 이유 없이 합의의 과정이나 그 직무수행 중에 알게 된 당사자에 대한 사실이나 비밀을 누설하여서는 아니 된다.

Chapter

04.

직장인 고충해결과 의사소통

04 직장인 고충해결과 의사소통

윤광희

I. 직장인과 고충해결

1. 고충의 시대와 직장인

오늘날은 커뮤니케이션의 시대이며 고충의 시대이다. 과거 어느 시대보다도 빈번하게 온라인과 오프라인의 다양한 커뮤니케이션 매체를 통해 매 순간 의사소통을 하면서, 또 한편으로는 수많은 고충과 갈등을 겪고 있다. 권리의식이 높아진 현대인들은 서로 자기 욕구 충족을 위해 각자의 목소리를 내면서 상대를 배려하지 않는 의사소통으로 갈등을 낳고 있다. 가정에서 일방적인 자기주장으로 가족 간에 고충을 주고받으며, 이웃 간에도 자신의 권리 주장에만 급급한 잘못된 의사소통으로 서로에게 감정적인 상처를 남기고 있다. 층간 소음과 주차문제 등의 고충이 날로 심각해지고 있으며 사회적인 문제로 발전하고 있다. 자기중심적인 의사소통에 의한 고충은 개인 간에만 일어나는 것이 아니라 집단 간에도 발생하고 있다. 각종 집단이 사회적 지위와 경제적 상태를 떠나서 자신들만의 이익을 주장하는 의사소통 방법으로 서슴없이 집단행동에 돌입하고, 그 집단행동은 다른 사람들에게 고충의 고통 속에 살게 하고 있다.

고충의 시대에 가장 심하게 고충에 노출된 사람은 의사소통이 일상 업무인 직장인이다. 직장인들은 연봉 등 기타 근로조건 결정 과정에서 의사소통의 미흡으로 고충을 접하기도 하고 업무를 수행하면서 상하 간 및 동료 간에 업무 스타일 차이 등 의사소통의 차질로 고충을 겪는다. 직장인들이 "폭언·따돌림·태움 등"의 직장 내 괴롭힘을 당할 확률은 거의 60% 이상이라고 하며, "성희롱, 차별" 등의 대인관계뿐만 아니라 "불공정, 부당, 불공평" 등의 직무수행 관련한 고충까지 포함하면 고충에 파묻힌 직장생활을 하고 있다. 특히 자신의 주관이 확실하고 의사표현에 망설임이 없는 MZ세대들은 직장 내의 투명성, 공정성, 유연성, 개인의 자유라는 가치를 중시하는 의사소통의 특성상 더 다양한 고충에 노출되어 있다. 심지어 노동조합 내에도 MZ세대가 진입하면서 세대 간의 의사소통 장애로 고충과 갈등은 증폭되고 있다.

이러한 직장인의 고충은 교사뿐만 아니라 공무원에게까지 확대되고 있다. 교사의 고충은 학교 관리자와 교사 간은 당연하고 학부모와 교사 간, 학생과 교사 간, 교사와 교사 간의 의사소통 과정에서 발생하고 있다. 공무원의 고충은 낮은 연봉의 근로조건 하에서 경직된 조직문화, 직장 내 인간관계, 잦은 민원 등으로 날로 심화되고 있다. 특히 민원인들의 무리한 민원제기에 공무원들은 대응과정에서 의사소통의 어려움을 겪으며 더 심각한 갈등으로 속수무책의 힘겨운 고충을 겪고 있다. 공무원의 고충을 해결하기 위한 법적인 장치[1]가 마련되어 있지만 실질적 운영이 되지 않아 고충해결이 잘되지 못하여 공무원 이직이 날로 늘어가고 있다. 매년 증가세를 보이던 공무원 퇴직자(재직 3년 이하)는 지난 2022년 1만 2,076명으로

---

1 공무원의 고충해결을 위해 국가공무원법 제76조의2(고충처리)와 지방공무원법 제67조의2(고충처리)을 1981.4.20. 신설하여 고충처리 절차에 대한 대체로 자세한 규정을 마련하였지만 실질적인 운영에는 미흡하다.

집계되었는데 이는 5,166명이던 4년 전보다 2배(6910명)가 늘어난 수치이다.

2. 직장인 고충해결 실태

(1) 고충해결[2]의 의의

직장인의 고충은 직장생활에 대한 기대와 현실 사이의 간격을 말하며, 그 간격으로 인해 심적으로 괴롭고 힘든 상태를 말한다. 직장인들은 자신들이 직장 내에서 어떠한 직위, 경력, 남녀 성별 등과 관계없이 누구나 나름대로 기대수준이 있는데 그 기대수준에 미치지 못하는 현실이 고충으로 작용한다. 기대수준과 현실의 간격은 고정되어 있지 않고 시간과 공간, 상황에 따라 끊임없이 변화를 거듭한다. 오늘날은 그 기대를 충족시키고자 하는 권리의식이 높아지고 있어서 고충이 해결되지 못하면 흔하게 사건화로 이행한다.

고충해결은 기대수준과 현실의 간격을 없애고 일체화시키는 것이다. 이를 위해서는 고충처리자가 고충근로자와의 의사소통으로 현실을 기대수준에 맞도록 상향시켜주거나, 고충근로자가 현실상황을 수용하고 자신의 기대를 현실에 맞도록 스스로 하향시켜야 한다. 현실의 상향적인 개선도 고충근로자와 충분한 협의를 거치지 않고 일방적으로 시행하면 고충해결이 미흡해지고, 기대수준을 하향 수준으로 강제적인 방법으로 낮추게 되면 고충은 더 심화된다. 효과적인 의사소통을 통하여 해결책을 고충근로자가 수용도록하거나 고충근로자 스스로 기대수준을 낮추도록 하여야 부작용도 없고 안정화 된다. 강제적이 아닌 자발적인 행동 변화와 인식변

---

2 고충해결은 기대수준과 현실의 간격을 없애고 일체화시키는 것으로 현실을 기대수준으로 상향시키거나 기대수준을 현실 수준으로 조정하는 모든 것을 말한다. 한편 고충처리는 노동법과 공무원법 등을 포함한 각종 법률상의 용어이며 현실을 기대수준으로 일치화시키는 것으로 한정한다고 볼 수 있다. 이 장에서는 고충해결과 고충처리를 구분하지 않고 혼용하여 사용하기로 한다.

화를 통한 고충해결은 효과적인 의사소통을 통해서만 가능하다.

기대수준과 현실을 일체화시키는 의사소통에 의한 해결책으로 고충이 처리되면, 직장인은 만족을 통해 직장생활에 활력을 얻게 되고 생산적인 근무자세로 긍정적으로 변화된다. 반대로 의사소통이 실패하여 이 간격을 줄이지 못하고 오히려 더 크게 벌어지게 된다면 고충은 더 악화된다. 고충이 해결되지 않아 고충을 견디어 낼 수 없는 상황에 빠져들게 되면 직장인 개인의 삶은 피폐해지고 이직을 하거나 갈등분쟁으로 저항하게 된다. 고충 미해결은 구성원들을 하나로 통합하는 데 장애로 작용하여 조직의 통합과 효율성을 저하시킨다. 초기의 작은 고충을 세심한 주의로 조기에 발견하여 해결하고 고충 예방을 위한 제도와 소통 관행 또는 문화를 개선시키면 직장인들은 안정을 찾고 조직의 성과도 향상된다. 이에 반하여 가벼운 고충인데도 불구하고 방치하고 내버려 두게 되면 무거운 고충으로 발전하고 확산되어 해결할 수 없는 상태에 이르게 되며 노동분쟁 사건으로 악화 되는 악순환을 겪게 된다.

(2) 고충해결의 실태

고충은 해결되었을 때에는 긍정적인 영향을 끼칠 수 있음에도 불구하고 수많은 직장에서 고충해결을 위한 의사소통을 효과적으로 하지 못해 고충이 해결되지 못하고 방치되거나 악화되어 갈등분쟁이나 이직으로 나아가고 있다. 고충으로 시작된 갈등분쟁이 사건으로 발전하여 급기야 소송으로 지난한 과정을 거치게 되며 당사자들은 엄청난 비용을 치르게 된다. 국내 6대 로펌의 노동분쟁 사건만 담당하는 노동전문 변호사가 최근 5년 사이에 60%가 늘어난 것은 그만큼 직장인 고충이 해결되지 못하고 노동분쟁 사건으로 비화되어 소송으로 나아가고 있다는 것을 의미한다.

고충이 갈등분쟁으로 발전하여 분쟁사건이 폭증하고 있는 속에 중앙노동위원회는 고충해결의 실태 조사결과를 최근에 발표하였는데 현실을 잘 나타내고 있다. 고충을 겪고 있는 일반인과 고충으로 비롯된 갈등분쟁해결을 담당하는 노동위원회 위원 및 조사관을 대상 구분하여 실시한 고충해결 실태조사는 고충해결에 대한 체계적인 최초의 조사로서 의미가 매우 크다.[3] 직장 내의 고충처리제도를 통해 고충해결이 되지 않고 있다는 일반인들의 의견이 90%에 달하였다. 위원과 조사관의 의견도 80% 이상이 고충해결이 되지 않고 있다는 의견인 것을 보면 직장 내의 고충처리제도는 노동법상의 형식적인 것에 머물고 있다는 것이 확인된다. 고충처리제도가 잘 작동되지 못하고 있는 원인으로서 개선해야 할 사항으로는 공정한 고충처리 과정(일반인 31%, 위원 및 조사관 38%), 고충신고에 대한 부정적 인식 개선(일반인 25%, 위원 및 조사관 26%), 고충처리 담당자의 전문성(일반인 21%, 위원 및 조사관 19%), 신속한 고충처리(일반인 21%, 위원 및 조사관 15%) 등으로 일반인과 위원 및 조사관의 의견이 비슷하게 나타났다. 직장 내 고충이 많아지고 다양해진 원인에 대해서는 위원과 조사관 대상으로만 질문하였는데, 근로자 권리의식 향상(46%), 일에 대한 가치관 변화(38%), 고충관련 법제도의 도입(10%), 직장 이동 빈번(4%) 등의 순으로 나타났다.

요컨대 실태 조사결과에 따르면, 고충은 근로자 권리의식 향상과 일에 대한 가치관 변화 등으로 인해 다양화되고 많이 발생하게 되었으나 공정한 고충처리 과정이나 고충신고에 대한 부정적 인식, 고충처리 담당자의 전문성 미흡, 고충처리의 신속성 결여 등으로 고충처리 통로가 잘 작동되지 못하여 고충해결이 제대로 되지 않고 있다는 것이 밝혀졌다.

---

3 실태조사는 2023.11.23.부터 2023.11.30.까지 일반인을 대상으로 하는 직장 내 고충실태 조사와 노동위원회 위원 및 조사관을 대상으로 고충해결에 대한 의견조사를 실시하였다.

(3) 고충해결 의사소통 실태

사회가 정보화 사회로 발전하는 속에 직장인들은 단편화되고 각자의 개성에 따른 권리주장을 내세우고 있다. 개인의 욕구는 높아지고 다양해지는 것에 반해 다른 사람의 욕구 충족에는 관심이 부족하다. 자신의 목소리는 더 분명하게 내면서 다른 사람의 목소리에 주목하거나 공감하는 부분은 부족하다 보니 쉽게 서로에게 상처를 주고 고충을 안기고 있다. 고충을 예방하고 해결하기 위해서는 의사소통하는 방법이 개선되어야 하는데 불행하게도 고충해결을 위한 의사소통 방법의 교육프로그램이나 전문서적이 거의 없는 실정이다.[4]

고충처리가 원활하게 이루어지기 위해서는 고충해결을 위한 전문적인 의사소통에 대한 연구와 전문가 육성이 이루어져야 한다. 그동안 근로자 참여 및 협력증진에 관한 법률(이하 "근참법"이라고 칭한다)에서 상시 30인 이상의 근로자를 사용하는 사업장에서는 3인 이내의 고충처리위원을 두도록 강제하고 고충처리를 담당하도록 하였으나 구체적으로 어떻게 운용할 것인지, 어떠한 의사소통 절차나 방법으로 할 것인가에 대해서는 어떠한 규정도 없다. 획일적으로 3인 이내의 위원을 두도록 하는 것 또한 현실성이 떨어지는 것이라고 할 수 있다.[5]

고충이 해결되지 않고 방치되어있는 현실을 타개하기 위해 중앙노동위원회는 2023년부터 대안적 분쟁해결제도(ADR)을 도입하기 위해 다양한 활동을 하고 있다. 특히 직장인 고충이 해결되지 못하고 노동분쟁으로 악화되는 것을 방지하기 위해 소위 "직장인 고충 솔루션"(직솔)[6] 이라는 제도

---

4 한국노동교육원에서 1991년에 "고충처리실무"라는 전문서적이 발간된 이후에 고충해결에 대한 전문서적이 사회에 나온 것은 전무한 실정이다. 그동안 일부 석사학위 논문으로 고충처리를 다룬 적이 있었지만 고충해결을 위한 의사소통 방법을 찾는 전문적인 연구로서 이 글이 33년 만에 처음으로 나오는 것이다.

5 노동법상의 고충처리 위원 운용에 대한 구체적인 논의는 입법적으로 충분히 검토하고 개선해야 할 사항으로서 이 글의 논의에서는 생략하기로 한다.

6 세부적 운영사항은 III 에서 자세히 설명하기로 한다.

적 장치를 마련하여 고충해결을 위해 노력하고 있다. 이 글은 중앙노동위원회의 직솔을 포함한 대안적 분쟁해결제도의 일환으로 직장인의 고충해결을 위한 의사소통에 대한 체계적인 접근의 시도이다. 고충발생 요인과 유형, 고충해결의 의사소통 통로와 절차, 고충해결을 위한 의사소통 방법 등을 학습하여 직장인의 고충해결이 원활히 되어 직장인의 갈등분쟁을 예방하는 데 기여하고자 한다.

II. 직장인 고충발생 요인과 유형

1. 고충발생 요인

직장인 고충발생이 최근에 급속하게 증가하는 것은 시대적 환경변화에 따른 조직적 수준의 요인과 개인적 수준 요인이 의사소통의 장애로 작용하고 있기 때문이다. 조직적 수준의 요인은 작업환경, 출퇴근 여건, 고객 성향, 경영방식, 조직문화, 업무상황 등을 들 수 있다. 개인적인 요인은 고충을 유발한 행위자 또는 고충근로자의 개인적인 특성으로 의사소통의 유형, 대인관계 역량, 연령, 외모, 기술적 숙련도, 성격과 기질, 태도와 기대, 젠더, 정신건강, 폭력유발상황 등이 작용한다.

조직적 수준의 요인은 과거의 대규모 일괄 채용이 아니라 오늘날의 개별적 수시 채용에 따른 영향을 받고 있다. 수시채용은 근로자 개인의 성과에 연계되어 임금액이 결정되는 성과주의 임금체계가 널리 채택되게 하였고, 근로조건의 개별적 결정을 둘러싼 고충이 확산되게 하고 있다. 또한 경영환경 변화에 대응하기 위하여 조직체계 변경 등이 자주 이루어지면서 수시로 배치전환이 이루어지고 이로 인한 구성원 간의 불화 등으로 고충이 발생하고 있다.

개인적 수준의 요인은 주로 업무 수행과정에서 의사소통 방식과 형태의 차이, 의도에 대한 인식의 차이로 표출된다. 개인의 성향이나 성격으로 인해 의사소통 방식이나 형태가 달라서 상호 간에 불편한 마음이 생기고 그로 인해 그 이후의 언행이 다르게 이루어지고 감정적인 대립이 생겨나서 상호 간에 고충이 발생한다.

의사소통에서 오해 또는 인식의 차이가 생기는 것은 인간이 동일한 상황이나 내용을 서로 다르게 인식하거나 해석하는 각자 나름의 지각체계의 차이로 비롯된다. 인간은 살아온 경험과 학습한 정보, 즉 지식이라는 필터를 통해 현실을 지각한다. 거기에 각자 자신의 가치관이라는 필터를 통해 지각하게 되는데 이 과정에서 서로 자신에게 유리하게 해석하고 자기중심적으로 인식하고 그로 인해 의견 충돌이 발생한다. 의견 충돌이 일어나더라도 서로 인정하고 상호간 차이점을 이해하고 받아들이면 문제는 간단히 해결될 수도 있는데 고정관념과 편향적 사고로 그렇게 하지 못한다. 상대방에 대해 "왜 그렇게 생각하느냐"라고 비난하면서 상대방을 서로 통제하는 한편, 저항하는 속에 불평하고 불만을 가진다. 이 불평불만이 쌓이고 상호 작용하여 고충으로 발전한다.

일반적으로 직장인의 고충을 내용에 따라 분류할 때 직무 관련 고충, 직장내 괴롭힘, 성희롱, 차별적 처우, 임금을 비롯한 근로조건 고충 등으로 구분하고 있다. 각 고충은 서로 간에 영향을 미치기도 하고 밀접하게 관련되어 있기도 하다. 직무 관련 고충은 직장 내 괴롭힘이나 차별적 처우, 임금 등의 고충 발생에 직간접인 원인으로 작용하고 있다. 성희롱은 성적인 직장 내 괴롭힘의 하나이며, 차별적 처우는 차별적인 직장 내 괴롭힘의 하나로 볼 수 있다.

2. 고충근로자와 고충유발자[7]

직장인 고충은 순수한 근로조건에 대한 고충을 제외하고는 다른 사람과 관련이 있다. 직무 관련 고충, 직장 내 괴롭힘, 성희롱, 차별적 처우 등은 고충을 유발한 행위를 한 고충유발자가 있다. 고충근로자 입장에서는 고충으로 고통스러운 것이지만 고충유발자는 고의로 고충을 유발한 경우가 아닌 한 고충근로자에게 자신이 고충을 주고 있다고 전혀 인식하지 못한다. 자신의 언행이 정당한 것이며 상대방에게 고충으로 작용하고 있지 않으며, 오히려 고충근로자로 인해 자신이 고충을 고통스럽게 겪고 있으며 심지어 고충근로자에 대한 자신의 언행이 도움이 된다고 주장할 수 있다.

고충의 내용과 원인에 다르게 바라보고 있다보니 해결방안에 대해 고충근로자와 고충유발자는 전혀 다른 관점에서 인식하게 된다. 완전히 정반대의 생각을 갖고 있는 양 당사자 사이에서 고충해결을 위한 고충처리자는 의사소통에 유의가 필요하다. 고충근로자와 의사소통을 잘하여야 하는 점도 중요하지만 고충유발자와도 의사소통을 잘하여야 고충해결이 성공할 수 있다. 자기 정당성을 갖고 있는 고충유발자에게 고충발생 원인으로 자신의 잘못된 언행이 작용하였다는 것을 받아들이게 하는 의사소통은 간단한 문제가 아니다.

실제 많은 고충해결 과정에서 고충 내용과 원인에 대한 고충근로자와 고충유발자 간의 현격한 인식 차이를 가볍게 판단하는 실수를 범한다. 해결책을 고충근로자나 고충유발자 어느 일방 중심으로 결정하여 다른 일방이 수용할 수 없다고 반발하여 더 심각한 고충에 빠지거나 분쟁사건으로

---

7 고충유발자는 고충유발 행위를 하여 고충근로자에게 고충을 발생하게 하였다는 측면에서 본 글에서는 "고충유발 행위자"라는 용어와 혼용하여 사용하기로 한다.

악화되는 오류를 범한다. 양 당사자가 모두 만족을 가져오거나 적어도 반발하지 않고 수용하도록 하는 의사소통을 하여야 한다. 고충처리자는 고충근로자와 고충유발자가 모두 공감하는 원인분석을 하고, 모두 수용할 수 있는 해결책을 마련하는 등 의사소통 과정에서 신뢰성을 확보할 수 있어야 한다. 양 당사자들의 감정을 잘 헤아리면서 공감을 얻는 의사소통 방법에 대해서는 제3장과 제4장에서 중점적으로 학습하기로 한다.

3. 직무 관련 고충

직장인 고충 유형 분류에서 가장 일반적인 고충은 직무 관련 고충이다. 직장 자체가 직무로 연결된 곳이기 때문에 직무 수행과정에서 의사소통의 미흡과 개인 간의 성향 차이로 의견이 충돌한다. 특히 끊임없는 경영환경의 변화 속에 다양한 직무가 생겨나고 직무가 사라지는 시대이기 때문에 직장 내에서 각 구성원 사이에서 상호 간 직무에 대한 기대와 현실의 간격으로 고충이 발생한다. 직무 관련 고충은 결국 의사소통의 미흡으로 시작된다. 직무 관련 고충을 발생 요인에 따라 세부적으로 구분하면 다음과 같이 나누어질 수 있다.

(1) 역할 불명확에 의한 고충

급격한 경영환경의 변화 속에 직무의 내용이 끊임없이 확대 또는 축소되는 과정에서 직무에 대한 기대가 불명확하여 고충이 발생한다. 조직이나 상사가 직장인에게 가지고 있는 업무상 기대를 정확히 모를 때, 명확하지 않은 목표나 작업과제, 동료가 기대하는 것을 모를 때에 직장인은 답답하고 힘들 수 있다.

역할 불명확에 의한 고충은 조직 내에 직무기술서가 부재하거나 리더가 명확한 지시와 역할 분담을 제공하는 리더십이 부족할 경우에 발생한다. 특히 조직의 구조나 전략이 자주 변하는 등 업무환경이 변화하는 데에 반하여 의사소통이나 교육이 부족할 경우에 발생한다. 또한 직장 내에서 일어날 수 있는 사건이나 사고에 대해 자신이 부담해야 할 책임 한계가 불분명할 때에도 역할 불명확의 고충이 발생한다. 요컨대 의사소통의 미숙이나 오해로 역할 불명확 및 모호의 고충이 발생한다.

(2) 역할 불일치에 의한 고충

자신이 직장 내에서 수행하여야 하는 직무 요구 내용과 상사나 동료 등 타인의 기대 내용이 불일치되어 상반되는 직무 요구를 인식할 때 역할 불일치에 의한 고충이 발생한다. 지연·학연 등으로 역할에 구속받을 때, 자신의 판단과 상반되게 업무를 처리할 때, 업무 수행 시 소속집단으로부터 구속받을 때, 모순된 지시를 받거나 받아들이는 사람이 오해할 때, 애매한 지시나 명령을 하거나 받아들이는 사람이 잘못 받아들일 때 발생한다.

역할 불일치에 의한 고충은 조직의 직무관리 시스템상의 문제와 리더의 관리상의 문제로 발생한다. 조직 내에서 직장인의 역할과 책임에 대한 명확한 정의와 분류가 없거나 불충분하여 개인이 맡은 역할에 대한 기대와 실제 업무 간의 차이가 클 때, 리더와 직원 간에 역할에 대한 기대치가 서로 다를 때, 조직의 정책이나 절차가 직장인의 업무 스타일이나 가치와 맞지 않을 때 등의 경우에 발생한다. 요컨대 역할 불일치에 의한 고충도 조직이나 리더의 의사소통의 장애나 오해가 그 원인이 된다.

(3) 업무량 과다에 의한 고충

자신이 담당할 직무에 대한 직장 내 상사나 동료 등의 기대나 요구가 능력을 넘어설 때 발생한다. 과업과다(task overload) 또는 작업과다(work overload)로 표현되기도 한다. 개인의 능력정도에 비해 업무량의 과다, 업무량에 비해 시간 부족, 업무량의 누적 정도 등에 의해 발생한다. 업무량의 과다는 해당 직장인의 업무수행 능력과 연결되는 문제이기도 하지만 조직 또는 관리자와 직장인 간 인식의 차이에서 고충이 발생한다.

업무량 과다에 의한 고충은 조직 구조적으로 인력이 절대적으로 부족하거나 고객이나 거래처로부터 과도한 요구에 의해 발생한다. 아울러 업무 환경이 급변하여 방향 설정이나 우선순위 결정이 어려워져 업무량이 비효율적으로 증가하는 경우와 의사소통이 원활하지 않아 업무 진행이 지연되거나 잘못된 방향으로 진행되어 업무량 과다 고충이 발생하는 경우도 자주 발생한다. 요컨대 업무량 과다의 고충도 의사소통의 오해나 장애가 그 원인이 된다.

특히 오늘날 개인의 사생활과 자유를 소중히 생각하는 MZ세대와 업무에 대한 집중도를 중시하는 기성 직장인 사이에 업무에 대한 인식의 차이는 업무량의 과다 고충의 원인으로 작용하고 있다. 특히 기성 직장인은 충분히 수용가능한 업무량이라고 인식하는 데 반해, MZ세대들은 꼭 필요하지도 않은 업무 같은데 부가적으로 꼭 해야 하는가 하는 인식 등으로 고충이 발생한다. 업무량 과다의 고충도 의사소통의 미흡이나 차질로 비롯되며 직장 내 괴롭힘의 고충으로 발전할 수 있다.

4. 직장 내 괴롭힘

직장 내 괴롭힘은 "사용자 또는 근로자가 직장에서의 직위 또는 관계 등의 우위를 이용해 업무상 적정 범위를 넘어 다른 근로자에게 신체적·정신적 고통을 주거나 근무환경을 악화시키는 행위"를 말한다. 직장 내 괴롭힘의 고충은 오늘날 가장 흔히 일어나는 고충으로 직무를 수행하는 과정에서 시작되는 것이기 때문에 앞에서 본 직무 관련 고충과 밀접한 관련이 있다.

직장 내 괴롭힘은 직장 내 문화나 경영관리자의 언행, 의사소통 과정의 문제 등 다양한 요인으로 발생한다. 주요 발생 요인을 정리하면 다음과 같다. ① 개인의 특성을 조직문화가 수용하지 못하여 특정 개인을 다수가 조직적으로 괴롭히는 경우에 발생한다. ② 직장인을 소중한 인격체로서 인정하지 못하는 경영관리자의 그릇된 관점으로 직장인을 대하는 과정에서 발생한다. ③ 의사소통 과정에서 문화적인 차이로 인해 직장 내 괴롭힘이 발생한다. 특히 기성세대와 MZ세대 간의 직장 내 괴롭힘은 의사소통 과정에서 문화적인 차이로 발생한다.

직장 내 괴롭힘은 근로기준법 규정으로 고충해결 대상의 범위를 넘어서 법적인 구제의 대상이 될 수도 있는데, 이를 위해서는 3가지의 성립요건이 필요하다.[8] ① "직위 또는 관계 등의 우위성"을 가지고 있어야 한다. ② "업무상의 적정 범위를 넘는" 발언이나 행위가 있어야 한다. ③ "비슷한 처지에 있는 사람도 동일한 상황에서 신체적·정신적 고통을 느끼거나 근무환경의 악화"를 느꼈어야 한다. 이러한 요건을 갖춘 경우에 고충해결의 대상이 됨과 동시에 노동법적인 권리구제의 대상이 된다. 이러한 요건을 갖추지 못하였지만 직장인이 직장 내 괴롭힘이라고 고충으로 인식하게 되면 고충처리의 대상이 된다. 많은 경우에 직장 내 괴롭힘이 사건으로 접수되고 초기 상담 과정에서 고충처리로 해결이 되면 약식조사로 종결될 수 있으나 초기 상담 과정에서 미진할 경우에는 정식조사 사건으로 처리되어야 한다.

---

8 직장 내 괴롭힘에 대한 구제에 대한 자세한 내용은 노동법 학습에서 참고하기 바란다.

5. 직장 내 성희롱

직장 내 성희롱은 '지위를 이용하거나 업무와 관련하여 성적 언동 등으로 성적 굴욕감 또는 혐오감을 느끼게 하거나, 성적 언동 그 밖의 요구 등에 대한 불응을 이유로 고용에서 불이익을 주는 것'을 말한다.

남성 직장인과 여성 직장인은 성적 언동 등에 느끼는 감정의 특성으로 인해 경험하는 성희롱 방식에 다소의 차이가 있을 수 있다. 여성 직장인은 성희롱 감정에 상대적으로 더 민감하게 반응하기 때문에 성별 관련 업무 능력의 비하, 부적절한 신체적 접촉, 여성성과 남성성의 비하, 외모에 대한 성적 비유 및 평가 등 행위로 인해서도 고충이 발생할 수 있다. 남성 직장인은 본인을 성적 대상으로 삼는 음담패설, 음란물을 보여주는 행위, 음란한 내용의 통화 및 문자, 부부관계 및 연인관계에 대한 성적 질문, 성적인 관계의 강요 및 회유 등 직접적인 성희롱과 성추행으로 인해 성희롱의 고충이 발생할 수 있다. 물론 남성 직장인을 대상으로 하는 성적 언동은 여성 직장인에게도 당연히 성희롱의 고충 발생의 원인이 된다.

성희롱은 남녀고용평등법에서 고충해결 대상을 넘어서 법적인 구제대상이 될 수 있다. 법적인 구제대상인 성희롱[9]이 성립되기 위해서는 다음의 성립요건을 갖추어야 한다. ① 업무 관련성이 있어야 한다. ② 성적 언동이 있어야 한다. ③ 성희롱 행위로 인한 피해가 있어야 한다. 이러한 법적인 구제의 3가지 요건에 해당 되지 않더라도 고충해결의 대상은 될 수 있다. 즉, 성희롱적인 언동으로 고충근로자가 고충을 느끼게 되면 고충처리의 대상이 된다.

성희롱이 노동법적 구제뿐만 아니라 순수한 고충처리의 대상으로도 노출되지 않고 잠복해 있는 사례가 많다. 그 이유로는 ① 직장의 조직문화,[10]

---

9 성희롱의 구제에 대한 자세한 내용은 노동법 학습에서 참고하기 바란다.

② 상담신고의 어려움,[11] ③ 신고 후 사건처리 과정에서의 은폐,[12] ④ 2차 가해 발생의 두려움[13] 등을 일반적으로 들고 있다. 따라서 성희롱 예방을 위해서 조직에 폐해를 끼치는 성희롱 행위에 대해 엄격히 금지하고 처벌한다는 직장 내의 명확한 방침 표명이 반복적으로 모든 직원들에게 먼저 공표되어야 한다. 그리고 성희롱 예방과 성희롱 발생 시 대응요령 등의 정보를 충실히 제공하는 실질적인 교육을 주기적으로 실시하여야 한다.

6. 직장 내 차별적 처우

직장인이 직장 내에서 다른 근로자에 비해 차별적 처우를 받으면 고충이 발생하게 된다. 차별적 처우도 차별에 의한 직장 내 괴롭힘의 하나로 볼 수 있다. 부당한 차별적 처우로서 고충처리 대상을 넘어서 법적인 구제의 대상이 되기 위해서는 3가지 요건을 갖추어야 한다. ① 차별(성, 연령, 고용형태 등) 처우가 존재하여야 한다. ② 동일가치의 노동[14]이어야 한다. ③

---

10 타인과의 관계를 중시하는 조직문화, 인맥과 평판이 직간접적으로 업무와 승진에 영향을 미칠 수 있기 때문에 직장인들은 어떤 문제이든 가급적이면 공식적인 문제 제기를 기피하는 경향이 있다. 또한 직장인들은 조직의 대외적 위상을 중요하게 여겨져서, 성희롱 등의 문제가 외부에 알려져 조직에 피해를 끼치게 될 것을 우려하고 있다.

11 피해자들은 성희롱 피해를 인정받지 못할 위험, 성희롱 입증 가능성에 대한 우려, 목격자인 동료의 증언을 기대하기 어려움, 피해자 비난의 가능성, 부정적 평판으로 인한 업무상 불이익의 위험, 상급자인 성희롱 행위자에 의한 업무상 및 인사상 불이익 우려, 조직의 문제 해결 능력에 대한 낮은 신뢰도 등으로 인하여 성희롱 피해를 드러내는 데 어려운 상황에 직면하여 있다.

12 신고 이후에도 성희롱 사건이 은폐되어지는 문제가 발생하고 있다. 성희롱에 대한 상급자의 낮은 인식, 성희롱 사건 처리 담당자의 소극적인 태도, 행위자의 높은 지위와 인맥 등이 성희롱 사건의 처리에 장애물이 된다. 일부 직장은 성희롱을 묵인, 방조, 은폐, 비호한 경우 징계하도록 하는 명시적 규정을 두고 있으나 대개의 경우 이와 같은 징계 규정이 없고, 실제로도 좀처럼 규제가 이루어지지 않는 것으로 보인다.

13 성희롱 피해자에 대한 직장 내의 2차 가해가 쉽게 이루어지고, 2차 가해에 대한 문제의식이 매우 낮은 수준이다. 2차 가해는 성희롱 관련 소문의 유포, 성희롱 행위자 및 행위자의 주변인들에 의한 피해자 위협이나 지속적 연락, 합의 종용, 피해자에 대한 상급자의 비난 등의 형태로 나타나고 있다. 성희롱 행위자의 직접적 위협부터 주변 제3자들의 소문 유포에 이르기까지 다양한 수위에서 발생하는 2차 가해에 대한 규제 또한 거의 이루어지지 않고 있다. 이러한 상황을 목격한 직장인들은 자신이 그러한 성희롱 피해자가 되었을 때에 신고를 망설이고 기피하게 된다.

14 당해 사업장 내의 서로 비교되는 노동이 동일하거나 실질적으로 거의 같은 성질의 노동 또는 그 직무가

차별에 대한 합리적 이유가 존재하지 않아야 한다. 즉, 동일 가치의 노동임에도 불구하고 기간제 및 단시간 근로자, 파견근로자, 여성근로자라는 이유로 임금, 성과급, 복리후생 등의 차별적 처우를 합리적 이유 없이 하게 되면 고충해결의 영역을 넘어서 법적인 구제대상이 된다.[15] 이러한 법적인 구제대상의 3가지 요건에 해당되지 않더라도 고충해결의 대상은 될 수 있다. 즉, 기간제 및 단시간근로자, 파견근로자, 여성 근로자가 아님에도 불구하고 차별을 받게 되어 고충을 겪게 되면 고충처리의 대상이 된다.

7. 순수한 대인관계 고충

직장 내 대인관계는 상사와 하급 직원 간의 관계, 동료직원과의 관계, 고객과의 관계, 거래처 담당자와의 관계 등 업무와 연결되어 있다. 직장 내 대인관계는 가족이나 친구와는 달리 업무중심의 관계이기 때문에 업무관계에서 비롯되고 발전한 고충 사례가 많고 직장 내 괴롭힘이나 성희롱, 차별 등의 고충으로 연결되기도 한다.

직장 내에서 순수한 대인관계 고충은 지연, 학연 등 비공식적 소속 그룹, 개인 간 성격, 말하는 행태 등의 차이로 인해 의사소통 과정에서 감정적인 충돌이 격화되어 발생한다. 민원인과의 관계에서 공무원의 고충이 급격하게 증가하고 있는데 업무관계를 뛰어넘는 대인관계 고충이라고 볼 수 있다. 예를 들면 민원 업무로 시작한 고충이 의사소통 과정에서 부정적 감정대립이 심화되어 업무관계가 아닌 대인관계의 고충으로 발전한 사례들이다. 이러한 대인관계 고충이 원한관계로 발전하여 사회적 문제로 공

다소 다르더라도 객관적인 직무평가 등에 의하여 본질적으로 동일한 가치가 있다고 인정되는 노동에 해당하는 것을 말하고, 동일 가치의 노동인지 여부는 직무 수행에서 요구되는 기술, 노력, 책임 및 작업조건을 비롯하여 근로자의 학력·경력·근속연수 등의 기준을 종합적으로 고려하여 판단하여야 한다(대법원 2013. 3. 14. 선고 2010다101011 판결 등 참조).

15 차별 처우에 대한 법적인 권리구제 내용은 노동법 학습에서 참고하기 바란다.

론화된 경우도 있다.[16]

8. 임금 등 근로조건 고충

동료 간의 연봉, 성과급 등의 임금 차이, 주택문제, 작업현장의 소음, 차광, 분진, 악취, 진동 기타 등의 근로조건과 관련된 고충이 있다. 근로조건에 대한 고충은 직장인의 고충 가운데 기초적인 것이라고 할 수 있으며, 고충의 원인이 직장 내의 순수한 근로환경이라는 측면에서 직장 내의 대인관계인 구성원 간, 고객과의 사이에서 발생하는 다른 사람과 연계된 고충과 차이가 있다. 연봉이나 성과급 등 임금에 관한 고충은 채용단계에서나 연봉협상 과정에서 의사소통의 미숙이나 오해로 주로 발생한다.

III. 직장인 고충해결 통로와 절차

직장인 고충해결 통로는 고충을 해결하는 경로 또는 해결시스템이라고 볼 수 있다. 고충해결 절차는 각 통로에서 시간적으로 진행되어지는 흐름의 과정을 말한다. 고충해결 통로는 여러 가지 경로 가운데 직장인이 선택하여 결정되고, 고충절차는 그 통로에서 진행하는 담당자가 고충해결을 위해 의사소통을 진행하는 절차이다. 직장인은 자신의 고충을 해결할 통로를 알고 있으면서 해결절차를 신뢰할 수 있어야 해결절차에 참여한다. 고충해결 통로와 절차를 신뢰하지 못한다면 고충을 노출시키지 않으면서 이직을 선택하거나 법적인 권리구제 절차 등을 선택하게 된다.

---

16 악성 민원인들이 저항하지 않으면서도 행동변화가 스스로 되도록 하는 의사소통 방법에 대해서는 본 교재의 의사소통 심화 부분을 참고하기 바란다.

고충처리 절차를 밟는다고 하더라도 직장 내부 또는 직장 외부의 고충 해결통로를 선택할 수 있다. 특정 고충해결 통로를 선택하더라도 단순히 고충처리절차만 선택할 것인지, 또는 법적인 구제 신고와 고충처리절차를 동시에 할 것인지 등 고충처리 통로 및 절차 선택은 전적으로 고충근로자의 자유의사에 달려 있다. 고충처리절차와 법적인 구제 절차를 동시에 선택하면서 직장 내 고충처리를 압박할 수 있다. 즉, 고충접수를 하면서도 외부에 노동분쟁 사건으로 접수하는 것이다. 고충처리와 법적인 구제의 관계는 유동적인데 단순히 고충접수만 하였더라도 고충해결이 미진하면 법적인 구제로 발전할 수 있으며, 법적인 구제 신고와 고충접수가 병행적으로 되었더라도 고충처리에 대한 공감대 형성이 잘되면 노동분쟁 사건으로 발전하지 않고 고충해결로 종결될 수도 있다.

1. 직장 내 고충해결 통로

직장인의 고충은 직장 내에서 해결하는 것이 가장 바람직하다. 직장인의 고충으로 인해 노사 간의 갈등문제로 발전하는 것을 예방하기 위해 근참법에서도 직장 내에서의 고충처리를 강화하기 위해 명문규정으로 고충처리위원 제도를 강제하고 있다.

직장 내 고충해결 시스템을 산업현장에서는 법적으로 강제되는 고충처리위원 뿐만 아니라 직장 상사, 고충처리상담 담당자, 고충상담신고센터 등의 제도를 도입하여 사업장의 특성에 따라서 약간씩 변형된 형태로 운영하고 있다. 직장 내 고충해결시스템을 활용하는 것은 고충을 신속하고 효과적으로 해결할 수 있는 강점이 있으나 조직 문화에 따라 비밀유지 등의 어려움으로 구성원으로부터 지지를 받기가 어려운 취약점 또한 있을 수 있다. 따라서 직장 내 고충해결 시스템은 절대적으로 비밀 유지, 공정성과 전문성 확보 등 구성원으로부터 신뢰를 얻어야 성공할 수 있다.

〈직장인 고충해결의 통로〉

(1) 직장 내부 고충해결 통로

　　① 고충처리위원

　　② 직장 상사

　　③ 고충처리상담 담당자

　　④ 근로자단체

　　⑤ 고충처리상담 신고센터

(2) 직장 외부 고충해결 통로

　　① 노동위원회 직장인 고충솔루션(직솔)

　　② 옴부즈맨에 의한 고충해결

　　③ 기타 고충해결통로

---

(1) 고충처리위원

근참법상 30인 이상 근로자를 사용하는 사업장은 3인 이내의 고충처리위원을 위촉하여 고충해결을 하도록 하여야 한다(법 제26조). 고충처리위원은 노사협의회가 설치되어 있는 사업 또는 사업장에는 노사협의회의 위원 가운데 위촉하도록 되어 있어서 통상 노사대표가 맡는 경우가 많다. 노사협의회가 없는 경우에는 사용자가 위촉하도록 하고 있는데 통상적으로 사측의 인사담당부서장이 맡는다.

고충처리위원은 근로자로부터 고충사항을 청취한 경우에는 10일 이내에 조치 사항과 그 밖의 처리결과를 해당 근로자에게 통보하여야 한다. 고충처리위원이 처리하기 곤란한 사항은 협의회 회의에서 협의 처리한다. 고충처리위원회에서 의결되지 아니한 사항은 노사협의회에서 의결하여야 하는데 협의회에서 의결하지 못한 사항은 임의중재를 거치도록 하고 있다. 근로자위원과 사용자위원의 합의로 협의회에 중재기구를 두어 해결하거나 노동위원회나 그 밖의 제삼자에 의한 중재를 받을 수 있다.

인원 규모가 크지 않으면서 고충처리위원이 관심을 가지고 고충해결에 적극적으로 임하는 사업장의 경우에는 고충처리위원의 고충해결이 효과적으로 될 수 있다. 그러나 사업장 규모가 크거나 지역적으로 산재해 있는 사업장의 경우에는 복잡하고 다양한 고충을 고충처리위원만이 담당하기에는 현실적으로 불가능하다. 사업장 규모가 크지 않더라도 고충해결에 관심을 가지지 않을 경우에는 고충처리위원제도가 별 성과를 거두지 못하고 형식적인 위촉으로 머물 수도 있다. 즉, 경영진과 근로자 대표의 관심에 따라 고충처리위원제도를 실질적으로 운영하는 경우에는 효과를 거둘 수 있으나 관심이 부족하고 형식적인 운영으로는 효과를 거두기 어렵다. 문제는 고충처리위원을 두지 않으면 제재 규정이 있으나 고충처리를 실질적으로 하지 않는다고 처벌하는 규정은 없다는 것이다. 이러한 여러 가지 이유로 고충처리위원제도는 활성화가 되지 못하고 있다. 앞에서 언급한 중앙노동위원회의 실태조사에서도 고충처리위원에 의한 직장 내 고충해결은 현실적으로 거의 제대로 이루어지지 못하고 있다.

(2) 직장 상사

고충은 고충근로자와 가장 가까이에 있는 직장 상사가 관심을 가지고 조기에 발견하면 해결하기가 그만큼 더 용이하다. 직장 상사 본인이 고충 발생요인으로 작용하고 있고 개선 가능성이 없다면 불가능한 일이지만, 그렇지 않은 일반적인 경우에는 직장 상사가 발견하여 고충해결절차에 들어가는 것이 합리적이다. 고충해결을 하더라도 고충이 더 악화되기 이전에 신속하게 해결되는 것이 무엇보다 중요하다는 점에서 직장 상사에 의한 발견과 해결은 소중하고 효과가 있다.

직장 상사가 고충해결을 잘하려면 평소에 부하직원들에게 관심을 가지고 잘 살펴야 한다. 관심을 가지지 않으면 고충근로자가 상사에게 고충을 상담하지 않을 것이고 상사 또한 고충이 눈에 보이지 않을 것이기 때문이다. 고충해결을 위해 상사는 부하 직원들의 입장에서 문제를 바라보고 접근할 필요가 있다. 평소에 상사가 부하직원들의 입장과 처지를 이해하고자 하는 노력을 지속적으로 하는 속에 의사소통을 하여야 한다. 상사가 부하직원의 고충을 자기입장에서만 바라보면 고충이 발견되지도 않고 전혀 이해되지 않는다. 직장 상사인 관리자들이 고충처리를 잘 하기 위해서는 고충상담을 잘 할 수 있어야 하는데, 고충상담 기법에 대한 교육훈련이 평소에 이루어져야 한다.

직장상사에 의한 고충해결이 잘 되려면 평소에 직장상사가 부하직원에게 존경을 받고 신뢰를 형성하여야 한다. 직장상사가 존경받지 못하고 신뢰를 받지 못하고 있다면 부하직원은 고충처리를 자신의 문제만 거래하는 당사자로 바라보고 함께 문제를 해결하고자 하지 않을 것이다. 평소에 신뢰관계가 형성되어야 직장상사에게 고충을 호소할 것이다. 부하직원에게 신뢰를 받기 위해 직장상사는 평소에 모범을 보이고 언행이 일치하여야 한다.

(3) 고충처리상담 담당자[17]

고충해결에 관심이 많은 대다수 사업장에서는 원활한 고충처리를 위해 고충처리상담 담당자를 위촉하여 운용하고 있다. 고충처리상담 담당자를 적정한 사람으로 선정하는 것이 무엇보다 중요한데 각 부서별로 직원들과 신뢰관계가 형성되어 있는 사람을 지정하여 위촉하고 있다. 고충처리상담 담당자는 철저하게 비밀을 준수할 수 있는 인격과 소양이 있는 모범직원

---

17 산업현장에서는 고충처리위원회 또는 한마음 고충위원, 현장 고충요원 등 다양한 명칭으로 활용되고 있다.

으로 위촉하여야 하며, 타인의 어려움을 공감할 수 있는 사람이어야 한다.

고충처리상담 담당자는 고충을 접수하고 고충내용 파악과 원인분석을 위한 상담을 주된 활동으로 한다. 고충내용을 진정성 있게 경청하고 공감하는 것만으로 고충이 해결된 경우에는 고충상담일지를 작성하여 인사팀으로 전달한다. 고충해결을 위해 고충처리상담 담당자 차원을 넘어서 직장에서 조치가 필요한 경우와 고충이 직장 내 괴롭힘에 해당하거나 성희롱, 차별처우 등에 해당되어 직장에서 조치해줄 것을 요구하는 경우에는 고충상담결과보고서를 작성하여 인사팀에 신고하여야 한다. 이때 고충처리상담 담당자는 피해자가 조사신청서를 작성하여 제출하는 데 지원하여야 한다.

고충처리상담 담당자 활동을 활성화하기 위해서 담당자를 선정하여 위촉하였다는 것을 해당 부서 직원들이 잘 알 수 있게 널리 알려야 한다. 한편 고충처리상담 담당자는 적극적인 활동을 하여야 자신의 역할이 증대된다. 전문적인 활동을 위해서 상담기법과 담당자의 역할과 자세에 대한 교육훈련을 실시할 필요가 있다. 고충처리상담 담당자간의 교류학습도 지원하고 고충상담 활동을 위한 활동비도 지원하여 동기부여를 하여야 한다.

(4) 노동조합(노사협의회) 등 근로자단체

직장인이 자신의 고충을 고충처리위원이나 상사에게 말한다는 것이 사실 부담스럽고 망설여지게 되어 고충이 잘 접수되지 않고 노출이 안 될 수 있다. 그래서 직장인들은 자신들과 같은 처지에 있는 동료들로 구성된 근로자단체(노동조합 또는 노사협의회) 간부에게 편하게 고충을 말할 수 있다. 특히 직장 상사를 통해 고충내용이 경영진에게 보고되었지만 예산 등의 이유로 수용되지 못하고 거부되어 해결되지 않는 많은 경우에 근로자단체를 통해 고충해결을 시도하고, 근로자단체는 경영진을 압박하여 고충해결이 되는 경우가 자주 발생한다. 이러한 경향이 지속되면 근로자단체에 고충이 집중화되어 고충해결에 부담이 될 수 있고 직장 상사는 구성원으로부터 존재감을 잃게 된다.

고충 요구사항이 무리한 것인데도 불구하고 근로자단체가 무조건 구성원의 고충내용을 들어주기 위해 경영진을 압박하여 관철하려고 하는 것도 잘못이지만, 충분한 설명 없이 고충해결에 소극적으로 임하는 직장 상사들의 태도 또한 잘못이다. 근로자단체는 적절한 것인지 판단하지 않고 무조건적으로 문제해결사로 나서는 것도 자제해야 하지만 지나친 고충이라고 일방적으로 판단하고 구성원의 의사를 무시할 것은 아니다. 무리하고 합리적이지 못하다고 판단되는 고충일지라도 우선 구성원의 고충에 대해 공감경청하면서 정확한 내용을 파악하여야 한다. 사측에 협의한 결과 고충을 해결해줄 수 있는 사항이라면 해당 부서장이나 관계자 등과 협조하여 고충처리를 하고, 무리한 고충 요구사항이라고 판단되면 사실관계를 정확하게 설명해주는 것이 바람직하다. 고충해결을 근로자단체가 독점하는 것은 경영관리자들의 반감을 가져올 수 있기 때문에 근로자단체는 경영관리자와 협조하는 태도에서 고충해결을 진행하는 것이 바람직하고, 경영관리자 또한 근로자단체의 고충해결 목소리에 경청하고 협조적으로 임하여야 한다.

(5) 고충처리 상담신고센터

고충근로자가 상사, 고충처리상담 담당자, 고충처리위원, 근로자단체 등을 통할 경우 자칫 고충이 해결되지도 않고 괜히 노출되어 곤란한 처지에 놓일까 망설이고 기피할 수 있다. 특히 예민하고 비밀스러운 내용의 고충일 경우에는 더 그렇게 될 가능성이 높아진다. 고충근로자는 외부 기관에 고충 또는 노동분쟁으로 접수하거나 고충을 혼자서 떠안고 고통스럽게 지내면서 이직을 심각하게 고민할 수 있다.

이러한 경우에도 고충이 적극적으로 접수되어 해결되도록 하기 위해서는 직장 전체를 총괄하는 고충처리 상담신고센터가 필요하다. 오늘날 발달한 비대면 온라인 시스템을 잘 활용하면 시간과 공간의 제한을 극복할 수 있다. 비대면 온라인으로 고충을 접수할 수 있어서 다른 사람 눈에 띄지 않으면서 자신의 비밀스런 고충 내용을 편하게 말할 수 있어서 오프라인의 고충처리 해결절차의 부족함을 보완할 수 있다.

고충처리 상담신고센터가 본래의 역할을 하기 위해서는 접수된 고충의 피해자와 가해 행위자 등에 대해 전문적이고 충실한 상담을 직장 외부 공간이나 사이버 공간에서 잘 진행하여야 한다. 단순하게 고충처리 접수처 정도로 머물면서 인사팀에 전달하고, 인사팀은 인사위원회나 상벌 위원회에 보고하는 형식적인 역할에 머물러서는 제대로 된 고충해결이 되지 못한다. 오늘날 많은 스포츠팀, 기관 등의 고충처리 상담신고센터가 형식적인 접수창구에 머물고 제 기능을 하지 못해 고충문제가 사회적인 문제로 발전하고 분쟁으로 이어지고 있다.[18] 고충처리신고센터가 아니라 고충처리 상담신고센터로 고충상담 활동을 충실히 하여야 한다.

2. 노동위원회의 직장인 고충 솔루션(직솔)을 통한 고충해결

직장인 고충 솔루션(직솔)은 중앙노동위원회가 급증하는 직장인 고충과 노동분쟁사건의 폭발적 증가에 대한 능동적이고 적극적인 대응책으로 2023년에 마련하였다. 직장인 고충해결을 위해 마련한 대안적 분쟁해결(ADR) 프로그램이다. 직장 내 고충에 대한 해결을 요청하는 경우 노동위

---

18 최근의 대표적인 사례로서 여자 프로배구단에서 직장 내 괴롭힘으로 고충처리센터에 접수되었으나 전혀 조치가 되지 않아서 사회적인 이슈로 발전하고 소송 분쟁으로 발전한 사례가 있다. 관련기사는 https://www.segye.com/newsView/20240305517625?OutUrl=naver 참조.

원회가 ADR전문가를 지원하여 갈등의 사전적·예방적 해결을 돕는 것을 말한다. 2023년 9월 대학병원 노사당사자가 해당 지역 지방노동위원회와 '직솔' 협약을 체결한 것이 첫 사례이며, 그 이후 각 지방노동위원회별로 빠르게 확대되고 있다. 외부 전문가를 활용한다는 측면에서 후술하는 옴부즈맨에 의한 고충해결의 일환으로 볼 수 있다. 중앙노동위원회의 직장인 고충솔루션 운영 방침 기준은 다음과 같다.

(1) 참여 사업장 기준

① 직장 내 고충해결을 위한 새로운 문화를 선도할 의지가 있는 사업장

② 기업규모, 업종의 특성을 고려하여 분쟁 예방의 필요성이 있는 사업장

③ 노동분쟁의 평화적 해결 분위기를 주도하고 기반을 조성할 수 있는 사업장

④ 기타 협약체결의 필요성이 있다고 인정하는 사업장

(2) 직장인 고충 솔루션(직솔) 협약

① 협약체결 주체 : 참여 사업장의 노사 및 노동위원회

② 협약 이후 개별근로자 동의 : 협약 체결 즉시 효력 발생하며, 직솔 업무 수행 담당자 지정 및 정보교환, 사용자 또는 노동조합이 노동위원회에 직솔 지원을 요청하고 개별근로자가 동의하는 경우에 노동위원회는 직장인 고충 사전 해결 지원을 진행

(3) 노동위원회 지원 내용

① 노동위원회 ADR전문 공익위원의 중립적인 입장에서 의견 조율지원

② 비밀 엄수하여 진행

③ 해당 근로자의 동의를 받아 화해를 주선·권고

(4) 고충솔루션 진행절차

① 협약당사자(노·사) 쌍방이 고충근로자의 동의하에 직솔 신청. 또는 고충근로자가 협약 당사자 일방에게 직솔 신청 요청하고 협약 당사자 일방이 직솔 신청을 한다.

② 노동위원회 직솔 팀장은 협약 당사자에게 직솔 참여 의향을 타진, 참여 수락으로 직솔을 진행한다.

③ 직솔은 노동위원회와 참여를 희망하는 사업장이 「직장인 고충 솔루션 협약」을 체결하여 진행한다.

④ 직솔협약이 체결된 경우 사업장 내에서 조율이 어려운 고충을 노동위원회 구제신청 등에 앞서 제3자(노동위원회 ADR전문가)가 중립적인 입장에서 의견 조율 등 고충해결 절차를 통해 지원한다. 지원과정에서 취득한 정보, 지원사항에 대해서는 참여자 모두 비밀을 엄수하기로 하고 향후 어떠한 법적 절차가 진행되더라도 그에 영향을 미치지 않도록 한다.

⑤ 직솔 협약을 체결한 사업장에서 제기된 사건에 대해서는 사건 담당 조사관의 조사에 앞서 해당근로자의 화해 절차 참여 동의를 받아 ADR전문 공익위원이 우선적으로 화해를 주선·권고하여 사건의 원만한 해결을 지원한다. 화해 권고 절차를 진행한 ADR전문 공익위원은 해당 사건의 심문회의에는 관여하지 않도록 하여 사전에 진행한 화해권고의 내용이 해당 사건의 판정에 영향을 미치지 않도록 한다.

위와 같은 직솔 제도가 효과적으로 운영되기 위해서는 협약 당사자인 사용자와 노동조합은 직장인에게 직솔을 신청할 수 있다는 것을 사전에 충실히 안내하는 것이 우선적으로 필요하다. 직솔을 담당하는 ADR전문 공익위원에 대한 사업장내 노사당사자와 고충근로자의 신뢰가 중요하며,

신뢰를 얻기 위해 ADR전문가 또한 전문가로서의 책임감 있는 태도와 전문적인 의사소통 능력을 발휘할 수 있어야 한다. 이를 위해 ADR전문가 육성이 필요하다.

3. 옴부즈맨[19]에 의한 고충해결

직장 내 고충해결시스템에서 비밀스러운 고충내용이 누출될 위험이 있거나, 해결과정에서 신뢰받지 못한다면 앞에서 살펴본 직솔과 같은 직장 외부의 고충해결 시스템으로 옴부즈맨에 의한 고충해결이 대안으로 필요하다. 옴부즈맨에 의한 고충해결은 직장 외부의 전문가의 도움을 받아서 직장 내 고충을 해결하는 통로이다. 사생활 보호를 중시하는 MZ세대가 직장 내에 많이 유입되는 오늘날에서는 적극적으로 검토할 필요가 있다. 다만 옴부즈맨으로서 역량을 갖추고 신뢰할 수 있는 인적자원이 부족한 현재 시점에서는 노동위원회의 직솔을 우선적으로 도입하고 그에 따른 검증과 신뢰가 축적된 전문가를 옴부즈맨으로 연차적으로 운용하는 것이 적절할 것으로 보인다.[20] 옴부즈맨 제도를 도입하기 위해서는 옴부즈맨으로 역할을 할 수 있는 ADR전문가 육성이 선행되어야 한다. 옴부즈맨의 장점과 운용상의 유의할 점을 정리하면 다음과 같다.

(1) 활용의 장점
① 직장 외부의 고충처리상담이기 때문에 비밀유지 측면에서 신뢰도를 높일 수 있다.

---

19 옴부즈맨(ombudsman)은 서양에서 전문성을 지닌 민원 조사관 옴부즈맨이 민원인을 대신하여 행정기관의 업무를 조사하고 시정하는 제도로 이용되고 있는 제도이다. 우리나라에서는 1994년 국민고충처리위원회를 설립하여 처음으로 도입되었다.
20 옴부즈맨(ombudsman)은 유료로 비용이 들어갈 수 있지만 노동위원회의 직솔은 무료로 운영된다.

② 전문가가 고충해결 절차 전체를 총괄하기 때문에 고충해결을 일관되게, 합리적으로 할 수 있다.
③ 외부 전문가이기 때문에 전문성 있는 상담 및 조사가 이루어질 수 있다.
④ 고충상담 및 접수창구를 직장 외부로 다변화하는 효과가 있어 고충근로자의 선택의 폭이 넓어진다.

(2) 운용상 유의할 점
① 노사가 옴부즈맨에 의한 고충처리에 대한 공감대 형성을 하여야 한다.
② 공정하고 전문성을 갖춘 옴부즈맨을 선임하여야 한다.
③ 옴부즈맨 제도 운용에 대해 조직 구성원들에게 널리 홍보가 되어야 하며, 옴부즈맨에 대한 접근이 용이하여야 한다.
④ 옴부즈맨이 제시하는 해결책에 대한 경영진의 적극적인 수용태도가 있어야 한다.
⑤ 옴부즈맨 스스로 열정과 책임감을 가지고 활동하여야 한다.

4. 기타 고충해결 통로

기타 고충해결의 통로로서는 성희롱, 직장 내 괴롭힘에 대한 고용노동부의 상담센터, 사회기관이나 사회단체 등의 상담신고센터 등을 들 수 있다. 직장인이 직장 내 고충해결 통로를 알지 못하거나 신뢰할 수 없는 경우에 활용되고 있다. 경우에 따라서 직장 내 고충을 접수하고 압박하기 위해 외부의 기관을 이용하는 사례도 있다.

기타 고충해결 통로는 주로 법적인 구제 방법을 몰라 상담을 하는 경우가 많기 때문에 주로 권리구제의 전 단계로 중요한 역할을 하고 있다. 또한 외부 기관은 고충근로자와 협의하여 접수된 고충을 직장 내 고충해결

통로와 협조하여 고충해결절차를 밟을 수도 있다.

5. 직장인 고충해결 절차

고충해결은 앞에서 본 바와 같이 다양한 통로로 진행되어질 수 있다. 모든 고충은 각기 다른 통로를 통하여 진행된다고 하더라도 접수 또는 발견으로부터 시작하여, 고충 내용과 원인을 파악하고, 해결책을 모색하고 그 해결책을 실행하는 단계를 거쳐서, 사후관리 등 비슷한 일련의 절차로 처리된다. 고충해결 절차는 거의 대부분이 의사소통의 활동이기 때문에 효과적인 의사소통이 고충해결의 성패를 좌우한다. 고충의 내용과 특성, 고충근로자의 성향에 따라 고충해결 절차는 생략되거나 반복되는 등 다양한 절차형태로 운영될 수 있으나, 고충해결 절차를 통상적인 진행 흐름에 따라 구분하면 다음과 같다.

〈직장인 고충해결 절차〉

① 고충접수, 발견
② 고충내용 파악과 원인분석
③ 고충해결책 모색
④ 신속한 해결책의 실행과 피드백
⑤ 섬세한 사후관리

---

(1) 고충접수, 발견

고충해결 절차는 고충근로자 또는 고충을 인지한 주변 동료가 직장 상사나 고충처리위원, 고충처리상담 담당자, 근로자단체 등에게 고충을 접수하여야 시작된다. 혹은 고충처리자 특히 직장 상사에 의해 고충근로자의 고충의 징후가 발견되어 고충해결 절차가 시작될 수도 있다. 고충해결의 시작단계에서 고충근로자가 스스로 접수하는 경우에는 고충이 명확하게 나타나지만, 주변 동료에 의한 신고접수나 고충해결 담당자가 고충의 징후를 발견하는 경우에는 고충의 징후만 명확히 파악된 것으로 아직 정확하게 고충 여부가 확인되지 않은 특징이 있다.

고충접수가 잘 되기 위해서는 다양한 접수창구가 개발될 필요가 있다. 고충처리 대면 상담 창구, 임원진 핫라인 직통전화, 사이버 고충접수센터, 웹메일, SNS, 고충 소리함 등 다양한 창구를 운용할 수 있다. 고용 및 근무형태, 근로자들의 성향 등에 따라 복수의 적절한 창구를 활용할 필요가 있다.

고충발견은 직장 내 상사나 고충처리상담 담당자 등이 관심과 적극성을 가지고 고충근로자를 관찰하면 고충의 징후가 포착되어 고충이 발견된다. 고충이 있는 근로자는 평소와는 다른 복장, 부실한 근태, 소극적인 업무 태도 등의 언행 특징이 나타난다. 다만 고충징후 포착을 위해 무리하게 근로자들의 언행을 감시하는 인상은 주지 않도록 자연스럽게 관찰하여야 한다. 고충의 징후가 발견된 경우에는 고충 여부를 파악하여야 하는데 다음과 같이 고충의 내용파악을 하는 과정에서 자연스럽게 고충 여부를 판단할 수 있게 된다.

(2) 고충내용 파악과 원인분석

고충이 접수되거나 발견된 경우에는 고충 내용을 파악하고 원인을 분석하는 활동을 하여야 한다. 고충내용 파악과 원인 분석을 위한 활동방안으로는 고충근로자와 직접적인 대화(고충상담), 고충유발자와 직접적인 대화(고충상담), 고충근로자 주변인과의 면담, 유사한 사례 참조 등을 들 수 있다. 고충근로자와 고충유발자와의 직접적인 대화(고충상담)가 가장 중요하고 고도의 의사소통기술이 종합적으로 활용되어져야 한다.[21] 주변인과의 면담이나 유사사례 참조 등은 부가적인 보조방안이다.

고충의 징후만 노출된 고충 발견의 경우에는 고충 여부 판단을 내용파악 및 원인분석과 동시에 진행할 필요가 있다. 내용파악과 원인분석을 위한 가장 효과적인 방법은 고충근로자, 고충유발자 등과 직접 대화하는 것이다. 주변 동료들이나 인사기록카드 등을 통해 신상 정보를 파악한 이후에 내용파악이나 원인분석을 위한 의사소통을 하면 효과적이다.

고충근로자나 고충유발자는 감정적으로 불편하고 힘든 상황에 있기 때문에 내용파악과 원인분석을 하는 과정에서의 의사소통은 공감대 형성과 경청에 주안점을 두어야 한다. 고충처리 실패의 주된 이유는 고충내용 파악과 원인분석 하는 과정에서 공감대 형성이나 경청을 하지 못하고 일방적으로 설득시키거나 지적하여 감정의 상처를 오히려 더 악화시키는 것에서 비롯된다. 고충근로자와 고충유발자가 모두 공감하는 속에서 고충내용과 원인분석이 이루어져야 효과적인 고충해결이 될 수 있기 때문에 양 당사자와 공감적 의사소통을 하여야 한다.

고충내용 파악과 원인분석의 의사소통을 할 때 표면적인 주장내용이 아니라 내면의 진정한 고충내용 파악과 원인분석을 할 수 있어야 한다. 이를 위해서는 진정한 공감대 형성과 적극적인 경청이 필요하다. 고충 내용과 원인에 대한 진정한 사항을 알아내지 못하고 증상적인 내용만 알고 해결을 시도하면 엉뚱한 해결책으로 처리하게 되어 조직에 심각한 부작용을 가져온다. 제조업 한 회사에서 있었던 사례가 있다. 현장 특정 부서 직원들이 관리자의 일방적이고 강압적인 의사소통 형태에 고충이 있었는데, 겉으로 표현한 고충내용은 휴게공간의 확충과 책상 비치 등 시설 개선이었다. 엄청난 비용으로 시설개선을 하였는데 다른 부서에도 같이 요구하

---

21 고충내용 파악과 원인분석을 위한 의사소통의 구체적인 방법은 다음 장에서 자세히 살펴보기로 한다.

게 되어 조직 내 형평성 문제가 야기되었으며, 개선된 시설은 사용되지도 않고 방치되었다.

직장 내 괴롭힘이나 성희롱 등 고충유발 행위자가 있는 고충의 내용파악과 원인분석에서는 고충유발 행위자와도 충실한 의사소통을 하여야 한다. 행위자가 수용할 수 없는 내용파악과 원인분석으로 인해 고충유발 행위자가 향후의 해결책에 대해서 반발하고 저항할 수 있기 때문이다. 고충근로자로부터 파악한 내용파악과 원인분석 내용이 고충유발 행위자로부터 파악한 내용과 어떠한 차이가 있으며 실체적 진실이 무엇인지 잘 파악하여야 한다. 고충근로자와 고충유발 행위자 어느 일방이라도 수용할 수 없는 내용파악과 원인분석은 향후의 해결책을 마련하는 과정에서도 심각한 오류를 가져올 수 있다. 내용파악과 원인분석을 위한 의사소통과정에서 고충근로자와 고충유발 행위자에 대한 고충처리자의 경청하는 태도는 해결책의 수용력을 높여준다. 고충근로자와 고충유발 행위자가 모두 수용할 수 있는 내용파악과 원인분석은 양당사자와 공감대 형성을 선행하여야 가능하다. 공감적 경청을 하면서 적절한 질문으로 고충 내용파악과 원인분석을 해나가야 한다.

(3) 고충 해결책 모색

고충 내용파악과 원인분석이 이루어진 이후에 고충해결을 위한 방안이 모색되어야 한다. 해결책을 모색하는 활동 방안은 고충근로자와의 직접대화(고충상담), 고충유발자와 직접대화(고충상담), 고충근로자 주변인과의 면담, 유사 사례 참조, 관계 부서 및 관계자와 의견교환 등이 있다. 가장 효과적인 방안은 고충근로자와의 직접대화(고충상담)이고 고충유발자가 존재하는 경우에는 고충유발자와의 직접대화(고충상담)도 중요하다. 고충근로자와 고충유발자와의 직접대화(고충상담)에는 고도의 의사소통기술이 종합적으로 활용되어져야 한다.[22] 주변인과의 면담이나 유사사례 참조 등은 참고할 방안이다.

해결책은 무엇보다 고충근로자가 만족이 되어야 한다. 하지만 그 해결책이 향후에 또 다른 고충의 원인으로 작용하지 않도록 관계 법규나 회사의 자체 규범에 어긋나지 않아야 하고 공정성과 형평성을 갖추어야 한다. 고충근로자가 원하는 해결방안이 관계 법규와 회사의 규범이나 관행에 충돌하는 경우에는 해당 근로자에게 정중하게 상황을 설명하고 다른 대안을 함께 모색하여야 한다. 규범이나 관행에 위반되는 해결책으로 인해 향후에 동일한 고충을 겪는 근로자에게 다른 해결책이 적용되어진다면 공정성에 문제가 있는 섣부른 해결책으로 고충처리제도 자체에 대한 신뢰를 잃게 된다.

직장 내 괴롭힘이나 성희롱 등 고충유발 행위자가 있는 고충 해결책은 고충내용 파악과 원인분석에서와 같이 고충유발 행위자와도 해결책에 대하여 충실한 의사소통을 하여야 한다. 고충유발 행위자가 수용할 수 없는 해결책으로 인해 또 다른 고충발생과 분쟁으로 발전할 수 있기 때문이다. 고충유발 행위자에게 해결책을 일방적으로 통보할 것이 아니라 고충유발 행위자의 의견을 경청하고 협의하는 과정을 거칠 때에 수용력이 높아진다. 고충근로자와 고충유발 행위자가 모두 수용할 수 있는 해결책 마련은 고충해결 담당자가 화해를 이끌어 내는 역할을 하여야 한다.[23] 화해가 성립되지 않게 된다면 직장 내 괴롭힘이나 성희롱의 고충은 고충근로자가 원하는 경우에는 노동분쟁 사건 접수와 조사단계로 관리되어야 한다.

고충 해결책은 역할분담과 처리 일정 등이 함께 논의 되어져야 한다. 해결책에 대해 누가 무엇을 담당할 것인지와 언제 어떻게 할 것인지를 명확

---

22 해결책 모색을 위한 의사소통의 구체적인 방법에 대해서는 다음 장에서 자세히 살펴보기로 한다.
23 화해의 기술은 본 교재의 화해 부분을 참고하기 바란다.

하게 정하지 않으면 나중에 해결책을 실행하는 데 있어서 문제가 발생할 수 있다. 고충근로자와 고충유발 행위자에게도 일정한 역할이 필요하다면 분담하게 하는 것이 책임성을 부여한다는 점에서 좋다. 해결책의 실행 일정에 대해서도 고충근로자와 고충유발 행위자와 상호 논의를 하여 추후에 오해가 발생하지 않도록 하여야 한다.

해결책이 고충해결 담당자 선에서 결정할 수 있는 사항이 아니고 관련 부서나 관련자의 협조를 구해야 하는 사항일 경우에는 반드시 관련 부서와 담당자의 의견을 구하고 그에 따라 해결책을 결정하여야 한다. 급하게 관련 부서와 담당자의 협조를 구하지 않고 독단적으로 해결책을 결정하게 되면 나중에 실행과정에서 어려움에 직면할 수 있다.

(4) 신속한 해결책 실행과 피드백

고충근로자는 갑갑하고 마음이 다급하다. 따라서 해결책은 고충근로자 입장에서는 신속하게 실행되어야 한다. 신속하게 실행되어지지 않는 고충 해결책은 고충근로자 처지에서는 고충해결로서의 효과가 없어질 수 있다. 신속한 고충처리를 위해서는 해결책의 역할 분담 부서와 담당자가 적극적으로 협조하여야 한다. 사정이 생겨서 처리 일정이 지연된다면 고충근로자에게 바로 피드백하여 고충처리를 위해 노력하고 있으며 게을리 하지 않고 있음을 의사소통하여 오해가 발생하지 않도록 하여야 한다.

해결책이 실행되는 과정이 내부 의사결정 절차를 밟고 있는 등 눈에 보이지 않는 준비활동일 경우에는 물밑에서 진행되고 있어서 고충근로자 입장에서는 가시적으로 보이지 않아 갑갑해 할 수 있다. 따라서 고충해결 담당자는 고충근로자에게 수시로 고충처리가 어느 상황에서 진행되고 있는지를 피드백 의사소통으로 알려주는 것이 신뢰를 얻게 한다. 신속하게 해결되는 것에 못지않게 실행되고 있는 상황을 알려주는 의사소통 또한 고충근로자를 존중하는 태도로서 중요하다.

해결책을 실행하는 과정에서 또 다른 고충문제가 발생하는 것은 없는지 고충근로자와 고충유발 행위자 등과 끊임없는 소통이 이루어져야 한다. 만약 예상하지 못한 문제가 발생하고 있다면 이에 대한 합리적인 해결방안을 고충근로자, 고충유발 행위자, 고충해결 부서 관계자 등과 논의하면서 해결책을 실행해 나가야 한다.

(5) 섬세한 사후관리

고충처리를 한 이후에 고충해결이 미흡할 수도, 또 다른 고충이 발생할 수도 있다. 고충처리를 하였다고 고충근로자를 내버려 둘 것은 아니다. 특히 고충유발 행위자와 연계된 고충인 경우에는 고충근로자와 고충유발 행위자간에 새로운 고충이 발생할 가능성이 상당히 높다. 따라서 고충근로자에 대하여 고충처리 이후에도 다른 고충사항이 발생하였는지, 고충유발 행위자와 사이에 다른 문제가 추가적으로 발생하지 않았는지 등 섬세하게 사후 관리할 필요가 있다.

섬세한 사후관리를 위해서는 자연스럽게 고충근로자와 접촉하여 새로운 고충이 발생하거나 고충의 미해결된 부분이 있는지를 관찰할 필요가 있다. 직장 내 괴롭힘이나 성희롱 등 대인관계적인 고충인 경우에는 고충유발 행위자에 대해서도 고충처리 이후에 행위의 양태가 변화가 왔는지 아니면 동일한 행태를 반복하고 있는지를 살펴볼 필요가 있다. 본인의 언행에 대해 근본적인 반성이 없고 단순히 운이 없어서 당하였다는 인식에 머물러 있는 고충유발 행위자가 많을 수 있다. 이러한 경우에는 고충처리 이후에 근본적인 행동의 변화를 이끌어내도록 하는 조치로서 교육훈련 등을 실시하는 것도 좋은 사후관리가 될 수 있다. 향후 발생할 수 있는 고충을 예방하기 위하여 필요하다면 회사 내의 규정과 제도 및 절차를 보완하여야 한다. 아울러 전체 구성원들을 대상으로 고충 예방을 위한 필요한 내용의 교육을 지속적으로 실시하여야 한다.

IV. 직장인 고충해결을 위한 의사소통[24] 방법

고충해결은 앞에서 살펴본 바와 같이 고충 접수와 발견, 고충내용 파악과 원인분석, 해결책 모색, 해결책의 실행과 피드백, 사후관리 등의 등 일련의 과정을 거친다. 특히 고충내용 파악과 원인분석, 해결책 모색 과정은 고충근로자 및 고충유발 행위자 등과 전문적인 의사소통의 과정으로 진행된다. 고충해결을 위한 고충내용 파악과 원인분석, 해결책 모색 과정의 의사소통은 단순한 의사소통이 아니라 불편한 감정을 해소하고 고충내용 파악과 원인분석, 더 나아가 수용할 수 있는 해결책까지 찾아내야 하는 고도의 기술을 필요로 하는 고충상담이다. 고충상담을 해야 하는 고충상담자는 직장 내 고충처리위원, 직장 상사(감독자), 고충처리상담 담당자, 근로자단체 간부, 직솔 담당 공익위원, 옴부즈맨 등 고충처리통로에서 고충상담을 담당하는 모든 사람을 말한다. 이들 모두는 고충상담기법을 잘 활용하여 상담을 하여야 한다.

고충해결을 위한 의사소통의 대상자는 고충유형에 따라 달라질 수 있는데 직장 내 괴롭힘이나 성희롱의 경우에는 고충 목격자인 신고인, 고충근로자, 행위자, 직장 주변 동료 등 다수가 될 수 있다. 의사소통 대상자마다 심리적인 상황이 다르며 고충에 대하는 태도에 차이가 있을 수 있기 때문

---

24 고충해결을 위한 의사소통은 고충에 대해 진정성 있고 깊이 있는 의사소통이어야 한다. 특히 고충 내용파악과 원인분석, 해결책 모색 과정에서의 의사소통은 고충근로자 및 고충유발 행위자와 깊이 있는 의사소통을 하여야 하기 때문에 상담이라고 볼 수 있다. 따라서 본 글에서는 고충상담이라는 용어를 사용하기로 한다.

에 고충상담자가 이들과 의사소통을 어떻게 맞춤식으로 하느냐가 중요하다. 신고인이나 직장 주변 동료 등은 단순한 사실적인 요소를 파악하기 위한 의사소통을 하면 되기 때문에 특별한 기법이 필요 없이 사실 파악을 위한 적절한 질문과 경청만 잘하여도 어려운 문제가 없을 수 있다. 그러나 고충근로자와 고충유발 행위자는 감정적인 요소가 작용하고 있고 고충내용과 원인에 불편한 감정이 깊이 관여되어 있기 때문에 단순한 의사소통을 넘어 고충상담으로 접근이 필요하다.

고충해결을 위한 상담이 잘 되려면 상담 방법도 중요하지만 기본적으로 직장 내에서 다음과 같이 상담 환경이 조성되어야 한다. 첫째, 고충상담이 중요시 되어져야 하고 비밀을 보장하는 환경이 선행되어야 한다. 둘째, 비밀이 보장되는 상담공간과 온라인으로 상담을 할 수 있는 인프라가 구축되어 있어야 한다. 셋째, 고충상담 활성화를 위해 고충해결 통로 및 고충상담에 대한 안내와 홍보를 적극적으로 실시하여야 한다. 넷째, 고충상담 전문가를 육성하는 교육을 실시하고 고충상담 활동을 지원하여야 한다.

앞에서 강조한 바와 같이 고충상담자가 의사소통을 원활하게 잘하게 되면 권리구제 신청까지 생각하였던 피해자도 고충상담만으로 고충해결이 되어 만족을 가져올 수 있고, 고충상담을 통한 고충해결로 마무리하려던 고충근로자도 의사소통이 잘 안 되면 불신으로 발전하고 권리구제로 이행하게 되어 난항을 겪을 수 있다. 고충해결의 성공을 위해 고충상담을 잘하는 방법을 진행하는 시간 흐름에 따라 정리하면 다음과 같다.

1. 고충상담 대상자와의 공감대 형성

(1) 공감대 형성의 필요성
불편한 감정과 갈등구조가 연결된 고충에 대한 내용파악과 원인분석,

더 나아가서 해결책 모색을 위해서는 공감대 형성이 고충상담의 첫걸음이고 핵심이다. 직장 내 괴롭힘이나 성희롱, 차별의 권리구제 사건의 피해자인 고충근로자뿐만 아니라 고충유발 행위자도 억울함, 괴로움, 속상함 등의 감정에 깊이 빠져 있을 수 있기에 공감대 형성이 필요하다. 공감대 형성을 위해서는 상담 초기 단계에서 일상적인 대화 내용으로 분위기를 자연스럽고 부드럽게 하고 상대방의 감정에 대해 무조건적인 인정을 하여야 한다. 왜냐하면 고충근로자나 행위자는 자신이 가지고 있는 정보만을 가지고 자신을 판단하는 것이기 때문에 자신이 불편하며 억울하고 피해를 보고 있다고 생각하기 때문에 그들의 감정을 인정할 필요가 있다. 고충근로자나 고충유발 행위자가 불편하고 억울한 감정을 느끼고 있는 그 순간의 감정은 진실한 것이고 사실로 존재하는 것이기 때문에 고충상담자는 그러한 감정을 존재 사실로 인정하여야 한다.

(2) 공감대 형성의 효과

불편하고 억울하고 속상한 감정을 인정하고 이해하게 되면 자신의 부정적 감정에 집착해있던 고충근로자나 행위자는 감정이 진정되면서 자신의 행위나 상황에 대해 객관적으로 바라볼 수 있는 여유가 생긴다. 불편한 부정적인 감정은 알아주게 되면 누그러지고, 알아주지 않고 인정해주지 않으면 반발하고 더 악화된다. 부정적인 감정을 인정하여 주면 고충근로자나 고충유발 행위자가 고충상담자에게 긍정적인 시각을 갖게 되고 고충내용 파악과 원인분석, 고충 해결방법 등에 대해 합리적인 생각을 가지게 된다.

공감대 형성이 잘되면 고충상담이 원활하게 진행될 수 있다. 고충근로자는 자신의 고충에 대해 숨김없이 이야기할 것이고 고충유발 행위자는 자신의 행위에 대해 가식 없이 말할 수 있게 된다. 이에 따라 향후의 고충내용

파악과 원인분석, 해결책 모색의 의사소통이 원활하게 진행될 수 있다.

(3) 공감대 형성의 방법

고충상담의 상대방이 격한 부정적인 감정상태에 있는 경우에 공감대를 형성하는 방법은 우선 흥분을 가라앉히고 시간적 여유를 갖게 하는 방법이 효과적이다. 자리에 앉히고 음료를 들게 하여 감정을 진정시키거나 큰 목소리로 말을 하는 경우에 말의 내용을 비난하지 말고 단순하게 목소리만을 낮추어 달라고 요청하는 방법이 효과적이다. 왜냐하면 흥분된 상태에서 앉지 않고 서서 고충을 큰 목소리로 이야기하게 되면 고충을 경청하여야 하는 고충상담자도 인간이기에 불편하고 불안한 감정이 일어날 수 있기 때문이다. 고충상담자 자신의 감정이 평온하지 않고 불안하고 불편하다면 고충상담은 현실적으로 불가능하다. 고충상담자의 감정이 평온을 유지한 속에 불편한 감정의 고충근로자나 행위자로 하여금 앉게 하고 목소리를 낮추게 하면 감정이 진정된다. 특히 고충근로자나 고충유발 행위자에게 음료를 마시는 짧은 시간이라도 가지게 해주면 감정을 진정시킬 수 있다.

고충근로자가 고충을 말하지 않으려는 경우가 있을 수 있다. 외부적으로 나타나는 근태불량 등 일상생활에서는 분명히 고충의 징후가 보이지만 자신의 고충에 대해 말을 하지 않으려고 하면 고충상담자로서 답답할 수 있다. 고충에 대한 자신의 감정을 아직 표현할 마음의 준비가 되어 있지 않거나 자신의 고충에 대해 고충상담자에게 표현할 가치를 느끼지 못하고 이직이나 외부 기관에 대한 사건화 제기 등 다른 방법을 고민하고 있을 수 있다. 심지어 자신의 삶에 대한 근본적인 회의를 가지고 심각하게 자신의 삶에 대한 의욕을 잃고 있을 수 있다. 우선 자신의 감정에 솔직하게 표현할 수 있는 자신감을 가지도록 도와주거나 자신의 감정을 표현할 수 있는 자연스러운 계기를 만들어줄 필요가 있다. 고충상담이라는 표현은 절대 하지 말고 '편하게 차 한 잔 하자'라고 말하면서 가벼운 마음으로 자리를 함께 하도록 요청한다. 자연스럽게 마주 앉아서 음료를 들면서 일상적인 대화, 특히 고충근로자가 관심이 있거나 편하게 말할 수 있는 소재로 대화를 시작하는 것이 좋다. 고충근로자의 말문이 열렸을 때에 자연스럽게 고충에 대한 노출이 되도록 질문을 하여 더 깊이 있는 고충에 대한 이야기가 나올 수 있도록 한다. 예컨대, "그동안 아주 즐겁고 명랑하게 직장생활 하시던데 최근에는 다소 시무룩해지신 것 같은데 무슨 일이 있나요? 편하게 말씀해보세요." 이러한 표현을 하였는데 반응이 없더라도 다그치거나 몰아붙이는 모습은 보이지 않는 것이 좋다. 편하게 이야기할 수 있다는 것을 알리고 언제라도 대화할 수 있다고 말하면서 편하게 찾아와 달라고 요청하여 다음 기회를 마련하는 것이 올바르다.

2. 고충내용 파악과 원인분석

고충근로자나 고충유발 행위자는 공감대 형성을 통해 자신의 억울한 감정을 고충상담자로부터 인정받았을 때 불편한 감정에서 다소 평온하고 진정된 감정 속에 자신의 고충 내용과 원인에 대해 차분하게 말할 수 있게 된다. 따라서 앞에서 살펴 본 공감대 형성은 고충내용 파악과 원인분석을 위한 고충상담 활동의 선행단계이다. 선행단계로서 공감대 형성은 고충내용 파악과 원인분석을 위한 본격적인 상담의 성패를 결정짓는 중요한 활동이다.

고충상담자는 고충내용 파악과 원인분석을 위해 고충근로자나 고충유발 행위자가 하는 말을 적극적으로 경청하여야 한다. 고충근로자나 고충유발 행위자의 말을 공감경청만 잘 하여도 고충해결의 절반을 하였다고 볼 수 있다. 많은 고충처리상담 현장 사례를 살펴보면 고충처리자가 경청을 하지 않고 대충 건성으로 듣고 넘겨버리거나 상대방을 설득시키려거나 심지어 훈계하려는 태도로 임하는 경우가 너무나 많고 이로 인해 고충해결에 실패한다. 고충내용 파악과 원인분석을 위한 상담활동은 다음과 같은 내용으로 구성하면 효과적으로 진행할 수 있다.

〈고충내용 파악과 원인분석 상담활동 내용〉

① 주목과 경청
② 들은 내용을 요약
③ 상대의 기분을 인정
④ 상황파악을 위한 질문

---

(1) 주목과 경청

상대방의 말을 경청한다는 것은 신체적 언어로 먼저 주목하는 모습을 보이는 것이다. 상대방은 고충상담자의 신체적 언어를 보면서 잘 경청하고 있는지를 판단한다. 경청한다는 신체적인 언어는 바로 주목하는 행동이다. 상대방에게 편하게 앉도록 배려하고 상대방의 눈을 바라보면서 하던 일을 모두 멈추고, 다리는 꼬지 않으면서 허리는 약간 앞으로 굽힌다. 상대를 존중하는 편안한 자세로 상대방의 말에 맞장구를 치면서 들어주는 것이다.

볼펜을 돌리거나 서류를 뒤적거리는 불필요한 행동을 해서는 안 된다. 또 허리를 뒤로 젖히고 앉거나 다리를 떨거나 다른 곳에 시선을 돌리는 행동은 하지 말아야 한다. 메모하는 행위는 조심해야 하는데 상대방의 비밀스러운 이야기는 메모 하지 말고, 비밀이 아닌 사실로서 정확히 알아야 할 사항은 메모를 하여야 한다. 메모할 것인지 애매한 사항일 때에는 고충근로자나 고충유발 행위자에게 메모하여도 되는지 물어보고 그에 따라 대응하면 된다.

　주목한다는 것은 상대를 온전히 인정하고 존중해준다는 신체적인 언어이다. 불편한 감정에 처해 있는 고충근로자나 고충유발 행위자는 고충상담자가 자신을 주목해준다는 것을 알게 되었을 때 자신이 존중받고 있다는 것을 느끼면서 기분이 좋아지면서 고충에 대한 자신의 이야기를 편하게 말할 수 있게 된다. 주목에 반대되는 행동은 상대를 무시하는 것인데, 상대방을 주목하지 않고 자신이 하던 일을 계속하면서 건성으로 듣는 태도를 보이는 것이다. 주목하지 않고 무시하는 행동을 취한다면 고충에 대해 말하려다가 더 이상 말할 가치를 느끼지 못하고 중단하고 말 것이다.

(2) 들은 내용을 요약

　상대방의 말을 잘 들었다는 피드백으로 가장 효과적인 것은 잘 들었다는 말보다 상대방이 한 말을 요약해주는 것이다. 통상적으로 "잘 들었다"고만 말하는데 상대방은 잘 들어서 들었다고 말하는지, 그냥 더 듣기 싫어서 잘 들었다고 말하는지 의심을 할 수 있다. "잘 들었다"는 말보다 더 확실하게 잘 들었다는 피드백은 "들은 내용을 요약해서 상대방에게 말하는 것"이다.

　들은 내용을 요약하게 되면 상대방이 하고자 한 말 가운데 빠진 부분을 확인할 수 있게 해주고, 상대방이 한 말을 잘못 오해한 부분을 없앨 수도 있다. 상대방이 강조하고자 중복하거나 말을 두서없이 하는 경우에 "핵심주제만 말 하세요"라고 하는 말은 상대방에게 상처를 줄 수 있다. 이때에도 상대방 말의 들은 내용을 요약하여 피드백하면 상대방의 중복 또는 두서없는 말을 멈추게 할 수 있어 고충상담 시간을 줄일 수 있다. 요약하는 방법은 6하 원칙에 따라서 상대방의 말을 요약하면 된다.

(3) 상대 기분을 인정

누군가 자신의 불편한 감정을 진정으로 알아주게 되면 고맙고 불편한 감정이 눈 녹듯 사라지게 된다. 비록 불편한 감정이 다소 과장된 것처럼 보이더라도 경청하면서 알게 된 상대방의 불편한 감정을 인정하여야 한다. 왜냐하면 과장되어 보이는 상대방의 불편한 감정일지라도 상대방이 느끼고 있는 것이기 때문에 듣는 사람의 시각에서 과장되었다고 판단하고 바라볼 것이 아니라 전적으로 상대방 입장에서 느끼는 감정임을 인정하여야 한다. 다만, 그 불편한 감정에 본인도 같이 인정을 넘어서 동조를 하여 더 과격하게 촉발되도록 하는 것은 하지 말아야 한다. 상대방이 느끼고 있는 불편한 감정 자체를 인정하여 주는 것이다.

고충근로자나 고충유발 행위자의 억울한 감정이나 불편한 감정을 인정한다는 것은 절대 동의하는 것은 아니다. 동의는 상대방의 의견에 뜻을 같이한다는 것으로 공감의 수준을 뛰어넘는 것이다. 고충상담자가 동의를 하게 되면 그들의 주장대로 해결책이 마련되어야 한다. 고충근로자나 고충유발 행위자는 자신에게 유리한 말만 하고 불리한 말을 하지 않았을 수 있기 때문에 사실관계의 정확한 내용이 아직 파악되지 않은 상태에서 동의하는 것은 위험하다. 그러나 그 사람의 지금 여기에서 불편하고 억울한 감정은 사실이고 충분히 인정되어야 한다.

상대방의 기분을 인정할 때에 수평적인 다양한 감정을 파악하고 고충근로자나 고충유발 행위자가 습관적으로 선택하는 부정적인 감정만 인정해 줄 것이 아니라 분명히 존재하여 대체할 수 있는 긍정적이고 희망적인 감정도 찾아내어 인정해주는 것이 좋다. 그리고 상대방의 감정을 인정할 때에 표면적인 부정적인 감정뿐만 아니라 내면에 존재하고 있는 긍정적인 감정을 추가적으로 인정해주는 것도 좋다. 감정의 수직적인 분석을 통하여 표면적인 부정적인 감정을 인정해준 이후에 내면에 존재하는 긍정적이고 희망적인 감정을 찾아서 함께 인정해주면 상대방은 긍정적인 감정으로 변화를 가져올 수 있다. 희망적이고 긍정적인 자기감정의 선택은 상대방을 긍정적으로 변화시킨다. 예컨대, "그러한 불편한 감정을 말씀하시는 것은 한편으로 상사와 원만하게 직장생활을 하고자 하는 마음이 있다고 보입니다."라고 하여 긍정적이고 희망적인 감정을 인정해준다.

고충 접수가 아닌 사건으로 접수된 경우에도 사건처리 담당자가 피해자의 부정적 감정을 충분히 인정하게 되면 부정적 감정에서 벗어나서, 사건으로 처리하는 것보다 고충으로 해결되는 것을 원할 수도 있다. 다만 사건으로 처리하기를 원하는 피해자와 충분한 공감대 형성이 되지 않은 속에 사건처리가 아닌 고충해결로 유도하려는 인상을 주는 것은 사건 은폐 내지 무마 등으로 더 큰 문제를 야기할 수 있기 때문에 절대 조심하여야 한다.

(4) 상황파악을 위한 질문

상대방의 불편한 감정을 인정하여 어느 정도 누그러들게 한 이후에 상대방이 고충 내용과 원인에 대해 더 정확하고 자세한 사항을 편하게 말할 수 있게 분위기를 만들 필요가 있다. 고충근로자는 자신의 고충을 그대로 이야기하였을 때 어떻게 될지를 몰라 불안한 마음에 상담 초기에는 고충의 진정한 내용과 원인은 그대로 다 말하지 못할 수 있다. 그래서 고충에 대해 말할 수 있도록 먼저 경청하고 기분을 인정한 이후에 추가적으로 내면의 말을 할 수 있게 상황파악을 위한 질문을 한다. "혹시 지금까지 말씀하신 내용 이외에 더 추가적으로 하실 말씀이 있는가요?"와 같이 상황파악을 위한 질문을 하게 되면 망설이고 있었던 이야기를 편하게 할 수 있다.

고충상담자는 적극적 경청을 통해 간혹 고충근로자의 착오 또는 잘못된 언행이 고충 발생 원인의 하나로 작용하였다는 것을 알아낼 수 있다. 이럴 경우 고충근로자의 언행을 지적하거나 비난하면 바로 반발하게 된다. 고충근로자가 관점을 바꾸어 스스로 자신의 잘못된 언행을 알아차릴 수 있도록 하고자 할 때 상황파악을 위한 질문은 효과적이다. "지금까지 말씀하신 고충에 대해 주변의 다른 사람들은 당신에 대해 어떻게 생각할까요?"라고 질문하여 다른 사람들의 관점에서 자신을 바라볼 수 있게 한다. 이러한 상황파악을 위한 질문은 시각을 넓혀주어 관점을 전환하는 하나의 방법으로 활용될 수 있다.

　이러한 상황파악을 위한 질문은 직장 내 괴롭힘이나 성희롱의 행위자가 자신의 잘못을 전혀 인정하지 않고 있을 경우에 행위자에게도 적절하게 활용할 수 있다. "고충근로자는 이번에 당신이 한 행동에 대해 어떻게 생각할까요?"라고 질문하여 고충유발자의 행위에 대해 고충근로자 입장에서 어떻게 바라볼 수 있는 지를 알아차리게 하는 방법으로 사용될 수 있다. 또한 고충유발 행위자가 그러한 언행을 한 추가적인 이유를 밝히고자 할 때에도 효과적으로 이용할 수 있다. "그렇게 말하고 행동하는데 나름대로 어떠한 이유가 있었을 것 같은데 다른 무엇이 있는가요?"라고 질문을 할 수 있다.

　상황파악을 위한 질문은 적극적 경청의 수단으로도 활용할 수 있다. 고충근로자나 고충유발 행위자가 말한 내용 가운데 더 파악하고 싶은 내용이 있다면 상황파악을 위한 질문을 하여 더 깊은 내용을 들을 수 있다. 예컨대, "지금까지 그 날 있었던 것과 그 원인을 말씀해주셨는데 혹시 상대방이 그렇게 행동한 이유는 어디에 있다고 생각하세요?"라거나 "그것을 받아들일 수 없다고 하셨는데 혹시 그 이유가 있는가요?"와 같은 상황파악을 위한 질문은 더 적극적으로 내용을 파악할 수 있는 질문으로 적극적 경청의 수단으로 활용할 수 있다. 이렇게 상황파악을 위한 질문으로 고충 내용파악과 원인분석이 심층적으로 이루어질 수 있다.

3. 고충 해결책 모색

고충 내용파악과 원인분석이 이루어졌다고 고충상담자는 섣부르게 해결책을 제시하는 실수를 범해서는 안 된다. 해결책은 고충근로자나 고충유발 행위자 등이 많이 고민하고 있었는데 반해 고충상담자는 처음 접하는 사항이다. 고충상담자가 순간적으로 떠오르는 해결책을 제시하는 것은 현실에 맞지 않을 수도 있고 또 다른 고충을 발생시킬 수 있다. 따라서 다음과 같이 고충 해결책을 모색하는 의사소통을 진행하는 것이 효과적이다.

〈해결책 모색 상담활동 내용〉
① 상대방에게 해결책을 질문하고 경청
② 자신의 입장설명과 이해관계 중심의 해결책 모색
③ 명확한 사후조치사항을 합의
④ 감사의 표시

---

(1) 상대방에게 해결책을 질문하고 경청

고충근로자나 고충유발 행위자가 해결책에 대해 가지고 있는 의견을 들어보는 것이 상대방을 존중하는 고충상담자의 태도이다. 고충 내용과 해결방안에 대해 깊은 고민을 하였을 상대방이 좋은 아이디어나 해결방안을 가지고 있을 수 있기 때문에 고충상담자의 생각을 말하기 전에 상대방에게 해결책에 대한 의견을 질문하여 상대방의 의견을 들어보는 것이 합리적이다. 그리고 상대방을 설득하고자 하는 경우에도 상대방의 의견을 들어본 이후에 설득하여야 한다. 상대방의 말을 듣지도 않고 일방적으로 설득하는 것은 상대방을 무시하고 상대방에게 강요하는 것이다.

고충근로자나 고충유발 행위자에게 해결책에 대한 의견을 질문하는 것은 해결책에 대한 수용성을 높여 줄 수 있는 방안이 된다. 자신에게 해결책에 대한 의견을 물어보지도 않고 고충상담자가 일방적으로 해결책을 제시하였을 때에는 고충근로자나 고충유발 행위자는 해결책에 대해 막연한 거부감과 반발심이 작용할 수 있다. 해결책을 물어보는 존중하는 태도를 보여줌으로써 고충상담자가 제시하는 해결책에 대해 거부감이나 반발심이 줄어들 수 있다.

(2) 자신의 입장 설명과 이해관계 중심의 해결책 모색

고충상담자의 입장 설명은 고충근로자나 고충유발 행위자가 말한 고충해결책 의견에 대한 고충상담자의 입장을 알려주는 것으로 의미가 있다. 고충근로자나 행위자의 의견을 수용할 경우에는 수용의 입장을 제시하면서 해결책으로 합의한다. 수용할 수 없는 경우에는 어떠한 이유로 수용할 수 없는지를 상대방에게 설명한다. 상대방의 의견을 무조건 수용하거나 상대방의 의견을 듣지 않고 설득하는 것이 아니라 해결책에 대한 상대방의 의견을 경청한 이후에 상담자 자신의 입장을 설명하여 상대방을 이해시킨다는 것이다. 고충상담자의 입장설명이 합리적이라면 상대방은 자신의 기대수준을 낮추는 계기가 될 수 있다.

고충근로자는 고충에 따른 불편하거나 억울한 감정이 어느 정도 누그러들고 자신의 고충 내용과 원인에 대해 충분히 말할 수 있었고, 해결책에 대한 자신의 의견을 기탄없이 말할 수 있었기에 어느 정도 마음이 편해져 있을 수 있기 때문에 고충상담자의 입장 설명이 설득력을 가지게 된다. 상대의 기대(해결책에 대한 의견)와 현실(고충처리자의 입장)의 간격을 줄이기 위해 적절하게 고충처리자의 입장 설명으로 정보교환을 하고, 상대방이 스스로 기대수준을 낮추면서 현실을 받아들일 수 있도록 이끌어 가는 것은 성공적인 고충해결책을 마련해가는 핵심적인 과정이다.

또한 직장 내 괴롭힘이나 성희롱의 행위자도 자신의 감정과 행위에 대해 충분히 입장을 설명할 수 있었기에 고충상담자의 고충해결책에 대해 마음의 여유를 가지고 되고 수용할 수 있는 가능성이 높아질 수 있다. 고충근로자가 진정으로 원하는 바를 알아내었고, 고충유발 행위자가 원하는 내용을 파악하였기에 고충상담자는 고충근로자와 고충유발 행위자가 상호 진정으로 원하는 바를 협상과 화해를 통해 해결책을 모색할 수 있다. 고충해결을 위해 고충상담자가 이해관계 중심의 협상 주체가 될 수도 있고 고충근로자와 고충유발 행위자 사이에 개입하여 이해관계 중심으로 화해를 이끄는 화해인으로서 역할을 할 수 있다.[25]

(3) 명확한 사후조치사항을 합의

고충해결책이 고충근로자 등과 합의가 되거나 고충해결책이 합의되지는 못하였으나 합의를 해가는 과정에 대해서 상호 합의가 되는 경우에 명확한 사후조치 사항을 합의하여야 한다. 고충해결책이 여러 부서의 협조를 얻어야 하거나 내부적인 의사결정 절차를 거쳐야 하는 등 해결책을 찾아가는 추가적인 활동을 해야 하는 경우에도 명확한 사후조치 사항을 합의한다.

사후조치사항이 최종적인 해결책으로 다가가는 중간단계의 해결책 마련의 과정일 경우에 사후조치 사항은 향후 일정이나 역할에 대해서 어떻게 할 것인가를 합의하는 것이다. "명확하게" 하여야 하는데 불명확한 일정이나 역할분담은 추후에 오해와 불신을 야기할 수 있기 때문이다. 사후조치사항은 해결책을 마련해가는 일련의 절차에 대한 합의라고 볼 수 있는데 이를 명확히 함으로써 고충근로자나 고충유발 행위자로부터 신뢰를 확보할 수 있다.

---

25 협상과 화해에 대한 깊이 있는 내용은 본 교재의 협상과 화해부분을 참고하기 바란다.

(4) 감사의 표시

고충상담 과정에서 고충근로자나 고충유발 행위자는 자신의 불편하고 억울한 감정을 거칠게 표현하였기에 고충상담자가 자신을 이상한 사람으로 보지 않을까 걱정스러운 마음에 심적으로 불안할 수 있다. 이때에 자신의 고충에 대한 표현을 긍정적으로 바라보고 더 나아가서 감사하다는 표시를 해주면 상대방은 미안하고 감사한 마음이 일어날 수 있다. 예컨대, "어렵고 힘든 사항들을 말씀해주셔서 감사합니다. 앞으로도 힘드시는 일이 있으시면 언제라도 말씀해주십시오"라고 표현하는 것은 자신의 고충 발언에 대해 오히려 감사의 표시를 해줌으로써 상대방의 정당성을 인정하고 인간적인 관계를 긍정적으로 형성할 수 있다.

고충해결은 단순히 고충사항에 대한 수용 여부만 판단하고 끝낼 문제가 아니라 고충근로자와 고충유발 행위자들의 마음을 추스르고 상호 만족할 만한 합리적인 해결책으로 마음의 평온을 이끌어내는 과정으로 연결하는 것이 중요하다. 해결책을 마련하였지만 고충근로자와 고충유발 행위자 등이 진정으로 수용하는 마음이 되어있지 않으면 언젠가 다시 더 심각한 고충으로 발전할 수 있다. 고충해결을 완벽하게 하기 위해서는 고충으로 인해 불편해진 마음이나 관계를 정상으로 회복하는 것도 대단히 중요하다. 그것은 당사자들의 고충해결 참여를 정당화시켜주는 감사의 표시를 하는 것이다.

4. MZ세대 직장인의 고충해결 의사소통

(1) MZ세대와 고충해결의 필요성

인간은 자신이 경험한 바와 접하게 된 정보의 지식 범위 내에서 세상을 바라보고 판단한다. MZ세대들은 성장하면서 가정에서 부모들로부터 소중한 인격체로서 존중받고 사랑받으면서 의견을 마음껏 표현하였다. 가족 여행지 선택, 외식 메뉴 결정 등 가정의 일상생활에서 의사결정자로 자리 매김되었다. 학창 시절 또한 학생 인권 등을 배경으로 하여 학교생활마저 교사들보다 결코 뒤지지 않게 의견을 존중받았다. MZ세대들의 경험과 정보는 투명성, 공정성, 유연성, 개인의 자유에 바탕을 두고 있다.

직장에서는 층층이 선배가 있고, MZ세대 자신들의 의사는 팀장을 포함한 선배들에게 존중받지 못하는 것은 익숙하지 않고 힘든 상황이다. 그래도 입사 초기라서 다른 사람들 눈치를 보면서 적응하려고 하지만 자신들의 의사소통 습관과 달라서 직장 내 의사소통이 고충으로 자리매김 될 수 있고 고충이 지속되게 되면 견디기 어려워질 수 있다. 직장생활의 고충을 직면하고 그 고충을 해결하기 위해 자신들의 목소리를 내기 시작하기도 하고 견디기 어려운 상황을 탈출하고자 한다. 취업전쟁으로 어렵게 들어온 직장임에도 불구하고 입사 3년 이내에 퇴직하는 직원들이 많은 것도 이러한 이유이다.

(2) MZ세대의 특성과 고충해결 의사소통

MZ세대에게는 성장과정에서 성립된 특성으로 소위 "3요"가 등장하였다. "이걸요?" "제가요?", "왜요?", 라는 말이 MZ세대를 비하하는 형태로 논의되지만 MZ세대 특성을 생각한다면 이해가 된다. 무엇을 하는지 방향이 명확하여야 하고, 왜 자기가 하여야 하는지 납득이 되어야 하고, 그것을 하여야 하는 이유가 합리적이어야 하는 것이 MZ세대이다. 어쩌면 당연하고 오히려 합리적이라고 할 수 있다. 이들에 대한 고충해결을 위한 의사소통에서 다음의 특성들을 참고할 필요가 있다고 본다.

첫째, 인격체로서 존중받고 싶은 욕구가 강하다. 누구나 인격체로서 소중한 존재로 인정받는 것을 좋아하지만 특히 MZ세대들은 인격체로서 존중된 속에 성장해왔기 때문에 더욱 그러하다. 신입사원이라고 해서 아무런 일이나 맡겨서는 안 된다. 왜 그 일을 맡기는지 납득이 되게 충분히 설명해주어야 한다. "이걸요"와 "제가요"에 대한 대응이다.

둘째, 자기 의견을 존중받고 싶은 욕구가 있다. 인간은 누구나 자신의 의견을 존중받는 것을 원하지만 MZ세대들은 특히 더 강한 욕구를 가지고 있다. 일방적 지시를 하지 말 것이며 MZ세대들의 질문에 대해 무시하지 말고 경청하면서 그 질문에 진지하게 답변하여야 한다. 더 나아가서 질문을 통해 의견을 물어보는 방식으로 사고의 폭을 넓히도록 하는 것이 중요하다. 조직의 나아가야 할 방향, 해야 할 일, 왜 그렇게 하는지 등에 대한 이해가 될 수 있게 설명하여 궁금증을 풀어주어야 한다. "왜요?"에 대한 대응이다.

셋째, 사생활을 존중받고 보상을 정당하게 받고 싶어 한다. MZ세대들은 성장과정에서 개인의 사생활이 철저하게 보장받아왔다. 직장 내 단체 회식이나 휴일근로 또는 연장근로 등에 대해 수용하기가 어려울 수 있다. 사생활이 희생되는 연장이나 휴일 근로 등에 대해서는 사전에 충분한 설명과 정당한 보상을 하여야 한다. 회식 등도 필요성에 대한 공감대 형성과 일정에 대한 의견 존중과 예고를 하도록 하며, 회식 시간관리도 사생활을 존중하는 방향으로 진행되어야 한다. "왜요?"에 대한 대응이다.

넷째, IT능력과 모바일 활용 능력이 탁월하고 IT와 모바일을 통한 일 처리와 의사소통을 중시한다. 업무를 위한 의사소통에서도 비대면 의사소통을 선호하고 뛰어난 IT와 모바일 소통능력을 잘 활용할 필요가 있다. 고충의 접수와 해결을 위한 의사소통에서도 IT와 모바일을 적극적으로 활용할 필요가 있다. 이메일이나 SNS 소통은 개인의 자유를 존중받으면서 편한 시간에 확인하고 회신을 줄 수 있으며, 여러 가지를 고민하고 응답하기 때문에 MZ세대들은 선호할 수 있다. 이러한 소통방식은 또한 기록으로 남아서 책임의 명확화에 도움이 되기 때문에 선호할 수 있다. MZ세대의 고충해결을 위한 의사소통에서 적극 활용되어져야 할 중요한 이유이다.

5. 직장인 고충발생 예방을 위한 의사소통

(1) 고충발생 예방의 필요성

고충해결을 위한 가장 훌륭한 방법은 고충발생을 예방하는 것이다. 발생된 고충이 노출되지 않도록 억압하는 것이 아니라 발생 될 수 있는 고충을 스스로 치유하거나 발생요인을 미리 찾아 개선하여 고충이 일어나지 않도록 하는 것이다. 고충이 발생하게 되면 고충근로자와 그를 둘러싼 주변 사람들 모두가 힘들어지고 직장 조직 또한 많은 비용과 시간을 낭비하게 된다. 고충이 발생하지 않도록 예방하는 것은 구성원 모두와 조직에게 도움이 된다.

(2) 고충발생 예방과 의사소통

구체적인 고충발생 예방 방법은 결국 의사소통이 원활히 이루어지도록 제도 정비, 조직 문화 개선, 교육 등을 시행하여야 하는데 세부 내용으로 다음을 들 수 있다.

① 고충발생 예방을 위한 교육, ② 행위자에 대한 재발 방지 교육, ③ 2차 피해 방지 모니터링과 2차 피해에 대한 대처 강화, ④ 직장 내 괴롭힘, 성희롱, 차별적 처우 관련 자체 규정 정비와 안내 홍보, ⑤ 조직문화 개선을 위한 가이드 마련 및 캠페인 실시, ⑥ 공동체적 관계 형성을 위한 의사소통 교육, ⑦ 피해자 보호 및 피해자 대응 의사소통 역량 강화, ⑧ 고충상담 및 사건처리 시스템 구축과 이용 활성화, ⑨ 고충예방을 위한 사업주의 실질적 노력과 고충상담의 내실화, ⑩ 고충처리 상담교육 등을 통해 고충

이 발생하는 것을 예방할 수 있도록 조직문화를 개선하고 고충이 재발하지 않도록 하는 것이다.

Chapter

05.

단체교섭의
성공원리

05 단체교섭의 성공원리

김용목

Ⅰ. 단체교섭 성공의 의의

1. 단체교섭의 제도적 취지

(1) 단체교섭 보장의 제도적 취지

임금, 근로시간 등 근로조건은 원칙적으로 근로계약에 의해 결정된다. 사용자가 지불능력 등에 비해 근로조건을 유지·개선시켜 주지 않을 때 근로자들에게는 근로조건 유지·개선을 위한 제도적 장치가 필요하다. 단체교섭은 근로조건 유지·개선을 위한 헌법에 근거한 노동법적 제도 장치로서 노동조합이 사용자 또는 사용자단체와 근로조건의 유지·개선과 노사관계 제반사항에 관하여 행하는 집단적 교섭으로 인정되고 있다. 헌법에서는 단체교섭권을 단결권, 단체행동권과 더불어 노동3권으로 보장하고 있고 노동조합 및 노동관계조정법(이하 "노조법"이라 한다)은 단체교섭 보장을 통해 근로조건의 유지·개선과 근로자의 경제적·사회적 지위의 향상을 도모하고자 하고 있다.

(2) 단체교섭 성공의 중요성

단체교섭의 성공은 노사가 진정으로 원하는 것을 달성하여 상호 만족하는 것을 말한다. 단체교섭 성공을 통해 근로자나 노동조합 측에서는 근로조건의 유지·개선과 근로자의 경제적·사회적 지위의 향상을 도모할 수 있고, 사용자 측에서는 대내외적 경영환경 변화에 노동조합과 함께 파트너십으로 함께 대응할 수 있는 길로 나갈 수 있다. 단체교섭을 성공하느냐 실패하느냐에 따라 노사 당사자가 적정한 근로조건 결정과 노사 파트너십으로 나아가는가 아니면 대립과 갈등으로 나아가느냐가 결정되는 것이기 때문에 단체교섭 성공은 노사 간에 미치는 영향이 엄청나다. 단체교섭의 성공은 노사 당사자에게만 긍정적인 영향을 미치는 것이 아니라 국민경제에도 노사파트너십에 의한 산업경쟁력으로 긍정적인 효과를 가져 온다. 이에 단체교섭을 성공적으로 이끌어 갈등분쟁을 예방하고 노사 상호간에 이익이 되는 방향으로 전개되도록 하는 것은 대단히 중요하다.

2. 단체교섭 성공과 노사당사자의 태도

(1) 단체교섭 성공과 당사자 태도의 중요성

지금까지의 대다수 단체교섭이 노사 당사자의 자기 입장 중심의 대립적인 형태로 진행되어 왔다. 경제개발 단계이었던 60년대부터 90년대 중반까지만 해도 입장중심의 대립적인 단체교섭 속에서도 우리 경제와 기업은 어느 정도 버틸 수 있었다. 해당 기간 동안 사업장의 지속 성장은 노동조합의 강한 투쟁에도 어느 정도 진행될 수 있었고, 그 분배만을 노사 간의 단체교섭 과정에서 논의하더라도 큰 문제가 발생하지 않았다. 그러나 90년대 중반 이후 성장 정체기에 이르게 되고 치열한 무한 경쟁시대에 이르러서는 더 이상 과거와 같은 노사 당사자의 자기입장 중심적인 대립적인 단체교섭 형태로는 노사 모두 살아남을 수 없게 되었다. 단체교섭을 대립으로 치달아 실패한 수많은 사업장은 쇠락의 길로 갔고 근로자들은 일자리를 잃었다. 더 이상 단체교섭에 대한 노사 당사자의 전통적인 자기 입장 중심의 태도는 시대의 흐름에 맞지 않게 되었다.

(2) 단체교섭 성공을 위한 노사 당사자의 태도

단체교섭 성공을 위해서 단체교섭에 임하는 노사 당사자의 태도가 상호 운명공동체임을 인정하는 자세로 재정립되어야 한다. 사용자는 근로자들을 단순한 생산수단으로 인식하고 어떻게 하면 인건비를 절감하고 이익을 많이 남길 것인가에 집중하여서는 안 된다. 근로자를 기업의 가장 중요한 자원인 인적 자원으로 바라보아야 한다. 노동조합은 사용자를 자본가 계급으로 인식할 것이 아니라 근로자들의 일자리를 창출하고 사회경제적인 지위를 유지시켜 주는 하나의 경제 공동체로서 인정하여야 한다. 노동조합도 분배보다 파이를 키우는 것에 관심을 두고 노사가 함께 상생해 나가야 할 파트너로서 사용자를 인정하여야 한다.

단체교섭 성공을 위해서 단체교섭에 임하는 태도는 일방적으로 힘으로 밀어붙이는 권한 남용이 아니라 신의성실한 자세로 임하여야 한다. 이러한 태도는 노조법에도 규정하고 있는데, 단체교섭이 근로조건의 향상을 도모하는데 목적을 두고 있다고 하더라도 노동조합과 사용자는 남용하여 진행되어서는 안 되며 법 규정의 울타리 내에서 신의성실에 따라 진행될 것을 법은 규정하고 있다.

3. 단체교섭의 성공과 단체협약

(1) 단체교섭 성공에 대한 오해

단체교섭 성공의 결과물은 단체협약[1]의 내용과 단체협약에 대한 노사 당사자의 인식으로 표현된다. 그동안 단체교섭 성공 결과물에 대한 노사 당사자의 오해가 있었다. 노동조합은 무조건적으로 기존의 단체협약 내용보다 유리한 조건이 많이 포함되도록 하는 것이 성공적인 단체교섭이라고 보았고 이를 위한 노력에 집중하여 왔다. 사용자 측에서는 이와 반대로 기존의 단체협약보다 노측의 유리한 조건을 최대한 더 적게 하는 것이거나 오히려 더 나쁘게 체결하는 것이 성공적인 단체교섭이라고 보았다. 자기 입장 중심에서 자기에게 유리한 조건으로 체결된 단체협약을 두고서 성공적인 단체교섭이라고 주장하였다.

(2) 단체교섭의 성공과 단체협약

단체교섭의 성공은 자기 입장중심에서 단기적인 성과만으로 판단할 것이 아니라 장기적인 측면에서 노사 모두에게 이익이 되는 것이라야 한다. 노동조합 측에서 획기적인 근로조건 향상을 가져오는 단체협약을 체결하였다 하더라도 사용자의 지불능력을 초과하는 비용부담으로 동종업계 경쟁업체 대비 경쟁력 저하를 가져오게 되어 급기야 고용불안을 가져오게 된다면 결코 성공적인 단체교섭이라고 할 수 없다. 사용자 측에서 지불능력이 충분함에도 불구하고 노동생산성을 무시한 낮은 수준의 근로조건으로 단체협약을 체결하게 되면 수많은 근로자들이 사용자에 대한 신뢰감

---

1 단체협약 가운데 임금에 관한 부분의 단체협약을 통상 임금협약이라고 하며, 임금협약 체결을 위한 단체교섭을 임금교섭이라고 실무에서는 부른다. 따라서 넓은 의미의 단체협약은 임금협약과 임금 이외의 단체협약을 포함하며, 넓은 의미의 단체교섭은 임금교섭과 임금 이외의 단체교섭을 포함된다. 일반적으로 단체교섭과 단체협약을 말할 때에는 넓은 의미의 단체협약과 단체교섭을 말한다.

상실로 유능한 인적자원이 이직을 하거나 노사갈등을 겪게 된다. 이 또한 결코 성공적인 단체교섭이라고 볼 수 없다. 단체교섭 성공을 위한 단체협약은 노사 모두에게 이익이 되고 장기적으로 노사관계가 지속 발전할 수 있는 합의 규범이 되어야 한다.

(3) 단체교섭 성공과 노사 운명공동체

단체교섭의 성공의 기준으로 단체협약의 내용에서 지불능력과 노동생산성이 적정하여야 한다는 점은 일정한 한계가 있다. 우선 지불능력과 노동생산성의 관계가 어느 정도 선을 유지해야 하느냐 하는 문제는 정말 어렵고도 난해한 문제이다. 특히 지난 과거의 결과만을 가지고 미래의 상황을 예측할 수 없기 때문에 그 적정선이라는 것은 사실 불가능할 수 있다. 따라서 지불능력과 노동생산성, 동종업계 동향에 대한 인식수준과 앞으로의 미래 상황에 대한 노사 운명공동체로서 공감대 형성이 무엇보다 전제되어야 단체교섭의 성공을 가져올 수 있다. 예컨대 사용자 측에서는 근로자를 인적자원으로, 노동조합 등 근로자 단체를 파트너로 인정하여야 할 것이고, 근로자와 노동조합 측에서는 사용자를 자신들의 고용과 근로조건의 파트너로서 인정하여야 단체협약의 수준에 만족을 가져오고 단체교섭이 성공하게 될 것이다. 노사 양측이 운명공동체로서 상대방을 배려하고 존중하는 태도로서 신뢰를 보여주어야 진정으로 단체교섭은 성공적인 소통이 될 것이며 성공적인 단체협약이라는 결과물을 창출해낼 것이다.

II. 단체교섭의 성공 요건

단체교섭 성공을 가져오기 위해서는 교섭준비에서부터 실제 교섭 진행 및 마무리까지 일련의 과정에서 원만하게 진행되어야 한다. 교섭 당사자 간 신뢰관계, 교섭목표, 교섭전략, 교섭주체와 상대방 간의 의사소통, 단체교섭 방식(구조), 교섭력 등에서 차질이 없어야 한다. 단체교섭 성공 요건으로 위 내용들을 구분하여 살펴보면 다음과 같다.

1. 평상시의 교섭 당사자 간 신뢰형성

(1) 단체교섭에서 신뢰관계의 중요성

단체교섭은 노사 어느 일방의 성공이 아니라 쌍방 모두가 성공하여야 한다. 이를 위해서는 교섭 당사자가 평상시에 신뢰관계가 형성되어 있어야 한다. 단체교섭은 상시적으로 접촉관계에 있는 노사관계로서 장기적으로 유지되는 관계에서 이루어지는 교섭이기에 일회적인 교섭과는 다르게 상생의 관계로 나아가야 한다. 평상시의 교섭당사자간의 신뢰관계의 정도에 따라 문제해결을 공동으로 하고자 하는 태도가 결정된다.

단체교섭에 임하는 당사자의 태도가 교섭기술보다 교섭의 성공에 결정적으로 중요한 역할을 한다. 따라서 교섭기술을 활용하기 전에 평상시에 당사자 간의 신뢰를 구축하는 원칙을 세우는 게 중요하다. 단체교섭에서 신뢰가 깨지면 단체교섭의 성공을 기대하기는 어렵다. 그러나 당사자 간의 신뢰를 형성하는 것은 생각보다 어렵고 시간도 많이 소요된다. 오랜 기간 동안 상대방에게 신뢰를 보내는 행동이 축적이 되어야 신뢰가 형성된다. 또한 잘못된 행동 하나가 신뢰를 망가뜨리기는 쉽지만 신뢰를 회복하기는 쉽지 않다.

(2) 신뢰관계 형성 방법

교섭당사자가 신뢰를 형성하기 위해서는 상호 존중하는 태도로 상대방을 대하여야 한다. 인간은 작은 비난이나 무시하는 행동에 상처를 받고 불신을 하게 된다. 약속을 지키지 않거나 자신을 가볍게 보고 행동하는 것에 대해 섭섭해 하고 신뢰감을 갖지 않게 된다. 교섭 당사자는 평소에 작은 약속이라도 철저하게 지키려고 노력하여야 하고 만약 지키지 못하였을 때에는 왜 지키지 못하였는지 상대방에게 진솔하게 얘기하여 오해를 하지 않도록 하여야 한다. 지키지 못한 약속에 대해 '알아서 이해하겠지' 하고 상대방에게 설명하는 것을 게을리 하다가 불신을 초래하게 된다. 특히 가까이에 있는 교섭 당사자일수록 더 철저하게 상대방을 존중하는 태도를 가지고 임해야 한다. 현안 문제에 대한 작은 정보라도 서로 공유하고 상대방의 의견을 경청해주어야 한다. 이를 위해서는 끊임없는 소통이 있어야 한다.

(3) 불신관계를 신뢰관계로 회복하는 방법

만약 불신의 관계를 회복하여 신뢰관계를 구축하기 위해 노력하고자 한다면 신뢰를 쌓기 위한 원칙을 세우고, 이를 문화로 정착시키기 위해 노력해야 한다. 신뢰관계는 신뢰하자고 하는 선언적인 것으로 되지 않고 지속적으로 약속을 지키는 신뢰의 경험과 신뢰할 수 있는 행동과 태도를 상대방에게 보여주어야 한다. 불신관계를 탈피하고 신뢰관계를 구축하기 위해 다음의 단계를 밟아보는 것도 하나의 방안이 될 수 있다.

① 노사가 신뢰구축 의지를 표명한다.

그 간 양측이 했던 신뢰를 저해하는 행동들을 나열하고 반복하지 않을 것임을 서로 문서로 약속해야 한다. 또한 신뢰를 저해한 행동들을 철저하게 하지 않도록 하고 만약 그러한 행동을 한 상대방에게 선언 원칙에 어긋나는 것임을 통지하고 상대방의 태도변화를 이끌어내어야 한다. 만약 자신이 그러한 신뢰를 저해하는 행동을 한 경우에는 정중히 사과하고 그러한 행동을 다시는 하지 않아야 한다.

② 치열하게 토론하되 합의된 약속은 무조건 지킨다.

합의하는 과정 중에 상호간에 토론을 하고 주장을 할 수 있지만 일단 합의한 사항은 철저하게 지켜야 한다. 합의한 약속을 지켜가는 것은 상대방을 존중하는 것이고 상대방과의 약속을 소중히 대하는 행동으로 신뢰를 형성하게 한다. 비록 합의한 약속이 가볍고 작은 것이라고 하더라도 반드시 지키도록 노력하여야 한다. 작은 약속을 어긴 상대방을 신뢰할 바보는 없는 것이다.

③ 노사 양측이 공통의 목표를 설정한다.

노사는 동일한 사업체 내의 구성원으로서 상호간에 이해관계가 충돌하고 입장이 달라서 교섭이 까다로운 측면도 있지만 다른 한편으로는 동일한 울타리 안에 존재하는 운명공동체로서 함께 상생하는 공통의 목표를 갖고 있다. 단체교섭 당사자가 운명공동체로서 함께 생존하기 위한 방안으로서 추구해야 하는 공동의 목표를 찾아내는 것은 의외로 쉽고 가치있는 것이며, 이를 통해 상호 신뢰를 구축해갈 수 있다.

2. 교섭목표의 적절성

단체교섭의 성공은 교섭 목표가 달성되었는가의 여부에 따라 결정된다. 따라서 단체교섭의 성공을 위해서는 단체교섭의 목표가 올바르게 정립되어 있어야 한다. 단체교섭의 목표에 대한 명확한 방향설정이 되어 있어야 진정으로 단체교섭의 성공을 위해 나아갈 수 있다. 올바르지 못한 단체교섭 목표를 갖고 있거나 단체교섭의 목표가 명확히 설정되어 있지 못하면 단체교섭의 성공을 거둘 수 없다. 단체교섭의 목표는 노사 양당사자에게 이익이 되는 것이라야 한다. 단체교섭은 일회적인 접촉으로 끝나는 것이 아니라 지속되는 관계에서 이루어지는 교섭인 것이기 때문에 상대방을 속이거나 협박으로 자신의 이익을 챙기고 상대방을 곤란하게 하는 것은 결코 바람직한 교섭목표가 될 수 없다. 단체교섭의 목표는 단체교섭을 통해 달성하고자 하는 바에 따라 다음과 같이 4가지로 구분하여 볼 수 있다.

(1) 실제적인 목표

임금이나 근로시간 등 근로조건에 대한 개선에 대한 내용으로 노사 당사자 모두 실제적인 목표를 가지고 있다. 사용자의 지불능력과 근로자의 노동생산성이 중요한 요소로 작용하기도 하고 주변 노동시장의 근로조건도 중요한 변수로 작용할 수 있다. 실제적인 목표는 예컨대 임금인상 3% 등 구체적인 실제적인 인상률로 표시된다. 노동조합 등 노동단체와 사용자 간의 실제적인 목표의 차이가 나타나는 것이 일반적인데 이것을 어떻게 조율하느냐가 단체교섭에서 중요한 과제가 된다.

(2) 관계적인 목표

단체교섭에서 자칫 가볍게 생각하거나 놓치기 쉬운 목표이다. 노동조합과 사용자 간의 불신관계를 신뢰관계로 발전시키는 목표나 신뢰관계를 유지하는 목표는 단체교섭에서 중요한 관계적인 목표이다. 당장 눈앞의 실제적인 목표를 달성하기 위해 관계적인 목표를 달성하지 못하고 단체교섭을 거치면서 불신의 관계로 악화되면 향후 단체교섭에서 실제적인 목표의 성공을 기약할 수 없게 된다. 우리나라 많은 단체교섭에서 노사 당사자가 근시안적으로 관계적 목표를 놓치는 경우가 많다.

(3) 절차적인 목표

절차적인 목표는 단체교섭 진행과정에서 절차적으로 갈등이나 법적인 분쟁에 휘말리지 않으면서 절차를 원만하게 진행하는 것이다. 노동쟁의가 발생하거나 파업 등 쟁의행위를 거치지 않으면서 합리적인 절차 진행으로 단체교섭을 하겠다는 것이다. 절차적인 목표에는 교섭 진행 과정에서의 시간적인 소요비용 등도 포함하는데 교섭을 진행하면서 얼마나 많은 시간이 걸렸는가도 중요한 개념이다. 실제적인 목표를 달성하더라도 절차적으로 오랜 기간 동안 난항을 겪게 되면 관계적인 목표를 달성할 수 없게 되고 절차적인 목표도 달성할 수 없게 된다.

(4) 원칙적인 목표

단체교섭을 진행하면서 사용자나 노동조합이 원칙을 정한 것을 달성하는 목표이다. 예컨대 인사권에 관한 사항은 준수하고 원칙을 지킨다는 것 등이다. 원칙적인 목표는 단체교섭에 임하면서 기본으로 지켜야 할 원칙을 정하고 그 원칙을 지키고자 하는 것이다.

단체교섭의 목표는 서로 간에 영향을 미치기도 하고 서로 상충되어 간혹 충돌할 수도 있다. 이때 어느 목표를 더 중시할 것인가에 따라 단체교섭 진행이 달라질 수 있다. 단체교섭의 목표를 전체적으로 총괄하여 바라보면서 교섭을 진행하고 목표 간에 충돌이 일어나고 희생되는 것을 알고서 진행하는 것과 교섭 목표에 대한 사전 설정 없이 어떻게 진행되는지 전혀 판단 없이 진행되는 것은 명확히 차이가 있다. 성공적인 단체교섭을 위해서는 단체교섭의 목표가 올바르게 설정되고 그 목표 달성을 위해 교섭을 진행해 나가야 한다.

3. 문제해결형 교섭전략

단체교섭의 성공을 위해서는 단체교섭의 전략을 이익논리 중심의 문제해결형 교섭전략으로 하는 것이 바람직하다. 문제해결형 교섭전략은 전통적인 교섭전략인 양보추구형 교섭전략의 대안적 전략으로서 힘의 논리가 아닌 이익의 논리로 전환하는 것으로 교섭 당사자의 관계가 일회적이 아니라 지속적인 공동체 관계인 노사관계의 단체교섭에 적절한 교섭전략이다.

(1) 입장중심의 양보추구형 교섭전략의 한계

입장 중심의 양보추구형 교섭전략은 힘의 논리로 교섭 상대방을 힘으로 강요하는 교섭전략으로 자신의 양보는 최소화하고 상대방의 양보는 최대로 이끌어내는 교섭전략이다. 양보추구형 교섭전략은 상대방에게 눈속임을 하거나 협박을 하기도 하고 엄살을 부리기도 한다. 일회적으로 자신의 이익을 최대로 하고 상대방의 양보를 최대한 이끌어내는 교섭으로는 성과를 낼 수 있으나 양보를 한 상대방은 더 이상 속임을 당하거나 힘에 굴복하고 싶지 않을 것이며, 궁극적으로는 합리적이지 못한 교섭 결과로 교섭 당사자 모두에게 불이익한 결과가 초래된다. 예컨대 노동생산성에 비해 너무 낮은 수준의 근로조건에 합의한 노동조합은 더 이상 양보하려고 하지 않을 것이며 대립적이고 투쟁적인 방법으로 다음의 교섭에 임하게 될 것이다. 지불능력에 비해 과다한 양보를 한 사용자는 더 이상 경쟁력을 유지

할 수 없게 될 것이다. 과거의 전통적인 단체교섭은 거의 양보추구형 교섭전략으로 나아갔고, 노사관계가 불신으로 치닫게 되고 급기야 노사 모두가 패하는 교섭결과를 가져오게 되었다. 아직도 노사가 양보추구형 교섭전략을 교섭전략으로 채택하고 있는 속에 교섭목표를 달성하지 못하고 엄청난 교섭비용을 지불하는 사례가 많다.

(2) 문제해결형 교섭전략

문제해결형 교섭전략은 노사 간의 최선의 합의대안을 찾아내어 문제해결을 이끌어내는 교섭이라는 점에서 노사 상생의 win-win교섭이라고 할 수 있다. 이를 위해서는 다음의 단계적인 프로세스를 거치는 것이 효율적이다.

① 공동 문제해결에 대한 합의가 이루어져야 한다.

공동문제해결로 상생의 win-win관계를 단체교섭으로 달성하겠다는 교섭목표가 설정되어야 한다. 이를 위해 교섭의 룰과 절차와 원칙에 대한 합의가 이루어져야 한다. 공동 문제해결에 대한 합의를 위해서는 교섭 당사자가 평상시에 신뢰관계가 형성되어 있어야 한다. 신뢰관계는 평상시에 끊임없는 소통으로 현안문제와 상대방에 대한 정보를 충분히 공유하고 있어야 한다.

② 단체교섭 이슈에 대한 공동 확인과 정리를 하여야 한다.

단체교섭 이슈에 대해 공동 확인을 위해서는 간단·명료하게 정리가 되어야 하며 목표와 장애물이 무엇인지, 사람과 이슈를 분리하여야 한다. 단체교섭 이슈의 내용과 원인, 영향 등에 대해 서로 다른 생각을 가지고 다르게 접근하게 되면 문제해결형 교섭이 되지 않는다. 교섭 당사자 간의 교섭

이슈에 대한 서로의 목표에 대한 공동 확인을 한다는 것은 해결해야 할 이슈를 명확히 하는 것으로 단체교섭의 본격적인 진행이 가능하게 해준다.

③ 단체교섭을 입장 중심이 아닌 이익의 논리로 전환하여야 한다.

단체교섭 이슈에 대한 교섭 당사자의 입장이 아니라 이익을 찾아내고 이익에 중점을 두는 것이다. 수용 또는 거부라는 단순한 입장이 아니라 다양한 이익을 찾아내어 문제해결을 위한 방안을 찾을 수 있는 영역을 넓힌다. 이익의 논리와 이익의 문제로 전환하기 위해서는 교섭 당사자는 자신의 입장 뒤에 있는 진정으로 원하는 바가 무엇인지 깊이 탐색해보아야 하고 상대방의 입장 뒤에 있는 이익을 알아내기 위해 상대방을 존중하면서 상대방과 격의없는 의사소통으로 자신이 진정으로 원하는 바를 솔직히 밝히면서 상대방이 진정으로 원하는 바로서의 이익이 무엇인지 질문하고 경청하여야 한다. 진정으로 상호 원하는 바가 무엇인지를 명확히 알아야 다음 단계인 창의적 대안을 찾아낼 수 있다.

④ 창의적 대안을 창출하여야 한다.

교섭 당사자가 진정으로 원하는 바인 교섭의 이익을 달성하기 위해 창의적인 다양한 방안을 창출하여야 한다. 창의적 대안 창출을 잘 하는 것은 교섭의 성공을 위해 대단히 중요하다. 창의적 대안 창출을 위해 교섭 당사자는 문제와 원하는 바를 재해석하여 객관적으로 문제와 이익을 바라볼 필요가 있다. 당사자가 마주 앉아서 끊임없이 아이디어를 모으고 일상생활 속에서도 좋은 아이디어를 찾는 브레인스토밍 활동을 하도록 노력하여야 한다.

⑤ 최선의 대안을 선택하는 것이다.

여러 가지 대안 가운데 노사 당사자 일방이 아니라 쌍방 모두에게 이익이 되는 대안을 선택하기 위해서는 대안 선택기준을 합의할 필요가 있다. 대안 선택기준은 공정하고 합리적이어야 하며, 어느 일방에게만 손해를 끼치는 것이 아니어야 한다. 이러한 대안 선택기준으로 다양한 창의적 대안 가운데 최선이 대안을 선택할 수 있게 된다.

이러한 일련의 과정을 통해 문제해결형 교섭단계를 거치면서 교섭 당사자 모두가 만족을 하게 되는 상생의 win-win교섭이 성립되며 단체교섭의 성공을 가져오게 된다.

4. 교섭력의 적절한 활용

(1) 교섭력의 의의

단체교섭 결과를 설명하거나 예측하는 데 있어서 교섭력을 평가하는 것은 매우 중요한 의미를 갖는다. 교섭전략이 실패하는 이유 중의 대부분은 자신과 상대방의 교섭력을 잘못 평가하는 것에 있다. 교섭에 많은 시간을 투입하였으나 교섭이 타결되지 못했거나 합의에는 도달하였으나 교섭결과가 문제점이 많다면 자신의 교섭력을 실제보다 과대평가하거나 과소평가한 것에서 그 문제를 찾을 수 있다. 단체교섭을 성공적으로 하는 데는 교섭 당사자가 자신의 교섭력을 적정하게 발휘하여야 한다.

교섭력의 의미는 자신의 이익만 추구하는 대립적 교섭과 쌍방의 이익을 추구하는 문제해결형 교섭인가에 따라 다르다. 교섭력을 어떤 목적으로 어떻게 활용하느냐에 따라 그 의미가 달라지기 때문이다. 교섭력의 우위를 바탕으로 상대방에게 양보를 요구하는 대립적인 교섭과 상대방도 받아들일 수 있는 대안을 만들어내고 합의의 장애물을 극복하는 데 상대방의 협력을 끌어내는 문제해결형 교섭은 그 추구하는 바가 다르기 때문에 교섭력의 의미가 다르다.

교섭력을 행사하는 목적이나 방식이 교섭의 성격에 따라 다르지만 교섭력이 열세한 당사자는 교섭력을 높이고자 하며 교섭력이 우세한 당사자는 교섭력을 유지하고자 한다. 단체교섭 과정에서 교섭 당사자는 자신의 교섭력을 자신에게 유리한 방향으로 조절하고자 노력한다.

(2) 교섭력 결정요인

교섭력은 교섭 당사자가 통제할 수 없는 외생적 요인과 교섭 당사자의 노력에 따라 변화가 일어나는 내생적 요인이 복합적으로 작용하여 최종적으로 결정된다. 외생적 요인과 내생적 요인은 교섭력을 강화시키기도 하고 약화시키기도 한다.

외생적 요인은 경제적(시장적) 요인, 사회적(조직적) 요인, 제도적(법적) 요인 등으로 구분된다. 경제적(시장적) 요인은 교섭 이슈에 영향을 미치는 시장의 여건이나 기술 등의 변화에 관계된다. 사회적(조직적) 요인은 교섭 당사자들의 관계나 교섭 당사자가 속해 있는 조직의 질서와 가치관 등과 관계된다. 제도적(법적) 요인은 교섭에 영향을 미치는 법이나 제도, 관행 등과 관계 된다.

내생적 요인은 정보의 획득처리, 가용자원 동원, 당사자의 조직 내 위치, 당사자의 자질 등으로 구분된다. 정보의 획득처리는 상대방의 입장이나 주장에 이의를 제기하거나 반박하는데 필요한 정보를 획득하고 처리할 수 있는 능력, 전문성과 연결된다. 가용자원 동원은 자신이 원하는 바를 수행하는 사람에게 어떤 자원을 지원하여 보상할 수 있고, 자신이 원하지 않는 바를 수행하는 사람에게는 지원을 차단하여 제재를 가할 수 있는 통제능력과 직결된다. 당사자의 조직 내 위치는 교섭에서 주장이나 요구할

할 수 있는 권한과 위치와 연결되며 요구와 주장을 뒷받침하는 데 필요한 정당성을 좌우하는 데 중요한 요인이 된다. 당사자의 개인적 자질은 교섭을 준비하며 기획하는 능력을 의미하며 불확실한 상황에서 신속하면서도 분명하게 의사결정을 내릴 수 있는 능력을 갖추는 것과 상대방과의 인간적인 관계를 고려하면서 자신의 생각을 전달하거나 상대방의 이야기를 잘 들을 수 있는 의사소통 능력과 연결된다.

(3) 대립적 교섭에서의 교섭력

자신의 이익에만 집착하고 상대방의 이익은 무시하게 되므로 상대방에게 자신의 요구나 주장을 수용하지 않을 수 없도록 압박을 가하게 되며, 압박을 토대로 교섭력을 가지려 한다. 교섭 당사자의 일방이 이기면 다른 쪽은 지게 되는 제로섬(zero-sum)의 관계에 있다고 판단하고 한쪽의 교섭력이 크면 다른 쪽의 교섭력은 작아진다고 할 수 있다.

대립적인 교섭에서는 교섭력의 차이가 그대로 교섭과정과 교섭결과에 그대로 반영된다. 교섭력을 높이기 위해 상대방을 속이기도 하고 상대방의 약점을 집요하게 파고든다. 교섭력이 밀려서 교섭에서 진 어느 일방은 다음 교섭에서는 어떻게 해서라도 교섭력을 확보하기 위해 여러 가지 방안을 마련한다. 일회적인 교섭이 아니라 지속적인 교섭을 해가야 하는 노사 단체교섭에서는 상대방에게 이기기 위한 술수를 지속적으로 고민하게 되고 소모적인 투자비용을 지불하게 된다.

(4) 문제해결형 교섭에서의 교섭력

상대방도 받아들일 수 있는 대안을 만들어내고 합의의 장애물을 극복하는데 상대방의 협력을 이끌어내야 하는 문제해결형 교섭에서 교섭력은 상대방에 대한 리더십이나 영향력, 설득력 등을 의미한다. 또한 상대방을 배려하기 위해서 자신의 욕구를 조절할 수 있는 능력이 교섭력을 좌우한다고 할 수 있다.

교섭력을 이용해서 상대방이 어떤 입장에 매달리기보다는 이익의 문제를 생각하도록 유도하고 상대방이 인식을 바꿀 수 있도록 여건을 조성하며, 상대방의 인식을 바꾸도록 설득을 하고자 한다. 상대방을 설득하기 위해 자신의 욕구를 조절할 수 있어야 한다. 왜냐하면 자신의 이익만 챙기고 상대방의 이익을 무시하면 상대방을 설득할 수 없기 때문이다.

5. 단체교섭의 주체와 이해관계자 간의 소통

(1) 교섭 주체의 자질과 책무

단체교섭의 성공을 위해서 단체교섭의 결과를 이끌어내는 위치에 있는 교섭위원이 바람직한 자질을 가지고 있어야 하며 책무를 다해야 한다. 교섭위원은 교섭결과에 대해서 궁극적인 책임을 지게 되며, 교섭의 원만한 진행과 협약체결은 교섭위원의 성격과 능력에 크게 좌우된다. 교섭위원의 자질에 대하여는 다음의 사항이 논의된다.

① 책임감이 강하고 판단력을 갖추어야 한다. 교섭위원은 상대방에 대해서 자신이 대표하는 집단의 이익을 최대한 실현시킨다는 자세가 필요하다. 그러나 현실적으로 볼 때 교섭은 노사 쌍방이 여러 가지 교섭사항들에 대해서 양보와 절충을 통해서 단계적으로 합의에 도달하여 나아가는 과정이기 때문에 교섭분위기에 또한 양보의 수준과 범위를 기민하게 판단할 수 있어야 한다. 또한 양보와 타결시점의 적기를 판단할 수 있는 감각이 필요하다. 교섭위원들은 교섭과정에서 책임있는 발언을 하고 일단 타결된 협약에 대해서도 책임을 지는 자세가 필요하다. 특히 교섭결과가 찬반투

표를 거치게 되어 있는 경우 교섭위원들은 책임감을 가지고 그 통과를 위해서 협약의 결과를 적극 홍보할 필요가 있다.

② 침착하고 인내심이 있어야 한다. 교섭과정에서 노사 간의 의견대립은 불가피하기 때문에 교섭위원의 감정적인 문제로 교섭이 지연되기도 한다. 또한 쌍방이 전술상 교섭의도를 노출시키지 않으려는 경향을 보이기 때문에 교착상태에 빠지는 경우도 생긴다. 따라서 교섭위원은 교섭의 흐름을 정확하게 파악하고 감정을 자제하기 위해서 침착한 태도를 가질 필요가 있다. 동시에 설득과 대화를 통해서 교섭의 어려움을 극복하고 교착상태를 타개할 수 있도록 인내심을 발휘하는 자세가 필요하다.

③ 풍부한 교섭경험을 갖고 있어야 한다. 교섭위원으로서의 판단력이나 침착성 등 교섭의 전문성은 실제로 경험을 통하여 제고되는 경향이 크기 때문에 교섭경험이 중시되어야 한다. 그러나 교섭경험은 단시일 내에 축적되기 힘듦으로 경험이 풍부한 교섭위원을 확보하기가 현실적으로 쉽지 않다. 따라서 교섭담당자들은 빈번한 인사이동 등으로 교체되지 않도록 하며 교섭역량이 축적되도록 노력하여야 한다. 직접적인 교섭경험을 쌓는 데 필요한 시간상의 제약을 고려한다면 최근의 단체협약 결과를 분석·평가하는 기회를 가지거나 모의교섭을 해보는 것도 필요하다. 또한 교섭전문가들을 초청해서 교육을 받거나 자문을 받는 것도 도움이 될 것이다.

④ 자신이 대표하는 집단의 구성원으로부터 광범위한 신뢰와 지지를 확보하여야 한다. 교섭위원은 위임된 권한을 행사하게 되므로 집단의 구성원들이 느끼는 교섭결과에 대한 평가는 교섭위원에 대한 인간적인 신뢰와 깊은 관계가 있다. 교섭위원을 신뢰하고 있을 때는 교섭결과가 비록 기대에

미치지 못한다하더라도 불가피했다고 생각하고 수용하는 경향을 보인다. 또한 교섭위원들이 신뢰를 확보하고 있을 때 교섭결과를 홍보하기 쉽다. 예를 들어, 교섭결과가 조합원의 찬반투표를 거치게 되어 있는 경우 찬반투표의 결과는 조합원의 교섭위원에 대한 신뢰에도 영향을 받는다.

(2) 교섭주체의 권한

성공적인 단체교섭을 위해서 교섭위원들이 권한의 범위를 최대한 확보하여야 한다. 자신의 재량으로 결정할 수 있는 것과 없는 것을 명백히 하되 재량의 범위는 가급적 넓혀야 한다. 실제로는 교섭이 진행되면서 교섭위원의 권한 범위와 교섭의 방향이 결정되어지는 경우가 많다. 교섭위원의 권한이 많아야 교섭이 효율적으로 진행될 수 있다. 교섭위원의 역할은 자신에게 주어진 교섭방향을 달성할 수 있도록 목표를 세우고 최선의 전략과 전술로써 달성하는 데 있다. 전략과 전술은 교섭목표에 의해서 제한되기 때문에 교섭의 목표가 지나치게 높다든지 광범위하다면 체계적인 전략과 전술의 구사는 어렵게 된다.

교섭의 효율성 측면에서 볼 때 교섭위원들이 교섭권 뿐 아니라 체결권까지 확보하는 것이 바람직하다. 현실적으로 교섭위원의 목표가 합의를 도출하는 것이라 할 때 체결권이 없는 교섭위원을 상대로 책임있는 대안제시나 약속을 하기 힘들기 때문에 교섭의 효율성은 크게 떨어지게 된다. 즉 교섭결과가 노사의 의사결정기구에 의해서 추인·통과되지 못할 것으로 예상된다면 교섭과정에서 충실한 논의를 그만큼 기피하게 된다.

교섭의 효율성도 중요하지만 현실적으로 무시할 수 없는 것은 교섭권한을 위임받은 교섭위원이 '최선의 노력을 다 하는가'하는 문제다. 교섭위원의 권한오용이나 직무소홀문제는 기본적으로 교섭위원의 자질과 깊은 관계를 갖지만 교섭단위가 크고 구성원의 동질성이 적을 때 교섭위원이 내

부인사보다는 외부인사일 때 이러한 문제가 발생할 가능성이 상대적으로 커진다. 또한 교섭방향이나 교섭위원의 권한이 사전에 모호하게 정해질수록 그 가능성은 상대적으로 커진다. 교섭위원의 권한오용이나 직무소홀문제가 발생할 가능성은 사전에 줄여야 하며 이러한 점에서 교섭위원의 권한문제는 교섭위원의 자질과 선정, 교섭방향의 설정, 교섭위원 교육 측면에서 연계하여 고려할 필요성이 있다.

(3) 교섭주체 내부 의견 조율

단체교섭의 성공을 위해 교섭 주체 내부의 의견이 잘 조율되어야 한다. 교섭 주체 내부적으로 의견충돌이 발생하여 하나의 안으로 정리되지 않으면 교섭 상대방은 난감하게 되며 교섭은 난항을 겪게 된다. 단체교섭의 걸림돌이 상대방의 입장 고수보다 오히려 교섭위원 내부적인 이견인 경우가 많다. 교섭주체인 교섭위원 간의 의견충돌이 일어나는 것은 사전에 충분한 의사소통이 안 된 결과이며, 이를 방지하기 위해서는 사전에 교섭위원 간에 정보공유를 하고 교섭의 목표와 전략에 대한 공감대 형성을 가져야 한다.

교섭위원 간의 의견대립으로 내부적인 의견 조율이 안 되어 갈등이 나타나는 경우에 교섭력의 약화와 상대방과의 교섭 진행에 차질로 나타난다. 따라서 내부적인 의견 조정을 위해서 내부규칙을 만드는 것이 도움이 될 수 있다. 예컨대, 발언은 교섭대표위원이 주도하고 다른 교섭위원들이 발언할 때에는 사전에 역할을 분담하며, 교섭 도중에 의견 조율을 위해 휴회를 할 필요가 있을 때에는 상대방이 알아채지 못하게 내부적으로 교섭대표위원에게 전달하는 방법을 미리 정해놓아야 한다.

교섭에 대한 대외적인 입장표명 창구도 미리 정해두고 교섭위원의 내부 의견이 충돌할 경우에는 교섭대표위원에게 그 결정 권한을 부여하거나 다수결로 결정한다는 내부적인 규칙을 마련하는 것이 좋다. 내부규칙은 교섭에 들어가기 이전에 사전에 마련하여야 하지 내부 의견이 충돌이 된 이후에 시도하는 것은 또 다른 갈등으로 발전하게 한다. 다수결로 결정한다는 규칙이 있다고 하더라도 매 교섭 이후에 충분한 의견교환으로 의견충돌이 발생하는 것을 사전에 방지하는 것이 올바른 대처이다.

교섭위원의 노사 간에 동수로 구성하며 내부 의견 조율을 위해서 교섭위원은 홀수로 하는 것이 좋다. 교섭위원을 짝수로 하게 되면 의견이 반으로 나누어질 때 절충할 수 있는 방법이 없어져서 난항을 겪을 수 있기 때문이다. 조합원 규모가 클수록, 인적구성이 다양할수록, 작업의 속성이 상이할수록 교섭위원 수를 많이 하는 것이 단체교섭 객체인 조합원들을 대변하기가 좋다. 조합원의 인준투표를 받는 경우에도 유리할 수 있다. 하지만 너무 많으면 내부적으로 의견조율이 어려워지고 자칫 교섭전략이 상대방에게 노출될 수 있는 단점도 있다. 따라서 최소한으로 줄여서 하는 것이 바람직하다.

(4) 교섭 이해관계자와의 소통

1) 단체교섭 이해관계자의 중요성

교섭의 이해관계자라 함은 단체교섭의 영향을 받는 사람들로서 단위 사업장 내부의 이해관계자를 말한다. 단체교섭 결과의 직접적인 영향을 받는데 노측은 조합원이 되고 사측은 경영진 등이 해당된다. 이들은 단체교섭을 직접 담당하지는 않는다는 면에서 단체교섭의 주변인이라고도 부를 수 있으나 단체교섭의 결과의 영향을 직접 받는 사람들이라는 측면에서 단체교섭의 이해관계자라고 부르기로 한다.

단체교섭의 성공을 위해서는 교섭 이해관계자가 단체교섭 결과물을 긍정적으로 수용하고 받아들여주어야 한다. 교섭 이해관계자가 단체교섭 결과에 대해 긍정적으로 수용하여 주지 않으면 단체교섭은 실질적으로 실패한 것이 되고 만다. 교섭 주체가 진행한 단체교섭에 대해 교섭 이해관계자가 긍정적으로 평가하도록 하기 위해서는 교섭 이해관계자와 교섭준비과정과 교섭 진행과정에서 끊임없이 소통하여야 한다. 교섭준비 과정에서부터 교섭목표와 교섭여건 상황분석, 교섭 전략 등을 어떻게 가져갈 것인지를 교섭주체는 교섭 이해관계자와 충분히 논의하고 공감대를 형성하여야 한다. 사전에 충분한 공감대 형성 없이 진행 과정을 눈치만 보고 진행하다가는 교섭 이해관계자로부터 외면을 받기가 쉽다.

교섭 이해관계자와 원활한 의사소통을 위해서는 먼저 교섭 이해관계자에 대한 특징을 분석할 필요가 있다. 사용자 측의 교섭 이해관계자는 주로 대주주가 되겠는데 단체교섭의 노측 교섭위원과 조합원들에 대한 시각과 현재의 여건 상황을 어떻게 분석하고 있는지를 먼저 알아둘 필요가 있다. 노동조합 측의 교섭 이해관계자는 주로 조합원이 되겠는데 단체교섭의 사측 교섭위원과 대주주에 대한 시각과 현재의 여건 상황을 어떻게 분석하고 있는지를 먼저 알아둘 필요가 있다. 노동조합의 조합원수가 많거나 해당 사업장에 여러 개의 노동조합이 결성되어 있는 경우에는 교섭 이해관계자와의 소통에 특별히 유의할 필요가 있다. 조합원 수가 많거나 다양한 직군으로 구성되어 있는 경우에는 각 직군에 따른 특성을 잘 감안하여 의사소통하고 단체교섭 목표와 전략수립에도 유의하여야 한다. 특히 복수노조 체제하에서는 노사양측은 교섭 이해관계자로서 해당 노동조합이 아닌 다른 노동조합의 조합원이나 비노조원의 특징을 잘 알고서 교섭에 임할 필요가 있다.

2) 이해관계자와의 의사소통방법

교섭 이해관계자와의 의사소통에서는 교섭 준비과정에서부터 의사소통을 하는 것이 중요하다. 교섭준비과정에서 여건과 상황에 대한 정보를 공유하여 교섭 이해관계자가 지나친 기대를 갖지 않도록 하는 것이 무리한 교섭목표를 잡지 않도록 하는 면에서 의미가 깊다. 현재 많은 단체교섭 사례에서 노사 양측이 여건과 상황에 대한 정보를 제대로 공유하지 않은 채 교섭 이해관계자에게 이상적이고 지나친 교섭목표를 제시하고 교섭에 발목을 잡히는 경우를 흔히 발견할 수 있다. 교섭 여건을 정확히 진단하고 그에 따른 현실적이고 합리적인 교섭목표를 정하는 것이 향후 교섭 이해 관계자의 무분별한 압력으로부터 벗어날 수 있고 무리한 교섭진행을 예방할 수 있다.

교섭 이해관계자와 교섭 진행과정에서도 충분한 의사소통이 필요하다. 특히 노동조합 측이나 사용자 측 모두 선명성만을 내세우면서 교섭과정 중에 변화된 상황에 대해 교섭 이해관계자와 정보공유를 하지 않고 무리한 장밋빛 교섭진행만 의사소통하다가 교섭결과가 기대에 미치지 못해 교섭 이해관계자에게 실망을 안기는 일이 잦다. 결국 그것으로 인해 교섭을 힘들게 진행하고서는 교섭 이해관계자로부터 불신임을 받는 안타까운 일도 발생한다. 교섭 당사자와 의사소통으로 교섭을 진행하는 것이기도 하지만 한편으로 내부의 이해관계자와도 끊임없는 소통으로 의견 조율하는 교섭을 한다는 것을 명심할 필요가 있다.

6. 단체교섭 구조(방식)의 적절한 활용

단체교섭의 구조(방식)는 노동조합의 조직형태와 노동조합의 성격에 따라 적절한 구조(방식)를 선택할 수 있다. 따라서 단체교섭의 방식은 노동환경에 따른 노동조합의 조직형태가 다르기 때문에 국가와 시기에 따라 다양한 방식으로 나타나고 있다. 산업별 노조와 직종별 노조가 지배적인 유럽의 단체교섭은 산업별 또는 직종별로 단체교섭이 이루어지고 있는데, 즉 산업별노조 또는 직종별 노동조합과 그에 상응하는 사용자단체간에 전국 또는 지역단위로 이루어지는 것이 보통이다. 미국의 경우에는 유럽과 비슷한 노동조합 조직형태이지만 교섭단위제도에 따라 교섭이 이루어지기 때문에 단체교섭은 주로 개별기업과 그에 상응하는 근로자단체간에 이루어지고 있다. 한편 우리나라와 일본의 경우에는 기업별 노조가 지배적이기 때문에 일반적으로 기업별 교섭이 행하여지고 있다. 우리나라 노동조합 조직형태는 근로자가 자유로이 선택하여 조직할 수 있기 때문에 현행 노조법에서는 이러한 점을 감안하여 단체교섭의 방식에 대하여 별도의 규정을 두고 있지 않고 노사 간에 자유로이 선택할 수 있게 하고 있다. 오늘날 일반적으로 이루어지고 있는 단체교섭의 방식에 대하여 살펴보면 다음과 같은데, 단체교섭 성공을 위해서는 어느 한 가지 방식이 꼭 좋다고 단정할 수는 없으며 노사가 자율적으로 상생의 방향이 어느 것인가를 염두에 두고 선택할 문제이다.

(1) 기업별 교섭

기업별 또는 사업장별 개별교섭은 교섭 단위의 특수성을 살릴 수 있다는 장점이 있으나 임금 및 근로조건이 다른 교섭단위와 비교되기 때문에 노사관계의 불안정을 가져올 수 있다. 개별교섭 시 이러한 부작용을 보완하기 위해서 사용자는 경영관리를 합리화하여 다른 교섭단위와 막연하게 비교되는 부담을 줄이고, 노동조합도 관리 운영의 능력을 제고하여 교섭의 전문성을 키워나가야 한다. 개별교섭 단위 차원에서 다루기 힘든 사항들, 예를 들면 업종별 경영분석이나 산업 전반에 관련된 사항들은 상급단체와의 협조를 강화하여 개별 교섭의 한계를 극복해야 할 것이다. 특히 우리나라 기업들이 하도급 등으로 수직계열화관계에 놓이는 경우가 많기 때문에 단체교섭에서 관련 기업들간의 이해관계 조화를 달성할 수 있도록 노력할 필요가 있다.

(2) 통일교섭

산업별·직종별 노동조합과 이에 대응하는 산업별·직종별 사용자단체 간의 단체교섭을 말한다. 통일교섭은 노동조합의 광범위한 전국적인 조직력을 기초로 하여 노조 측이 교섭력이 높아서 통상 유리한 조건의 협상을 할 수 있으며 전국 또는 지역단위 노동시장에 적용되는 근로조건의 통일성을 기할 수 있다는 점은 있으나, 개별 기업의 지불능력이 무시된 근로조건으로 문제가 일어날 수 있다. 따라서 전국 또는 지역단위에서의 교섭은 당해 단위에서의 최저기준이 되고, 교섭결과 행하여진 근로조건과 기업단위로 지급되는 실제 근로조건 사이에 괴리가 있을 수 있는 한계가 있다. 이러한 특성으로 인하여 아직 우리나라에서는 일반적으로 행하여지고 있지 않으나 일부 산업별 노동조합들이 행하고 있다.

(3) 대각선교섭

산업별 노동조합과 개별 사용자가 행하는 교섭, 또는 기업별 노동조합의 상부단체가 개별 사용자와 행하는 단체교섭의 방식을 말한다. 이것은 산업별 노동조합에 대응할 만한 사용자단체가 없거나 또는 사용자단체가 있다 하더라도 각 기업체에 특수한 사정이 있어 개별사용자가 노동조합의 전국적인 단체에 개별적으로 행하는 단체교섭의 방식을 말한다. 우리나라에서는 주로 단체교섭권을 위임받은 산업별연합단체가 개별 사용자와 단체교섭을 행하는 경우가 여기에 해당된다.

(4) 공동교섭

① 전통적 공동교섭

산업별 노동조합과 그 지부가 공동으로 사용자와 교섭하거나 산업별연합단체와 기업별 노동조합이 공동으로 사용자와 교섭하는 것을 말한다. 즉, 노동조합의 지부의 교섭에 당해 산업별 노동조합과 그 지부가 공동으로 사용자와의 단체교섭에 참가하는 것이나, 산업별 연합단체에 단체교섭권을 위임한 기업별 노동조합이 산업별연합단체와 공동으로 사용자와의 단체교섭에 참가하는 것을 말한다. 공동교섭은 산업별 노동조합 또는 산업별연합단체가 개별 사업장의 특성을 잘 모르기 때문에 대각선 교섭에서 일어날 수 있는 취약점을 보완하기 위하여 단체교섭에 공동으로 참가하는 방식을 말한다.

② 신개념 공동교섭

오늘날 새로운 공동교섭은 사용자가 합병이나 지주회사로 하나의 사용자 형태의 성격을 갖게 된 경우에 복수의 개별 기업별 노동조합이나 산업별 노동조합 지부(지회)가 공동으로 사용자에게 교섭을 공동으로 할 것을 요구하는 교섭 형태이다. 산업별 노동조합 지부(지회)가 기업별 노동조합의 성격을 본질적으로 갖고 있어서 산업별 노동조합을 배제하고 산업별 노동조합 지부(지회)가 공동으로 교섭을 요구한다는 측면에서 특징을 띠고 있다. 즉, 개별기업 단위 노동조합이나 산업별 노동조합 지부가 개별 기업 단위 교섭을 통해서는 근로조건 개선을 가져오는데 한계가 있다고 판단하여 개별 기업노동조합이나 산업별 노동조합 지부(지회) 차원에서 공동으로 교섭할 것을 요구하는 형태이다. 개별 기업 단위 노동조합이나 산별노동조합 지부(지회)가 공동으로 근로조건 개선을 요구함으로써 개별 차원이 아니라 공동 차원으로 단일대오를 유지하고 교섭력을 강화할 수 있다고 판단하여 요구하는 형태이다. 개별 단체교섭을 하게 될 경우에 발생할 수 있는 근로조건의 차별화 등을 극복할 수 있다는 측면에서 노사 모두 잘 활용한다면 단체교섭 성공에 도움이 될 수도 있다.

(5) 집단교섭

지역별 또는 업종별로 성격이 비교적 유사한 교섭 단위들이 노사 간 교섭기구를 설정하고 교섭권을 위임하여 집단교섭을 할 때 임금 및 근로조건에 관련된 사항 중에서 핵심적인 사항만을 다루게 된다. 집단교섭은 대체로 중소기업이 대다수를 차지하는 경쟁적 시장구조 하에서 쉽게 찾을 수 있다. 집단 교섭은 교섭의 전문성을 제고하기 쉽고 교섭단위간의 임금 및 근로조건의 차이를 완화시킬 수 있다는 장점은 있으나 교섭단위의 특수성을 살리기가 어렵다는 단점이 있다. 노동조합과 사용자는 교섭단위에 특수사항을 다루거나 본 협약을 보충하기 위해서 보완기구를 활성화시키는 노력을 기울일 필요가 있다. 또한 집단교섭을 위한 교섭권의 위임 시 위임의 절차와 내용을 명확하게 하여야 한다.

(6) 복수노동조합 체제하에서의 단체교섭

복수노동조합(이하 "복수노조"라 한다) 체제하에서의 단체교섭 구조에 대하여 우리 노조법은 원칙적으로 교섭대표노동조합이 교섭을 하도록 하고 예외적으로 사용자의 동의하에 복수노조가 사용자와 개별교섭도 가능하게 하고 있다. 교섭대표노동조합 선정은 우선 자율적으로 결정하도록 하고 자율적으로 결정되지 못하면 과반수노조, 그리고 과반수 노조도 없는 경우에는 공동교섭단을 구성하도록 하고 있다.

복수노조 체제 하에서는 노노간의 갈등으로 단체교섭의 난항을 겪는 경우가 많다. 따라서 노동조합 간의 갈등발생을 예방하는 단체교섭이 단체

교섭 성공을 가져온다. 단체교섭 성공을 위해 다음 사항들을 감안하여야
한다.

① 평소에 복수노조 간에 갈등이 심화되지 않도록 노동조합 간에 긴밀
   히 소통하고 사용자 또한 이를 감안하여 소통에 유의하여 노사 간의
   신뢰형성이 되도록 노력하여야 한다.
② 교섭창구단일화 절차 과정을 적법하게 진행하고 소수노동조합이 소
   외감을 가지지 않도록 유의하여야 한다.
③ 교섭안을 마련하는 과정에서 교섭대표노동조합은 소수노동조합의
   의견을 수렴하도록 노력하여야 한다.
④ 교섭 진행과 타결과정에서 공정대표 의무에 문제가 일어나지 않도록
   유의하여야 한다.

III. 단체교섭 진행 방법

1. 단체교섭의 준비

단체교섭 성공은 단체교섭을 얼마나 준비를 잘 하느냐에 달렸다. 24년
째 임단협 교섭을 무교섭 타결을 이끌어 온 한 회사의 노동조합 대표자는
"364일을 노사가 한마음이 되어 단체교섭을 준비해온 결과"라고 한다. 단
체교섭 준비는 여건분석, 단체교섭안, 단체교섭 전략 선택, 단체교섭위원
선정과 교육, 단체교섭을 위한 실무교섭, 단체교섭 진행 규칙 등 노사가
교섭에 임하기 전에 필요한 준비과정을 말한다. 이는 교섭을 효과적으로
수행하고 교섭의 생산성을 높이는 데에 필수적이다. 단체교섭 준비를 얼
마나 충실히 하였는가에 따라 단체교섭의 성패가 좌우된다.

교섭준비기간은 노사가 교섭을 진행하기 전에 상호 간의 의견조율과 필요한 자료를 수집하는 기간인데, 단체교섭 성공을 위해 교섭기간보다 더 중요하다. 교섭준비에 필요한 충분한 시간을 확보하고, 여건 상황에 대한 정보수집과 노사 양측의 입장과 요구사항을 분석하고, 전문성과 경험을 겸비한 교섭팀 구성, 교섭목표와 우선순위를 고려한 교섭전략을 수립하여 교섭에 대비한다.

교섭준비기간이 충분할수록 교섭준비에 만전을 기할 수 있고 유리한 교섭결과를 끌어낼 수 있다. 그러나 준비기간이 지나치게 길어질 때는 오히려 교섭여건을 제대로 반영하기 힘들어 실현가능한 대안을 준비하기 어렵다. 교섭준비기간은 협약의 유효기간, 평소 노사 간의 접촉, 교섭에 필요한 자료의 정리 등에 따라 달라진다.

(1) 노동조합 측 교섭준비

노동조합은 단체교섭이 조직력 강화와 노동조합 발전의 계기가 될 수 있다고 생각하고 교섭준비에 임할 필요가 있다. 이를 위해서 노동조합은 일차적으로 단체교섭에 임하는 노동조합의 입장을 정리하고 동시에 노동조합이 해결해야 할 문제점과 향후 과제들을 점검할 필요가 있다. 노동조합 측에서 단체교섭 성공을 위해서는 노동조합 입장에서 단체교섭을 위해 준비해야 할 것이 많다.

① 조합원들의 요구사항이 무엇인지 논의해야 한다. 조합원들의 요구사항이 적정선을 유지하려면 평소에 경영환경과 여건에 대한 충분한 정보공유가 이루어져야 한다. 일반적으로 조합원들의 요구사항을 취합한다면서 평소에 이러한 정보 공유 없이 막연한 기대심리에 따라 각종 요구사항을 제한 없이 취합하여 지나친 요구사항으로 어려움을 겪는 노동조합이 많다.

단체교섭 여건에 대한 충분한 공감대 형성이 이루어진 속에서 교섭 요구사항을 수렴하여야 무리한 요구사항으로 교섭 성공에 장애요소로 작용하지 않게 할 필요가 있다.

② 단체교섭위원을 적절히 선정해야 한다. 교섭위원의 자질은 교섭성공을 위해 대단히 중요하다. 교섭위원은 교섭준비를 위해 업무시간을 빼거나, 업무시간 이후 시간을 활용하든지 그야말로 자기의 시간을 상당부분 희생해야 하기 때문에 책임감과 봉사정신이 있어야 한다. 교섭에서는 때로는 논리적인 의사소통과 교섭 상대방과 공감적인 의사소통을 통해 설득하는 등 의사소통에서 역할을 해야 할 일들이 많기 때문에 인품을 갖춘 사람으로 선정되어야 한다. 교섭위원을 선정하고 난 이후에는 교섭위원 간 정보공유를 위해 교섭위원 교육이 반드시 뒤따라야 한다.

③ 교섭위원이 꾸려지면 전체적인 교섭 일정과 교섭전략을 구상해야 한다. 교섭은 시작과 끝이 분명해야 한다. 처음에 요구하는 수준과 최종적으로 합의할 수 있는 수준을 어느 정도 가늠해 두어야 한다. 무작정 최초 요구안만을 고수하다 보면 타결의 시점은 요원해진다.

④ 단체교섭과 노동쟁의조정 및 쟁의행위와 관련한 노동법을 학습하여야 한다. 단체교섭 진행 과정에서 야기될 수 있는 법적인 쟁점 이슈에 대해 제대로 이해하고 조합원들을 설득시키고 합법적으로 단체교섭을 진행하기 위해서 필요한 법적인 사항들도 학습하여야 한다.

⑤ 단체교섭 준비 자료를 잘 정리하여야 한다. 교섭 자료는 성공적인 교섭을 위한 방향의 설정과 전략수립에 필수적이다. 노동조합은 조합원들의

요구나 불만에 관한 각종 자료, 설문지 조사결과, 비교가 되는 동종업계 타 사업장의 교섭결과, 상급노조단체의 단체교섭지침, 생계비상승률, 기업의 영업실적, 일반경제, 산업전망 및 노동시장관련자료, 노동판례, 정부의 경제 및 노동정책자료, 과거 단체교섭이나 노사협의회 회의자료 등을 수집하여야 한다. 이러한 자료들을 일목요연하게 정리하여 교섭준비 자료집 형태로 만들 필요가 있다. 그동안 노사 간 단체교섭 사례를 살펴보면 노동조합지도부가 자주 교체되는 등 불안정한 경우에는 과거의 단체교섭자료나 단체교섭경험이 체계적으로 정리되지 못하는 경향을 보였다. 또한 조합원의 일상적인 욕구나 불만에 관한 자료도 충분히 활용되지 못했던 것이 사실이다. 예를 들면, 과거 2~3년간의 단체교섭 회의록이나 단체교섭평가서 등은 사용자 측의 단체교섭 자세나 전략을 이해하는데 매우 중요한 자료가 된다. 또한 조합원들의 일상적인 요구와 불만 그리고 그 처리결과는 단체교섭의 방향설정과 우선순위결정에 매우 중요한 자료가 된다.

(2) 사용자 측 교섭준비

단체교섭의 성공을 위해 사용자 측의 교섭준비도 철저하게 진행되어질 필요가 있다. 회사의 영업이익과 경영환경 등의 여건을 고려한 현실적이고 실현가능한 교섭 목표와 전략 방향을 설정하여야 한다. 노동조합의 입장과 요구사항을 파악하여 노조가 제시하는 주장에 대한 대응준비, 그리고 전문성과 지식을 갖춘 교섭위원을 위촉하여 교섭목표와 교섭전략을 수립하고 그에 부합하는 교섭진행이 되도록 하여야 한다.

사용자 측은 단체교섭준비를 기업의 내부관리를 정비하는 계기로 삼는 적극적인 자세가 필요하다. 이를 위해서 단체교섭에 임하는 사용자 측의 입장이 정리되어야 한다. 교섭과정에서 노동조합 측은 요구하고 사용자 측은 방어하는 듯한 모습은 피상적인 관찰에 지나지 않는다. 단체교섭을 통하여 사용자측이 생각하는 노사관계의 바람직한 방향을 반영시킬 수 있다. 즉 기업의 발전방향에 비추어 본 노사관계의 문제점과 향후 과제를 각 부서별로 취합할 때 인력과 조직관리의 문제점을 찾아낼 수 있다. 또한 각 부서의 노사관계에 대한 애로사항을 정리하면서 의사교환을 활성화시킬 수 있는 계기가 된다.

사용자 측 교섭준비는 각 부서가 단체교섭에 반영하기를 희망하는 요구사항, 부서별 근로자들의 평소 불만이나 요구사항을 정리한 자료, 비교가 되는 타사의 교섭결과, 노동생산성 자료, 일반경제 및 산업전망, 노동시장 관련자료, 정부의 경제 및 노동정책자료, 노동판례, 상급 사용자단체의 교섭지침, 과거 단체교섭이나 노사협의회 자료 등을 수집하여야 한다. 이러한 자료들을 교섭자료집 형태로 일목요연하게 정리할 필요가 있다.

(3) 노사의 자료교환 및 공유

단체교섭의 성공을 위해서 노사 양측은 교섭준비를 위한 대외 자료를 공동으로 조사하는 것도 적절한 방법이 될 수 있다. 각자 취합한 자료는 서로 교환·공유하는 것이 바람직하다. 노동조합은 사용자에 비해서 경영 관련 자료나 정보가 부족하다. 이것은 교섭력의 불균형을 초래하게 되므로 사용자 측은 노동조합의 자료요구에 성실하게 임해야 한다. 특히 단체교섭의 핵심적인 대상이 되는 임금이나 근로조건에 관련된 정보의 제공은 단체교섭에서 사용자가 지니는 내재적 임무라고 할 수 있다.

기업의 경영자료는 경영전략상 대단히 중요하고 외부에 공개되었을 때 경쟁기업 등에 이용당할 수 있으므로 사용자 측은 공개하기를 꺼리며 또한 사용자 측은 경영자료가 노동조합 측에 편파적으로 해석될 수 있다고 믿는 경향을 보인다. 이러한 점을 현실로 고려할 때 노동조합 측의 자료요구는 단체교섭과 직접 관련되는 것이어야 하고 일단 접수된 자료는 객관적으로 해석되어야 하며 그 내용에 대한 비밀 역시 준수되어야 한다. 한편 조합원들의 애로사항이나 불만 등 작업현장의 정보는 사용자측에 비해서 노동조합 측이 상대적으로 많이 가지게 된다. 사용자 측은 노동조합 측에 대해서 이러한 자료들을 요청하여 단체교섭의 방향과 향후 노사관계의 설정에 자료로 활용하는 것이 바람직하다.

임금 등 노사 간의 쟁점이 되는 문제의 원만한 해결을 위해서는 양측 주장의 근거가 되는 자료의 수집과 분석을 노사가 함께 하는 것이 바람직하다. 이것은 근거자료의 객관성과 신뢰성을 높이게 된다. 예를 들면, 임금에 관련된 사항으로서 임금인상결정과 관련하여 사용자 측은 생산성을, 노동조합 측은 생계비를 상대적으로 중시하게 된다. 생산성과 생계비의 변동을 알려주는 지표는 다양하고 계산하는 방식도 다르다. 따라서 노사가 공동으로 자료수집위원회를 구성하는 것도 바람직하다. 이때 생산성과 생계비 변동의 근거로 어떤 지표를 택하고 어떠한 자료를 어떻게 수집하고, 조사시점은 언제로 하며, 조사대상기간을 얼마나 할 것인지를 정하여야 한다.

임금과 관련된 사항 이외에도 근로조건에 영향을 미치는 사항들이 근거자료에 대한 이견 때문에 교섭에 난항을 보이는 경우가 많다. 예를 들면, 신기술도입으로 인한 인원 조정 시 조정의 원칙과 기준이 교섭대상이 되었다고 할 때 신기술의 도입필요성 부터 도입 시 기업의 성장에 기여하는 효과, 근로조건에 미칠 영향, 인원조정의 원칙과 기준에 대해서까지 노사가 서로 다른 시각을 가지는 경우가 많다. 이러한 경우 신기술도입평가위원회를 공동으로 구성하고 객관적인 자료를 수집할 수 있다면 노사 간의 이견을 원만하게 조정하는 데 도움이 된다.

(4) 노사상급단체의 역할
노동조합이 교섭자료를 준비하는 데 상급노조단체와의 협력이 중요하다. 단위 노동조합이 각종 자료를 모두 다 수집·분석한다는 것은 전문인력의 부족과 시간의 제약으로 한계가 있다. 또한 이러한 노력은 전체 노동조합조직의 차원에서 볼 때 중복이 된다.

상급노조단체는 단위노조의 교섭준비를 지원하기 위해서 소속된 개별노동조합들의 임금 및 근로조건 자료, 일반경제 및 산업전망, 노동시장관련자료, 각종 생계비자료, 노동판례, 정부의 경제 및 노동정책 자료들을 수집하고 가급적이면 분석까지 할 필요가 있다. 이러한 자료들을 준비하는 데 있어서 상급노조단체는 단위노조의 애로사항을 반영할 수 있도록 한다. 사용자측도 마찬가지로 개별사용자 차원에서 이러한 자료들을 모두 다 수집·분석한다는 것은 한계가 있다. 사용자단체도 상급노조단체와 마찬가지로 단체교섭지침을 만들 때 개별기업들과 역할분담 차원에서 거시적 노사관계의 현실과 앞으로의 진로를 고려한 자료들을 정리하여 개별사용자에게 지원해야 한다.

2. 교섭진행 절차

단체교섭은 교섭준비, 예비교섭, 본교섭, 마무리교섭 및 타결, 교섭의 평가 등 5단계로 나눌 수 있다. 교섭시기와 횟수는 교섭이 진행되면서 바뀌는 경우도 있는데 협약만료까지의 시간 및 교섭단위 내부의 여론동향과 밀접한 관계를 가진다. 교섭일정은 예비교섭단계에서 대략적으로 정해지게 된다. 예비교섭, 본교섭, 마무리교섭의 엄격한 시간적 구분은 어려우나 교섭단계에 따른 노사 양측의 교섭전략상 어느 정도 구분할 필요가 있다.

(1) 예비교섭
예비교섭은 실제 교섭에 앞서서 노사가 서로의 입장과 요구사항을 더 잘 이해하고 단체교섭의 성공적인 진행을 위한 필수적인 단계이다. 입장 및 요구사항 파악, 의사소통채널 및 관계 구축, 교섭전략수립, 타협점 탐색 등을 위해 예비교섭을 신중하게 진행한다. 이를 통해 양측은 교섭을 잘 준비하고 원활한 교섭진행을 기대할 수 있다.

예비교섭은 통상적으로 교섭위원의 상견례로 시작된다. 노동조합 측은 교섭 요구안을 사용자 측에 제시하고 입장을 설명한다. 사용자 측은 기업의 경영여건, 노사관계에 대한 평가와 향후 진로 등을 밝히게 된다. 노동조합 측의 교섭요구안이 교섭이 시작된 다음에 공개되는 경우에는 사용자 측도 교섭안을 시차를 두고 제시하는 것이 일반적이다. 물론 교섭의 효율성 측면에서 볼 때 노동조합이 교섭 시작 전에 교섭요구안을 서면으로 사용자측에 전달하는 것이 바람직하다. 노사 모두 쌍방의 제안과 배경이 되는 주장들을 주의 깊게 듣고 교섭의 방향과 예상되는 쟁점사항에 대해서 준비할 필요가 있다.

예비교섭단계에서는 노사 간의 공동관심사나 공동이익범위 내에 있는 사항들을 처리하고 본교섭에서 다룰 안건들을 가급적 줄일 수 있도록 노력할 필요가 있다. 또한 가능하다면 안건처리의 원칙, 예를 들면 직급별, 부서별 임금인상의 원칙 등에 대해서도 합의를 보는 것이 바람직하다. 예비교섭단계라도 개별적인 안건이 해결되었다면 잠정적인 합의에 서명하여야 한다. 물론 이런 잠정적 합의는 다른 안건들이 완전히 합의에 도달할 때까지 그 효력을 가질 필요는 없다.

노사 간의 쟁점이 될 것으로 예상되거나 시간을 두고 실무자들의 검토가 필요한 사항들을 다루기 위해서 교섭위원이 위원장이 되는 소위원회를 구성할 수도 있다. 또한 교섭사항이 많을 때도 소위원회 구성이 필요하다. 소위원회 차원에서 합의에 도달하기 어려운 사항들은 본교섭으로 넘길 수 있다. 소위원회 구성은 교섭의 전문성을 키우고 진지한 검토를 하는 데 도움이 되지만 이를 위해서는 소위원회가 여기에 상응하는 권한을 가져야 할 것이다.

(2) 본교섭

① 1차 요구안과 제시안의 중요성

본교섭은 사용자 측이 노동조합의 교섭 요구안에 대응해서 처음으로 제안을 하면서 시작된다고 볼 수 있다. 본교섭은 예비교섭보다 공식적인 성격이 훨씬 강하다. 본교섭은 예비교섭의 진행과정을 통해서 쌍방의 입장이 어느 정도 파악된 상태에서 진행되며, 따라서 본교섭에 임하기 전에 노사 쌍방은 교섭목표, 전략, 전술을 재정리할 필요가 있다. 노동조합 측의 교섭요구안과 사용자측의 제1차 제시안은 향후 교섭 진행에 매우 중요한 의미를 가진다. 사용자측의 제1차 제시안에 대한 노동조합 측의 제1차 수정 요구안을 보면 교섭이 앞으로 어떻게 진행될지 어느 정도 예측할 수 있다. 노사 모두 교섭 요구안, 제1차 제시안과 제1차 수정 요구안 제시에 특별히 신중을 기할 필요가 있다. 교섭 초기 단계에 노사 쌍방이 비현실적인 주장을 하게 된다면 나중에 수정하기가 매우 어려워진다.

사용자 측의 제1차 제시안은 노동조합의 교섭요구안이 현실적이라면 현실적인 내용을 담고 있어야 한다. 노동조합 측의 요구안이 현실에 근접해 있다고 해서 이것을 역이용하여 과도하게 노동조합을 압박하는 자세는 바람직하지 않다. 사용자 측은 단체교섭에서 다루어야 할 과제를 명확하게 제시하여 교섭에서 쟁점이 무엇인지를 밝히는 자세가 필요하다. 이러한 자세가 없을 때 교섭은 겉돌게 된다. 그러므로 사용자 측은 차라리 노동조합 측의 교섭요구안을 검토하여 제1차 제시안이 노동조합에 대해서 기꺼이 양보할 수 있는 사항, 부분적으로 수용할 수 있는 사항, 양보할 수 없는 사항을 명확하게 밝혀야 한다.

노동조합 측의 교섭요구안이 사용자 측이 받아들이기 어려운 비현실적인 내용과 수준이라면 사용자의 제1차 제시안도 자연히 비현실적으로 될 가능성이 높고 이때 교섭은 처음부터 교착 상태에 빠질 가능성이 크다. 노동조합 측이 지나치게 높은 요구를 하거나 지나치게 많은 교섭사항을 요구할 때 사용자 측이 끝내 받아들이지 않는다면 교섭은 파국으로 빠질 수밖에 없다. 한편 조합원들도 교섭 결과에 대해서 지나치게 커다란 기대를 가지기 쉽고 실제로 나타난 교섭 결과에 대한 실망감으로 교섭 후유증이 커지게 된다. 이는 교섭이 끝난 다음에 노동조합 집행부에 대한 불신으로 나타날 가능성이 있다. 이러한 점을 고려한다면 노동조합의 교섭요구안도 최대한 현실적인 내용을 담고 있어야 한다.

노동조합 측의 교섭요구안이 현실성이 없고, 반면 사용자 측의 제1차 제시안이 현실성을 가지고 있다면 노동조합은 제1차 수정 요구안을 제시할 때 심사숙고하는 자세가 필요하다. 우선 교섭방향에 문제가 있는지를 재검토하고 교섭방향을 수정하기 위하여 조합 내부의 분위기를 파악해야 하며, 동시에 교섭위원의 권한과 전략전술에 대해서도 재검토하는 자세가 필요하다. 교섭목표의 수정이 필요하다고 판단된다면 과감하게 실천에 옮겨야 할 것이다. 교섭목표를 수정할 필요성을 느끼면서도 시간을 끌게 될 때 교섭위원들이 조합원 내부의 여론을 선회시킬 수도 있는 시간도 제대로 갖지 못하고 결과적으로 교섭의 마지막 단계에서 조합내부의 공감대를 얻지 못한 채 갑자기 교섭목표를 선회하는 경우가 생긴다. 사용자 측 교섭위원도 자신들의 제안이 노동조합 측 요구안에 비해서 현실성이 없다고 인식한다면 신속하게 수정을 위한 내부적인 작업을 시작해야 한다.

② 요구안과 제시안의 수정

본교섭에서 노사의 요구안과 대안 제시는 수정요구안에 대해서 대안을, 수정대안에 대해서 다시 수정요구안을 제시하는 형태로 진행되는 경우가 대부분이다. 그러나 노사는 이러한 요구안과 대안제시에 있어서 신중한 자세가 필요하다. 지나치게 빈번한 요구안과 대안제시 과정은 오히려 교섭의 진지한 분위기를 저하시키는 결과를 초래한다. 따라서 요구안과 대안제시에 앞서 교섭위원들이 내부적으로 충분히 검토할 시간을 가져야 할 것이다. 그리고 교섭과정에서 요구안과 대안을 제시할 때 '이것이 마지막'이라는 용어는 절제되어야 한다. 실제로 '마지막' 요구안이나 대안이 아니면서도 마지막이라고 할 때 이로 인하여 결국 실제로 '마지막' 안을 제시할 때 상대방으로부터 신뢰를 얻기 어렵기 때문이다.

③ 휴회와 정회 유의점

어떤 쟁점을 가지고 교섭이 한창 진행 중일 때 중단하지 말아야 한다. 교섭 중에 휴회하거나 교섭을 일시 중단하는 경우 그 사유를 명확하게 해야 하며 교섭 재개시의 상황을 염두에 두어야 한다. 특별한 이유 없이 어떤 쟁점이 막 해결되려는 시점에 휴회를 하거나 교섭을 중단한다면 교섭의 흐름이 깨지고 시간적인 낭비 또한 커지게 된다. 따라서 이러한 문제점을 줄이기 위해서는 어떤 사실에 대한 부정확한 정보 때문에 합의에 도달하지 못하는 경우에는 사실 확인을 조건으로 그리고 어떤 사실의 발생에 대한 불확실성은 발생을 조건으로 합의에 도달할 수 있다. 예를 들면, 작년도에 승진한 근로자의 숫자가 얼마인지 확실하지 않아 휴회를 한다면 교섭 재개시 이미 합의된 선에서 그 숫자에 대해서만 논의를 재개할 필요가 있다.

(3) 마무리교섭 및 타결

① 마무리 교섭

마무리 교섭은 본교섭에서 상당한 진전은 있었으나 핵심적인 쟁점사항에 대한 교섭이 공전상태에 들어가는 시점부터 시작된다. 노사는 미합의된 사항들을 하나하나씩 합의에 도달시키려고 하기도 하지만 대체로 교섭에 부여된 시간의 제약 때문에 일괄 타결하는 경우가 많다. 따라서 마무리 교섭단계에서 교섭위원들에게는 고도의 판단력이 요구된다. 마무리 교섭단계에서 교섭진행과정에 대한 관심도 더욱 고조되는데 교섭위원들은 심적으로 크게 부담을 느끼게 된다.

마무리 교섭단계에서 노사는 쟁점 사항에 대해서 마지막으로 입장을 정리하게 되는데 대체로 교섭타결을 위해서는 교섭목표를 낮추고 그에 따라 전략을 수정하게 된다. 동시에 상대방에 대해서 새로운 제안을 수락하도록 압력을 가하게 된다. 예를 들면, 새로운 제안을 할 때 수락할지를 결정할 수 있는 최종시한을 함께 제시하는 경우가 있다. 상대방의 새로운 제안을 수락함으로써 교섭을 최종 타결시키려고 할 때 상대방에게 추가적인 제안을 더 이상 하지 말라는 다짐을 요구하는 경우도 있다. 교섭의 공전사태를 타개하기 위해서 교섭에서 핵심적인 역할을 하는 소수의 교섭 위원으로 소위원회를 구성하여 소위원회에 권한을 위임할 수도 있다. 또한 교섭대표끼리 담판을 하는 경우도 있다.

② 마무리교섭으로서 막후교섭

교섭 마무리단계에서 교착상태에 빠지는 경우 노사교섭대표가 단독 또는 1~2명의 교섭위원과 함께 비공식적으로 만나 막후교섭을 할 필요도 생긴다. 막후교섭은 매우 민감한 사안이거나 공개적으로 논의되기 어려운 사안을 다루는 데도 이용된다. 막후교섭은 대개 몇 가지 사항만 미 합의된 상태에서 이루어지기 때문에 공개할 수 없는 이면적인 타결 조건을 수반하는 경우가 있다. 막후교섭에서는 타결의 공표 시기도 다루기도 한다. 그러나 막후교섭은 교섭대표끼리 신뢰를 필요로 하고 특히 노동조합 측에서 막후

교섭을 사용자와의 야합으로 보아 그 자체를 불신한다면 성공을 거둘 수 없다. 또한 막후교섭의 결과에 대해서 노사 쌍방은 비밀을 유지해야 한다.

본 교섭이 교착상태에 빠지기 시작할 때 공식적이던 비공식적이던 쟁의조정을 통해서 돌파구를 찾는 방법도 고려할 필요가 있다. 상급단체에 소속된 교섭전문가들의 의견을 물어보거나 교섭 단위에 근무했던 전직 사장이나 전직 조합장 등 신뢰할 수 있는 사람이나 교섭전문가들에게 조정을 요청할 수 있다.

마무리 교섭은 대체로 협약 만료기간 직전에 진행되는 경우가 많다. 이때 노동조합은 이미 노동쟁의조정신청을 하여 조정기간을 마쳤을 수 있고 쟁의행위 찬반투표까지 끝냈을 경우도 있다. 노동조합의 노동쟁의 조정신청이나 쟁의행위결의 절차는 노사 모두에게 교섭을 마무리하도록 하는 압력요인이 된다. 노동쟁의 조정이나 쟁의행위결의 과정에서 나타나는 조합원들의 여론은 교섭을 마무리하는 데 중요한 역할을 한다.

③ 마무리 교섭과 노동조합의 불법행위

마무리 교섭단계에서 교섭타결을 위해서 압력을 가할 때 실력행사로 나타나는 경우 법규위반 문제가 발생하게 된다. 이러한 문제는 특히 단체행동권을 가지고 있는 노동조합 측에서 의도하였던 의도하지 않았던 발생되는 경우가 많다. 근무시간 중의 임시총회개최, 농성, 휴가의 집단적 사용 등이 법에서 정한 노동쟁의 조정신청 절차를 밟지 않고 이루어졌다면 불법 쟁의에 해당될 가능성이 크다. 마무리 교섭단계에서의 불법행위는 교섭력 차원에서 볼 때 노동조합의 교섭력을 약화시키는 결과를 초래한다. 타결시점은 조합 내부는 물론 기업내부의 분위기와 밀접한 관계를 갖는다. 객관적으로 볼 때 아무리 교섭결과가 좋아도 내부적으로 지지를 받지 못한다면 교섭이 성공적이라고 평가하기 어렵다. 따라서 노사 교섭위원들은 타결시기 선택에 있어서 협조하는 자세가 중요하다. 타결을 발표하기 이전에 비공식적으로 내부의 의견을 알아볼 필요가 있다. 또한 교섭타결의 대외 공표 시기나 방식에 대해서도 신중을 기해야 할 것이다. 노사 중 어느 한쪽이 일방적으로 발표할 때 교섭결과에 대하여 오도될 가능성이 있다.

(4) 단체협약 체결권 제한(조합원의 인준투표) 문제

노동법상 노동조합 대표자는 단체협약 체결권을 가지고 있음에도 노동조합 규약에서 체결권을 제한하는 규정을 두어 잠정합의안에 대해 조합원 찬반투표를 하도록 하는 경우가 있다. 이는 단체협약 체결권을 제한하는 것으로 노동조합 집행부를 불신하고 리더십을 제한하는 것으로 지적되고 있다.

잠정 합의안에 대해 조합원 또는 대의원의 인준과정을 거치게 되어 있는 경우, 그 통과를 위해서 노사 당사자는 최선을 다해야 한다. 인준과정은 조합원 보고대회 등을 통해서 이루어지는데 조합원 또는 대의원의 투표를 거치는 것이 일반적이다. 인준투표의 통과여부는 조합 내부의 분위기가 매우 중요하다. 따라서 노동조합 지도부는 교섭결과에 대한 홍보에 주력하게 되는데 이때 사용자 측에서도 통과분위기를 만드는데 협조할 필요가 있다. 예를 들면, 경영여건의 악화와 교섭결과의 기업에 대한 부담, 근로자들의 생활개선효과 등을 알릴 필요가 있다.

인준 과정은 협약내용에 대한 조합원들이 평가와 추인이라는 의미가 있지만 그 과정에서 조합원들이 협약 내용을 숙지할 수 있는 기회를 제공하도록 활용할 필요가 있다. 또한 교섭결과에 대한 일부 세력들의 불만을 무마하고 지도부에 대한 신뢰도를 간접적으로 보여주는 의미도 갖는다. 인준투표과정 전의 홍보는 단체교섭과정과 협약내용에 대한 홍보로 나눠 볼 수 있다. 협약결과가 조합원들의 기대를 완전하게 충족시킨다는 것은 현실적으로 불가능하다. 따라서 교섭여건이 불리함에도 불구하고 잠정 합의된 협약결과가 최선이었다는 것을 인식시켜야 한다. 또한 조합원을 평소 요구와 불만사항 등의 처리결과, 새로 추가된 협약내용, 기존협약내용의 진전 등이 강조되어야 할 것이다.

(5) 교섭과정의 내부 협의와 공개

① 교섭과정 내부 협의의 유의점

교섭위원들은 교섭진행상황을 자신이 대표하는 집단의 최고의사결정권 자나 기구에 통보하고 이들의 의견을 수렴하게 되는데, 노동조합 측 교섭 위원은 대표자나 운영위원회 등, 사용자 측 교섭위원은 사장이나 이사회 등과 협의를 하게 된다. 내부 협의는 교섭결과를 질적으로 제고할 수 있다는 장점은 있지만 내부협의가 교섭의 흐름을 수시로 바꾸는 결과를 가져올 때 교섭위원들은 자신감을 잃게 되고 상대방 교섭 위원으로부터는 신뢰를 잃게 만드는 결과를 초래한다. 또 내부 협의가 지나치게 잦을 때 교섭전략 이 외부로 노출될 가능성도 커지게 된다. 따라서 내부 협의는 교섭목표 설정과 교섭 전략을 수립할 때에 충분히 교감하고 논의를 거치는 것이 좋다.

② 교섭진행 과정 공개의 유의점

교섭진행과정에 대해서 특히 조합원들의 관심이 크기 때문에 교섭진행 과정은 가급적 알리지 않을 수 없다. 교섭과정이 제대로 알려지지 않을 때 교섭과정에 대해서 소문과 추측만이 많아지게 되어 교섭이 끝난 다음 후유 증이 발생할 가능성이 있다. 특히 노동조합의 경우 교섭에 대한 조합원들의 평가는 교섭과정의 적절한 홍보에 영향을 받기 때문이다. 또한 교섭결과에 대해서 상대방은 물론 내부 구성원 사이에 상이한 이해관계를 가지고 있기 때문에 교섭과정이 잘못 알려졌을 때 과민반응을 불러일으키기 쉽다.

교섭과정이 대외적으로 공개되어 상대방에게 부담을 주는 경우, 상대방 측 교섭위원은 불쾌하게 생각하게 되고 교섭분위기마저 흐려지게 된다. 교섭이 막바지 단계에 와 있을 때 교섭진행과정을 일체 공개하지 않기로 노사가 약속하는 경우도 있다.

교섭진행과정을 공개하지 않을 수 없을 때 공개할 내용과 범위는 교섭위원 내부의 협의를 거치고 상대방 측에게 사전 통보할 필요도 있다. 교섭진행 과정의 대외공개를 위해서 교섭위원 중에서 대변인을 정하는 것도 바람직하다.

(6) 협약 문안의 최종 점검과 작성
① 협약 문안의 중요성

교섭과정에서 노사가 팽팽하게 맞서다가 정작 협약으로 문서화시킬 때 시간 부족 등으로 그 내용이 애매하게 작성되어 사후에 분쟁이 발생할 소지가 있다. 즉, 협약의 내용을 노사가 서로 자신에게 유리하게 해석하려고 하기 때문이다. 일반적으로 협약의 최종적인 내용은 교섭 마지막 단계나 교섭이 끝난 다음 만들어지게 된다. 협약의 내용에 따라서 노사 간의 이해관계는 크게 엇갈릴 수 있기 때문에 협약문구 정리과정에서 조금이라도 자신에게 유리한 내용을 추가시키려는 경향이 있다.

교섭위원들은 교섭타결에 모든 관심을 기울이기 때문에 정작 협약문안을 만드는 데 소홀해질 수 있다. 이러한 문제들을 해결하기 위해서는 교섭을 시작하기 이전에 협약의 초안을 부분적이나마 준비해 보는 것도 바람직하다. 협약의 문구 정리에 있어서 의문이 생기면 상급단체나 외부의 전문가들에게 자문을 받는 것도 도움이 된다. 협약의 문구를 확정하는 데 있어서 교섭위원이 아닌 일반 조합원이나 기업의 실무자들이 이를 어떻게 해석할 것인가를 염두에 두어야 한다. 또한 기존의 협약내용을 변경할 필요가 없다면 그냥 두는 것이 바람직하다. 그동안 오해의 소지도 없었고 교섭 과정에서 다루어지지 않았는데 단지 명문화시킨다는 등의 이유로 손질을 하였을 때 오히려 오해의 소지가 발생할 수 있기 때문이다.

② 협약문안 작성 시 유의점

협약의 문안은 명료해야 한다. 이를 위해서는 다음 사항들을 유념할 필요가 있다.

첫째 용어사용에 있어서 일관성을 유지할 필요가 있다. 동일한 사실에 대해서 다른 용어를 사용한다든지 동일한 용어가 서로 다른 사실을 의미하지 않도록 하여야 한다.

둘째, 불필요한 문장을 삼갈 필요가 있다. 예를 들면, 협약은 이미 협약의 유효기간을 전제로 하고 있는데도 불구하고 협약유효기간 동안이라는 문구는 불필요하다.

셋째 특수용어의 사용을 피할 필요가 있다. 예를 들면, 법률 용어가 잘못 사용되었을 경우에 그 자체로서 분쟁의 소지가 발생하기 때문에 가급적 간단한 용어를 사용할 필요가 있다.

넷째, 필요하다면 제목을 적절히 이용할 필요가 있다. 제목은 나중에 협약을 실제로 이용하는 노사 실무자들에게는 사용하는데 매우 도움이 된다.

다섯째, 수와 단위 등을 이용할 때 정확하게 규정하여야 한다. 예를 들면, '정년을 60세로 한다'라고 하였을 때 60세가 시작될 때인지 아니면 만료될 때인지, 생일이 되는 월이 기준인지 아니면 연도가 기준이 되는지를 명료하게 하여야 한다.

여섯째, 다른 조항과 관련되어 있을 때 그 조항을 분명히 할 필요가 있다. 예를 들면, '이러한 경우'나 '위의 사항'들과 같은 문구는 애매하기 때문에 구체적인 조항을 지정하여 분명히 할 필요가 있다.

일곱째, 여러 가지 사항들이 나열될 때 순서를 정해둘 필요가 있다. 예를 들면, '징계의 사유는 직장의 명예훼손, 무단결근, 무단직장이탈로 한다'라고 하는 대신 '징계의 사유는 다음과 같다. a.직장의 명예훼손 b.무단결근 c.무단직장이탈' 등으로 명확히 한다.

여덟째, 새로운 조항이 협약에 추가될 때 다른 조항과의 관련성이나 문맥을 고려하여 배치할 필요가 있다.

아홉째, 협약적 내용은 조, 항, 목 등의 방식으로 일목요연하게 배치할 필요가 있다.

3. 단체교섭 진행상의 행동 요령

(1) 인간적인 문제와 교섭문제의 구별

교섭위원들은 인간적인 문제와 교섭의 문제를 구별하여야 한다. 인간적인 문제는 주로 교섭의 명분과 관련되며 교섭의 문제는 실익과 관련된다. 교섭과정에서 쌍방의 의견이 팽팽하게 대립될 때 교섭위원들은 감정적인 자세를 가지기 쉽다. 상대방으로부터 보다 많은 양보를 얻어내는 것이 교섭의 본질이라고 이해하거나, 교섭에 가치판단적 요소가 크게 투입될수록 감정적인 분위기로 흐르기 쉽다. 또한 교섭위원들은 자신의 주장만 옳다고 생각하고 일단 한번 주장하면 수정하기를 거부하는 경향이 있다. 예를 들면, 상대방에게 '제안이 의미가 없다'거나, '그 제안에 너무 집착한다'는 말을 해서는 안 된다. 감정적인 요소는 자신의 판단을 흐리게 하며 심리적으로 부담을 주게 되어 결과적으로 자신에게도 불리한 결과를 가져온다.

단체교섭에서 교섭의 문제와 인간적 문제가 구별되기 위해서 교섭위원들은 자신의 의견을 명확하게 밝히지 않는 전술적 태도에서 벗어나야 한다. 오히려 교섭에서 자신의 요구사항을 명확하게 밝혀 쟁점이 무엇인지를 부각시키는 자세가 필요하다. 제안이 모호하고 일반적이라면 구체적으로 바꾸려는 노력을 할 필요가 있다. 교섭위원이 감정적인 태도를 극복하기 위해서는 가치판단적인 자세를 지양하려는 자세가 필요하다. 주관적인 판단에 대해서는 다른 동료 교섭위원들이 시정해 줄 필요가 있다. 또한 상대방의 약점을 건드리거나 어려운 처지에 빠뜨리려는 자세는 지양해야 한다.

(2) 대안제시형 교섭진행

교섭위원들은 자신의 임무가 교섭의 타결이라는 일차적인 목표에 있다는 사실을 인식하고 대안을 가지고 절충하는 태도를 취해야 할 것이다. 교섭의 대상은 쌍방의 입장이나 원칙이 아니라 입장이나 원칙으로부터 노출된 일정한 대안이라고 할 수 있다. 교섭위원들은 어떤 주장을 할 때 배경이 되는 입장만을 내세우며 상대방을 설득시키려고 하기보다는 구체적인 대안을 놓고 타협을 하는 것이 필요하다. 그리고 이때 자신이 수락할 수 있는 기준을 제시할 필요가 있다. 대표적인 것으로 노동조합 측의 생계비, 사용자측의 생산성에 기초한 임금인상 결정이론을 예로써 들 수 있는데 임금결정의 근거가 되는 생계비나 생산성의 논리에 집착하기보다는 임금인상의 요구수준과 제시수준을 가지고 교섭을 하여야 한다.

대안제시와 절충과정이 생산적이기 위해서는 그 대안이 자신뿐 아니라 상대방에게도 실익이 있어야 한다. 따라서 대안을 제시할 때 상대방의 이익이 무엇인지 밝히는 것이 자신이 제시한 대안의 설득력을 높여준다. 한편 교섭에 있어서 이행시기를 활용하는 것은 대안의 내용을 풍부하게 만든다. 합의 후 일정한 기간이 지난 다음 어떤 제안을 이행하기로 한다면 제안의 수락에 따른 명분과 부담을 줄인다는 실익을 동시에 살릴 수 있다. 예를 들면, 노동조합 측 수당의 신설을 계속 주장할 때 사용자측은 수당의 신설을 받아들이되 적용시기를 늦추어서 절충할 수 있다.

(3) 안건처리방식

안건처리방식은 단계적 타결방식, 일괄타결방식, 단계적 타결과 일괄타결의 절충방식으로 나눌 수 있는데, 안건의 처리방식에 대해서 예비교섭단계에서 합의를 보는 것이 필요하다. 단계적 타결방식은 어떠한 안건이 타결될 때까지 개별적인 안건을 타결시키지 않는 방식이다. 절충방식은 비교적 합의하기 쉬운 안건부터 먼저 해결하고 어려운 안건은 일괄타결하는 것이라 할 수 있다. 단계적 타결방식의 안건은 신중하게 처리할 수 있는 장점은 있지만, 각 안건 사이의 관련성이 소홀하게 다루어지면 시간이 많이 소요되는 단점이 있다. 일괄타결방식은 각 안건사이의 관련성을 적절하게 고려할 수 있고 시간을 절약할 수 있지만 문제해결형 상생의 win-win교섭으로 접근하지 않으면 파업 등 교섭이 파국으로 돌입할 가능성이 크다는 단점이 있다. 절충방식은 단계적 타결방식과 일괄타결방식의 장단점을 모두 가지고 있다. 교섭초기에는 단계적 타결방식을, 마무리단계에서는 일괄타결방식을 활용하는 것이 효율적이다.

(4) 신축적인 태도견지

교섭 대표들은 합의조건에 대해서 신축적인 태도를 가져야 한다. 또한 상대방이 어떤 원칙을 지나치게 고수한다면 그 원칙을 포괄하면서도 보다 커다란 원칙을 제시하는 것도 도움이 된다. 오직 한 가지 해결 방안만을 고집하거나 자신의 이익만을 100% 관철시킨다는 자세에서 벗어나야 한다. 교섭 초기의 목표가 현실적이었다면 3분의 2 정도만 달성하면 성공적이라고 할 수 있다. 또한 교섭의 목표를 달성시킬 수 있는 방법은 다양하다는 것을 인식할 필요가 있다. 어느 한 가지 사항을 양보하고 다른 사항에 대해서 양보를 얻어냄으로써 서로 상쇄시킬 수 있다는 생각을 가질 필요가 있다. 해결 방안에 대한 신축성을 높이기 위해서는 노사 쌍방이 자신들의 요구사항을 그 근거와 함께 솔직하고 명확하게 전달하는 자세가 중요하다. 또한 노사가 교섭 전에 자료를 서로 공유하는 것도 중요하다. 자신의 제안이 모호함으로써 상대방의 판단이 흐리게 될 때 상대방으로부터 신축적인 자세를 기대하기 어렵다.

(5) 객관적인 근거자료 이용

교섭위원들은 대안을 제시할 때 그 근거를 제시할 수 있어야 한다. 이때 대안의 근거가 객관성을 확보하지 못한다면 노사 간의 교섭은 감정적인 차원으로 흐르기 쉽다. 따라서 교섭을 준비할 때 노사 모두가 인정할 수 있는 근거를 찾되 어려울 때에는 상대방에게 제의의 근거와 적용방법을 제시하여야 한다. 예를 들면, 임금 인상의 기준으로 사용자측은 생산성을, 반면에 조합측은 생계비를 중시하는 경향을 보인다. 생산성이나 생계비에 관련된 자료의 신뢰도를 높이기 위해서는 노사가 서로 인정할 수 있는 기관에서 제공된 통계를 사용하는 것이 바람직하며 이러한 통계의 입수나 사용이 어려울 때는 교섭준비 단계에서 서로 쉽게 확인할 수 있고 생산성과 생계비 변화를 객관적으로 반영하는 지표를 노사가 공동으로 선정할 수도 있다.

(6) 상대방의 발언의 경청과 간단명료한 발언

교섭 대표들은 발언할 때 자신의 주장을 간단명료하게 하여 오해의 소지가 없도록 하며 동시에 상대방의 발언을 경청해야 한다. 장황한 설명은 발언자의 논지를 전달하기 어렵게 만들고 지루하게 만들어 다른 사람들로부터 주목을 끌기 어렵다. 또한 장황한 발언의 발언과정에 자신의 교섭전략과 전술이 본의 아니게 알려질 수도 있다. 상대방의 발언을 통해서 교섭

전략 및 전술은 물론 심리적인 상태까지 파악할 수 있기 때문에 경청하는 것은 교섭전략과 전술수립의 3대 요소인 정보의 확보 측면에서 도움이 된다. 동시에 경청하는 자세는 상대방을 존중한다는 이미지를 주기 때문에 교섭의 흐름을 부드럽게 한다.

Ⅳ. 단체교섭 난관 극복방법

1. 정회를 거쳐 시간적 여유

단체교섭은 종종 긴 시간 동안 진행되어 난관에 봉착하여 교섭 진행이 잘 안될 때, 정회는 교섭장 분위기를 바꿔주고 시간적 여유를 확보하고 신체적 정신적인 부담을 줄여주고, 그 사이 개별적인 의견을 검토하고 타협점을 찾을 수 있는 기회를 가져 노사 간의 의견 차이를 좁히고 합의에 도달하는데 도움을 준다.

교섭 테이블에서 교섭위원간의 감정적인 대립이 발생하였을 때에 감정을 해소하는 방법으로 시간적 여유를 갖는 정회가 효과를 가져 온다. 시간적 여유를 가지면서 비공식적인 대화를 통해 서로간의 오해도 해소할 수 있게 된다.

교섭 상대방이 돌발적인 제안을 하여 교섭위원 간에 의견대립이 발생하였을 때에 내부적인 의견 조율이 필요하다. 이때에 정회를 하고 내부적인 의견조율을 한 이후에 교섭의 난항을 극복할 수 있다.

2. 진정으로 원하는 바가 무엇인지 탐색

노사 간에 의견 차가 심해 교섭이 난관에 봉착되었을 때는 먼저 자신들이 진정으로 원하는 것이 무엇인지를 파악하는 것이 필요하다. 개별적인 입장 뒤에 존재하는 원하는 바가 진정으로 원하는 것인지를 의문을 갖고 살펴볼 필요가 있다. 자칫 중요한 가치를 가지지 않는 지엽적인 문제에 빠져서 진정으로 원하는 바가 무엇인지 모르고 교섭의 난관에 헤매는 경우가 많다.

교섭이 난관에 빠져서 상대방이 전혀 양보를 하려고 하지 않을 때에는 상대방이 진정으로 원하는 바가 무엇인지 탐색해보는 것이 필요하다. 상대방은 자신들이 진정으로 원하는 바를 말하지 못하고 주변의 사항을 고집을 부릴 수도 있다. 상대방이 진정으로 원하는 바를 찾아내어 그것을 충족시켜 주는 방안을 찾으면 상대방 태도가 변화를 가져올 수 있다. 상대방의 입장 태도를 비난하고 한탄할 것이 아니라 상대방이 입장을 고수하는 뒷면에 존재하는 진정으로 원하는 바를 찾아가는 지혜가 필요하다.

3. 점진적 합의와 막후교섭의 활용

단체교섭이 난관에 봉착하여 전혀 진전이 없을 때에는 여러 가지 교섭의제 중에 원칙적인 것이나 작은 것부터 "점진적이고 단계적인 방식"으로 의견 접근을 가져와서 신뢰를 형성하면서 교섭을 진행하는 것이 난관을 극복할 수 있는 하나의 방법이다. 또한 노사雙방이 공식적인 교섭테이블에서는 털어 놓을 수 없는 서로의 요구조건들을 허심탄회하게 털어 놓고 자신들이 진정으로 원하는 최후의 양보 선까지 서로가 후퇴할 수 있는 신뢰심에 바탕을 둔 교섭을 하는 것도 좋은 방법이다. 사실상 수많은 교섭들이 이러한 막후창구에서 실질적으로 타결되고 공식석상에서는 그 합의를 확인하는 형식적인 절차를 밟는 형식으로 진행되는 경우도 많다.

4. 쟁의조정제도의 활용

노사가 결국 합의점에 도달하지 못했다면 노동위원회의 화해, 조정, 중재를 통한 쟁의조정제도를 활용한다. 도저히 자율적으로 단체교섭이 합의에 이르지 못할 때 쟁의조정제도는 비교적 신속하고 효율적으로 해결할 수 있는 방법이다. 특히 노동위원회에 의한 노동쟁의조정 절차에서는 반드시 조정안을 받는 절차까지 밟는 것이 좋다. 조정중지를 받아서 쟁의행위를 돌입하려는 것은 어리석은 것이며 조정안을 통하여 노사 양측의 교섭 객체에게 노동위원회의 조정안의 수준에 따라 기대수준을 낮출 수 있는 좋은 계기가 된다. 노동위원회의 노동쟁의 조정은 반드시 사전 조정과 사후 조정까지 받는 것도 좋은 방법이다. 사전 조정을 통하여 교섭 당사자 간의 쟁점을 정리할 수 있는 계기가 되면서 사후 조정을 통하여 상호 진정으로 원하는 바를 합의할 수 있는 도움을 받을 수 있다. 특히 조정과정에서 조정위원들이 현장 조정을 하는 것도 교섭의 교착상태를 극복할 수 있는 유용한 방법으로 적극 활용할 필요가 있다.

5. 노동위원회의 공정 노사 솔루션 활용

중앙노동위원회에서는 2023년부터 단체교섭 과정 중에 갈등분쟁을 예방하기 위하여 「공정 노사 솔루션〈공솔〉」제도를 시행해오고 있다. 집단적 노사관계에서 발생하는 각종 노동분쟁에 대해 사전 사후 조정제도를 활용하여 갈등을 해결하는 새로운 문화를 선도하고자 사업장 노·사와 협약을 체결하도록 ADR전문가를 지원하고 있다.

노사 간 집단적 노동분쟁과 갈등의 신속한 해결을 위해 교육, 대화 촉진, 교섭 주선 등 사전·사후적으로 맞춤형 조정 서비스를 제공하여 노사의 자율적·평화적으로 분쟁을 해결하는 기법이다. 노동조합과 사용자 간 권리·이익분쟁, 즉 단체협약 해석이나 임·단협 교섭 등에 대해 노동위원회가 ADR 전문가를 지원해 신속하고 평화적인 갈등 해결을 도모하고자 하고 있다.

주로 협약체결을 희망하는 사업장을 대상으로 하는데 ① 조정신청을 반복적으로 하는 사업장, ② 일정 규모 이상 또는 공익사업장으로 지역적·사회적 파급력이 상당한 사업장, ③ 사회 이슈·쟁점 사업장이나 노사분쟁 해결의 신문화 정착 희망 사업장, ④ 신설 노조, 최초 조정신청, 최초 임단협 교섭 사업장, 기타 협약체결의 필요성이 인정되는 사업장 등을 우선 고려한다.

협약체결의 각 주체는 사업장 노·사와 지방노동위원회와 중앙노동위원회가 된다. 복수 노동조합인 경우 체결을 희망하는 노동조합 전체가 되고, 사용자는 본사·지사 구분 없이 사업장 단위로 체결하고 해당 사업자의 사건 관할 노동위원회가 주체가 된다.

협약체결 후 협약에 근거하여 노사요청에 따라 노동분쟁에 대한 조정 전 사전지원 및 조정 후 사후 지원을 진행한다. 각 주체는 공술 업무담당자를 지정하고, 지원 요청 시 관련 정보교환 및 미팅 시간·장소 등을 협의한다. 협약의 효력은 체결 시 즉시 발생하며, 유효 기간은 당사자 간 협의로 협약서에 명시한다.

06.

노동분쟁
조정과 중재

06 노동분쟁 조정과 중재

김학린

I. 노동분쟁 조정과 중재제도의 이해

1. 단체교섭이 결렬되면 노동분쟁은 어떻게 해결할 수 있을까?

집단적 노동분쟁은 노동조합과 사용자 간에 발생하는 분쟁을 말하는 것으로, 이는 당사자 간 협상(단체교섭)을 통해 자율적으로 해결하는 것이 기본이다. 그러나 여러 가지 이유로 노사 간 단체교섭이 결렬된다면, 이제 노동분쟁은 '노동쟁의'가 발생한 상태가 된다. '노동쟁의'는 노동조합과 사용자 간에 임금, 근로시간, 복지, 해고, 기타 대우 등 근로조건의 결정에 관한 주장의 불일치로 인하여 발생한 분쟁상태를 말한다.

단체행동을 일컫는 '쟁의행위'는 노동쟁의와 구별되는 개념이다. 노동쟁의가 근로조건의 결정에 관한 사항에 대한 이견으로 다툼이 있는 상태를 말한다면, 쟁의행위는 이러한 노동쟁의 상태를 해결하기 위하여 업무의 정상적인 운영을 방해하는 실력 행사인 것이다. 구체적으로 파업, 태업, 직장폐쇄 등 노사 당사자가 그 주장을 관철할 목적으로 행하는 행위로 업무의 정상적인 운영을 방해하는 행위 등이 여기에 속한다.

그런데 우리나라에서 쟁의행위는 노동위원회의 조정절차(공적 조정)를 거치거나 노사 당사자의 합의나 단체협약에 근거하여 노동위원회 이외의 제3자나 단체에 의한 조정절차(사적 조정)를 거치지 아니하면 행할 수 없는 조정전치주의를 채택하고 있다. 이러한 의미에서 노동분쟁 조정은 노동쟁의가 쟁의행위로 전개되는 데 있어 반드시 거쳐야 되는 절차로 노사 당사자 간 발생하는 노동쟁의에 대하여 제3자가 공정한 입장에서 노동쟁의의 평화적 해결을 조율하고 촉진하는 절차라 할 것이다. 또한 중재는 노사 당사자 간 발생하는 노동쟁의에 대하여 제3자 개입이라는 측면에서는 조정과 유사하나, 노사 당사자를 구속하는 법률상 효력이 있는 처분이라는 점에서 조정과 다르다.

노동쟁의 조정제도는 노사 당사자의 입장에서도 적극적으로 활용할 이유가 존재한다. 우선, 교섭을 촉진하기 위한 간접 대화의 창구로 활용하거나 교섭 타결의 객관적 기준 마련과 탐색을 위해 제3자의 의견을 청취하는 채널이 될 수 있다. 또한 집단적 학습의 장으로도 활용될 수 있는바, 특히 노사 내부의 강경파를 설득하는 장으로 이용될 수 있다. 조정을 통해 양보나 타결의 명분과 근거를 얻어 갈 수 있기 때문이다. 더불어 공공부문의 경우 사회적 공론화의 장으로 활용될 수 있다.

물론, 노조의 경우 조정전치주의로 인해 파업으로 가는 하나의 관문 정도로 인식하고 형식적으로 조정에 참여기도 한다. 반면, 사용자는 노동위원회를 믿고 교섭을 해태하는 경우도 있고, 파업을 막아주거나 지체시키는 방파제 정도로 인식하는 경우도 있다. 노동위원회를 비롯한 노동분쟁 조정인(또는 팀)은 이러한 상황에 적극 대처해야 하는바, 조정에 임하는 조정인의 태도나 조정전략의 설계 및 실행 과정에서 노사의 조정에 대한 편의주의적 접근이 불식되도록 노력해야 한다. 노조법이 보장하는 조정인의 권한을 극대화하는 방향으로 대안을 찾아야 한다.

〈그림 1〉 집단적 노동분쟁 해결 프로세스

2. 사적 조정 vs 공적 조정

노동분쟁 조정(중재)은 노동위원회를 통해 조정 또는 중재를 받을 수 있고(공적 해결), 사적 영역에서 조정인이나 중재인을 선임하여 조정 또는 중재를 받을 수 있다(사적 해결). 공적 해결이 행정적인 제약이 많아 유연한 접근이 쉽지 않은 데 비해, 사적 해결은 조정 전문가나 중재 전문가의 도움을 받아 보다 유연하게 현장의 목소리를 수렴할 수 있어 노사가 모두 만족할 수 있는 해결책을 도출할 가능성이 크다는 이점이 있다. 더불어 사적 조정은 노사가 합의만 하면 조정전치주의와 무관하게 노동분쟁의 어떠한 단계에서도 적기에 활용될 수 있는바, 노동분쟁의 조기 해결에 도움이 될 수 있다. 사적 해결은 노사 합의로 조정 전문가나 중재 전문가를 위촉한다는 점에서 조정이나 중재의 성공 확률은 높아질 수 있지만, 전문가를 위촉하는데 있어 노사 합의가 쉽지 않다는 문제점을 갖는다. 이러한 이유로 현실에서는 사적 조정이나 중재가 거의 활용되지 못하고 있는 상황이다.

반면, 사적 해결을 도모하지 않고 노동위원회에 의뢰해서 조정이나 중재를 받을 수 있다. 조정은 노사 일방이 노동위원회에 신청하면 개시된다. 만약 조정안에 대해 노사 양측이 동의하면 분쟁은 종결되며, 조정안은 단체협약과 동일한 효력을 가진다. 더 나아가 노사는 현장으로 돌아가 조정안을 바탕으로 조정안에 들어가 있지 않은 사항까지 포함하여 단체협약을 새로 작성하는 경우도 있다. 조정안에 대해 추후에 노사 간에 해석상 이견이 생기면 노동위원회에 다시 중재를 의뢰할 수 있다. 만약, 조정을 통해 합의에 이르지 못하게 되면 노동조합은 자신의 주장을 관철하기 위한 수단으로 쟁의행위를 할 수 있는 합법적인 권한(예. 파업권)을 가지며, 사용자도 노동조합의 쟁의행위에 대한 대응적 성격의 쟁의행위권(예, 직장폐쇄)을 갖게 된다.

중재는 노동분쟁이 발생했을 때 노사 쌍방이 신청하거나, 단체협약에 가능하다고 되어 있는 경우에는 어느 일방이 노동위원회에 신청하면 개시된다. 노사는 조정 대신 중재로 바로 가도 되고, 조정을 받는 도중에 중재를 신청하여 중재로 빨리 분쟁을 해소할 수도 있다.

3. 사전 조정 – 본 조정 – 사후 조정의 연계

공적 조정절차는 사전 조정, 본 조정, 사후 조정으로 구분될 수 있다. 노조법에는 노동위원회가 조정신청 전이라도 노사 당사자가 원하는 경우 교섭을 주선하는 등 분쟁의 자율적 해결을 지원할 수 있을 뿐 아니라 노사 당사자가 조정안 수락을 거부하여 조정의 종료가 결정된 후에도 노동쟁의의 해결을 위하여 조정을 지원할 수 있도록 하고 있다. 이러한 의미에서 사적 조정과 마찬가지로 공적 조정도 노사가 합의만 한다면 노동분쟁의 어떠한 단계에서도 노사 간 자율적 합의를 지원하는 조정 활동을 수행할 수는 있다. 그러나 일반적으로 노동위원회의 조정은 본 조정만을 지칭하는 경우가 많다. 사전 조정과 사후 조정이 활성화되어 있지 않기 때문이다.

공적 조정은 노동법상 제약(예를 들어, 조정 기간의 제약) 등으로 조정 본연의 유연한 접근이 쉽지 않은바, 이를 개선하기 위한 하나의 방안으로 사전 조정 – 본 조정 – 사후 조정의 체계적인 연계 방안을 모색할 필요가 있다. 최근, 노동위원회는 사전 조정 – 본 조정 – 사후 조정의 연계를 통해 조정 서비스의 풀질을 제고하기 위한 다양한 활동을 전개하고 있다. 2023년만 하더라도 서울버스 노동분쟁 사례의 경우 사전 조정을 통해 단체교섭을 신속하게 마무리하였고, 한국철도공사의 경우 사후 조정 서비스를 활용하여 노동분쟁을 평화적으로 해결하였다. 보건의료산업노조의 경우 사전 조정 – 본 조정 – 사후 조정을 모두 거치면서 노동분쟁을 비교적 신속히 마무리하였다.

조정이 갖고 있는 본연의 장점을 극대화하기 위해서는 사전 조정과 사후 조정의 활성화와 본 조정과의 체계적인 연계가 절실하다. 그러나 사전 조정과 사후 조정은 본 조정과 유사한 방식으로 진행되고 있는데, 이는 사전 조정과 사후 조정의 개념과 역할에 대한 독립적인 정리가 되어 있지 않기 때문이다. 노동분쟁의 단계별 특성에 부합하는 조정 방식의 적용이라는 차원에서 사전 조정과 사후 조정의 독자적인 모델 개발이 필요하다.

○ 보건의료산업노조 조정사건(2023년)

   – 노사는 임금인상에 대한 교섭을 진행하였고, 임금교섭 이면에는 코로나 이후 간호인력 확충에 대한 정부의 적극적 추진과 (산별)노동조합–정부 간의 대화 창구 마련이라는 쟁점이 존재하고 있었다.

   – 노동조합은 임금교섭에 대한 조정 불성립과 이를 통한 쟁의권 획득으로 정부를 상대로 노동조합의 요구사항에 대한 이행 및 노동조합과의 대화를 촉구하고자 하였다.

   – 개별 병원 차원에서는 산별노조의 투쟁 계획과는 다르게 쟁의행위 없이 임금교섭을 마무리하고자 하는 경우도 있었지만, 상황적 요인에 의해 개별 병원 대부분의 노사가 임금인상률 등에 대한 입장 차이를 좁히지 못하

고 있었고, 이에 본 조정에서는 조정 중지를 결정하였다.

- 노동위원회는 산별노조와는 별개로 개별 병원들의 특수한 사정을 고려하여 유연한 대응을 하였는데, 녹색병원 등 12개 종합병원 등을 대상으로 사전 조정을 실시하였고, 본 조정의 조정 중지 결정 시 쟁의행위와는 별도로 노동위원회 사후 조정을 활용한 조속한 타결 방안을 제시하였고, 2일간의 쟁의행위 후 노동위원회 사후 조정을 통해 신속히 임금협약을 체결하였다.

4. 포괄적 조정 서비스 제고 – 공솔(공정 노사 솔루션)

최근 노동위원회는 단순히 사전 조정 – 본 조정 – 사후 조정의 연계를 통한 조정 서비스 품질 제고를 넘어 집단적 노사관계의 새로운 문화를 선도하고자 보다 적극적인 프로그램을 추진하고 있다. 이른바 '공정 노사 솔루션(이하 공솔)' 프로그램으로 노사 당사자와 노동위원회가 협약을 체결하여 교육, 대화 촉진, 교섭 주선, 현장 조정, 유관기관 협의·협조, 권고안·조정안 제시 등의 활동을 통해 노사의 신속하고 평화적인 분쟁 해결을 위한 전방위적 서비스 제공을 시도하고 있다.

공솔의 장점은 노사 당사자와 노동위원회가 일상적 지속적 관계를 형성한다는 점이다. 협약을 체결하면 3자 각각 공솔 담당자를 지정하여 일상적 정보교환은 물론 노사교섭의 진행 과정에서 직면하는 문제점에 대해 협의하고, 노동위원회 차원의 조언 및 지원을 신속하게 수행할 수 있게 된다. 이는 미국 FMCS(Federal Mediation & Conciliation Service)의 조정 활동 방식과 유사한 것으로 조정을 통한 사후적 해결을 넘어 예방적 활동에 다가서려는 기획이라 할 것이다.

'23년 서울시 버스 노사의 사전 조정 활동, 사전 조정 – 본 조정 – 사후 조정을 연계한 보건의료 노사 지원, '22년과 '23년 2년 연속 사후 조정을 통한 한국철도공사 분쟁의 평화적 해결 등의 경험을 바탕으로 서울시 버스, 강원도 버스, 단국대병원, 보해양조, 강원연구원 등과 협약을 체결하여 집단적 노동분쟁의 신속한 해결을 지원하고 있다.

II. 성공적 조정을 위한 활동

1. 조정 단계별 활동

공적 조정은 노사 당사자 일방의 신청으로 시작된다. 일단 조정신청서가 제출되고 담당 조사관이 지정되면, 이후 조정과정은 사전 조사단계, 조정위원회 구성단계, 조사보고서 작성단계, 전략회의 단계, 조정회의 단계, 평가 단계 등 6단계로 구분될 수 있다. 조정과정을 단계별로 구분하는 이유는 단계별로 조정인에게 부여된 고유한 과제가 있기 때문인바, 각 단계별로 부여된 과제를 효과적이고 효율적으로 수행해야만 조정의 전 과정이 성공적으로 진행될 수 있다. 구체적으로 각 단계별 과제를 살펴보면 다음과 같다.

첫째, 사전 조사는 담당 조사관에 의해서 수행되며, 노사 당사자들을 대상으로 면담을 진행하게 된다. 당해 사건의 주요 현황 및 자료수집 그리고 쟁점 사항을 파악하게 되는데, 이 과정에서 쟁점 사항을 목록화하고 쟁점 사항에 대한 당사자들의 입장과 이해관계 등을 탐색한다. 이어 조정회의에서 집중적으로 다룰 핵심 쟁점을 도출하게 된다.

둘째, 조정위원회는 노사의 추천(일반사업), 배제(공익사업) 순서에 따라 3인으로 구성된다. 다만, 노사 쌍방이 합의할 경우, 쌍방 합의로 선정한 위원 1인에게 단독 조정을 담당하게 할 수 있다. 통상, 당해 사업장의 노사관계를 잘 아는 위원(전년도 당해 조정사건의 조정위원 등) 또는 노사 당사자로부터 신임을 받는 위원이 조정위원으로 추천되고 선임된다.

셋째, 조사보고서는 담당 조사관이 작성하며, 조정위원이 당해 조정사건의 쟁점을 파악하기 쉽도록 작성하는 것이 중요하다. 당해 조정사건의 현황과 쟁점을 확인하고 당사자의 주장이 명확하게 드러나도록 비교표로 작성하는 것이 바람직하다. 더불어 비교표 작성을 통해 드러난 쟁점을 큰 틀에서 유형화하고, 우선순위로 재구성한 분석 결과를 조사보고서에 포함시킨다.

넷째, 전략회의는 해당 조정사건의 조정전략을 선택하거나 설계하기 위해 소집된다. 주로, 해당 사건의 조정위원과 조사관 간의 전략적 의견 교환을 통해 최적의 맞춤형 조정전략을 확정하고 조정위원 간 역할 분담도 진행하게 된다. 전략회의 시 조사관은 사전 조사와 조사보고서 작성과정에서 획득한 공식/비공식 정보나 자료 그리고 의견을 가감 없이 제시함으로써 조정위원들이 적합한 조정전략을 확정하는데 도움을 주는 역할을 하게 된다.

다섯째, 조정회의는 조정의 전체 단계에서 핵심적 위치를 점하는 것으로, 당사자 간 합의도출을 목적으로 한다. 통상 조정회의는 공동회의 개회선언 → 노사 당사자 참석 확인 및 조정위원 소개 → 노사 당사자의 모두 발언 → 조정위원 질의 및 당사자 응답 → (필요 시) 개별회의를 위한 정회선포 → 개별회의 진행 → 공동회의 속개 → 향후 조정 진행 방향에 대한 논의 및 종료 등의 순서로 진행된다. 필요에 따라 개별회의를 진행하는데, 조정위원들이 개별 당사자의 깊은 속내를 파악하고 합의가능영역을 구체적으로 파악하는 데 활용된다.

마지막으로 평가 단계로써 평가의 주요 내용은 해당 조정사건의 결과에 대한 분석으로 특이점, 성공/실패 요인 분석, 교훈, 조정 서비스에 대한 만족도 등이 대상이 된다.

2. 성공적 조정을 위한 조정인의 4가지 관리 활동

각 단계별로 요구되는 과제에 부합하는 조정 활동의 전개와 더불어 조정 전 과정에서 조정인은 쟁점 관리, 과정 관리, 구조 관리, 관계 관리 등의 4가지 관리 활동을 면밀하게 준비하여 실행하여야 한다.

(1) 쟁점 관리

1) 쟁점의 목록화와 구조화

조정은 쟁점을 관리하는 과정이라 해도 과언이 아니다. 쟁점을 효율적으로 관리하기 위해서는 확산적 토론과 수렴적 토론을 하나의 세트(set)로 단계를 구분하여 접근하는 것이 필요하다. 구체적으로 조정회의의 1단계 세트는 해결해야 할 문제를 정의(쟁점의 구조화)하는 것을 목표로 해야 한다. 이를 위해서는 첫째, 당사자들이 관심이 있는 모든 쟁점에 대해서 말을 하도록 해야 한다. 소위 '쟁점의 목록화'(issue list) 단계라 할 수 있다. 물론 조사관이 사전에 쟁점을 목록화하여 조사보고서에 담을 수 있다. 조사보고서에 있는 내용이라 하더라도 조정회의에서는 조정위원회와 노사 당사자 간의 쟁점 목록에 대한 공유를 반드시 다시 한번 해야 한다. 이를 통해 조사보고서에 빠져 있을 수 있는 쟁점을 발굴하는 작업이 필요하다. 쟁점을 목록화하는 단계에서는 확산적 토론이 필요하다. 작은 사안이라도 당사자들이 관심이 있는 사안이라면 부담 없이 제시할 수 있는 회의 진행이 필요하다.

쟁점이 목록화되면 이제 수렴적 토론이 필요한데, 소위 '문제정의'(쟁점의 구조화) 과정이다. 목록화된 쟁점을 쪼개거나 통합하여 쟁점을 유형화하고 이를 우선순위로 재배열하는 과정을 진행하게 된다. 일반적으로 쟁점의 구조화는 쟁점의 축소(또는 삭제)로 나타나고, 축소된 쟁점에 대해 우선순위로 재배열하여 이를 조정위원회와 노사 양 당사자 간에 공유하게 된다. 이로써 조정회의 1단계 세트를 마치게 되는데, 노동위원회의 조정의 경우 조정회의 1차 회의에서 이 작업을 하게 된다.

〈그림 2〉 조정회의 2단계 실행 개념도

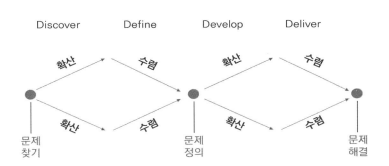

2) 대안의 모색 및 합의 초안 만들기

쟁점의 구조화가 완료되면, 이제 2단계 토론 세트가 진행되는데 문제해결(구체적으로 합의안)을 도모하는 단계라 할 것이다. 이 경우도 우선 확산적 토론이 필요하다. 쟁점의 우선순위에 근거하여 핵심 쟁점에 대한 당사자들의 이해관심사를 만족시켜 줄 수 있는 다양한 아이디어를 도출하는 것이다. 다양한 대안을 도출하기 위해서는 당사자들의 창의적인 아이디어가 필요한데, 특히 조정회의 과정에 한 번도 언급되지 않았던 다양한 대안과 수단들에 대해서도 아이디어 차원에서 부담 없이 제출할 수 있는 분위기가 만들어져야 한다. 이후 더 이상 창의적인 아이디어가 도출되기 어렵다고 조정위원회가 판단하면, 이제 제출된 다양한 아이디어를 하나로 묶는 수렴적 토론이 진행되어야 한다. 수렴적 토론의 결과는 합의 초안 형식으로 구체화되는데, 일반적인 협상 및 조정에서는 이를 'single text(합의를 위한 초안)'라 부른다. 노동위원회의 조정에서는 통상 조정위원회가 '조정 안(혹은 권고안)' 형식으로 제출한다.

3) 합의 초안의 최적화와 동의

조정안이 제출되면 조정회의는 이제 새로운 단계에 진입하게 된다. 당 사자들의 관심사인 쟁점을 중심으로 토론하는 것에서 합의 초안을 중심으로 토론이 전환되는 것이다. 합의 초안이 제출되면 당사자들은 조금이라도 자신들에게 유리한 방향으로 합의 초안을 수정 보완하게 되는데, 이는 합의 초안이 당사자들의 모든 관심사를 세밀하게 검토하여 이를 최대한 반영하지 못하는 경우가 대부분이기 때문이다. 통상 UN과 같은 국제기구 에서는 '합의 초안을 회람'하는 단계에서 합의 초안의 수정과 보완 작업이 수행된다. 회람 과정을 통해 당사자는 상대방이 불리해지지 않는 조건을 전제로 자신에 유리한 방안을 새롭게 제출하거나 수정할 수 있다. 이 과정을 '합의 초안의 최적화'라고 한다.

합의 초안의 최적화 과정이 순조롭게(?) 진행되고 이를 통해 합의 초안이 완성된 형태로 만들어지면, 이제는 당사자들이 이에 대해 최종적으로 동의하는 절차가 진행된다. 동의 과정에서 당사자들은 완성된 합의 초안을 수락하거나 거부한다는 의사를 표명하게 된다.

노동위원회 조정의 경우 조정위원회가 조정안을 제출하고, 필요에 따라 일부 수정 및 보완 작업을 거쳐 최종 조정안을 도출하게 된다. 이후 노사 당사자가 최종 조정안에 대해 수락 또는 거부 의사를 표시하게 되는데, 이처럼 조정위원회의 조정안은 노사 간 합의도출을 위한 토대가 된다. 따라서 조정안은 신중히 제시되어야 할 뿐 아니라 조정안이 합리적임을 설득하는 논리도 조정위원회는 충분히 강구해야 한다. 조정 수락과 거부 사이의 편익 분석, 조정안이 갖고 있는 공정성과 사회적 합리성 및 객관성 등의 근거 제시, 필요할 경우 유관 기관의 확약 등 다양한 기법을 활용할 수 있어야 한다.

예시) 임금인상의 경우, 노동위원회는 ① 사회경제적 조건(물가상승률 등), ② 해당 사업장의 현황(사용자의 지불 능력 및 영업이익 등), ③ 동종업계의 현황(임금 및 근로조건 수준 등) ④ 법률관계 등을 종합적으로 고려하여 당해 연도 임금인상률을 제시하는 것을 원칙으로 하는바, 통상 조정위원회는 임금인상률을 제시함에 있어 이러한 원칙을 고려했음을 설득의 근거로 삼는다.

---

(2) 과정 관리

1) 조정절차의 충분한 설명과 공유

조정은 본래 분쟁해결 절차를 설계하고 관리하는 것을 중립적 제3자인 조정인에게 위임하는 것을 의미한다. 이러한 의미에서 조정인의 가장 기본적 역할은 당사자들이 모두 동의하는 분쟁해결 절차를 설계하고 관리하는 것이라 할 것이다. 일반적인 조정에서 가장 먼저 해야 할 일은 조정과정을 당사자들과 함께 설계하고 이를 공유하는 것이다. 그러나 노동분쟁 조정과 같이 제도화 수준이 높은 경우 조정과정은 통상적인 절차를 따라 진행하게 된다. 이 경우 당사자들이 문제해결을 위한 본격적 협의 단계에 들어가기 전에 조정인은 조정이 어떠한 과정을 통해 진행되는가를 당사자들에게 충분히 설명해야 한다. 이러한 설명을 통해 절차가 투명하며, 공정하게 진행될 것임을 확신시켜야 한다. 특히, 노동위원회의 조정절차에 익숙하지 않은 당사자들에게 절차에 대한 충분한 설명은 조정 진행 상황에 대한 안락감과 시간 관리를 당사자가 주도적으로 할 수 있는 기반을 제공한다.

2) 중립성에 대한 지속적 확인

조정이 성립되기 위해서는 조정인의 개입과 활동을 당사자들이 기꺼이 받아들여야 한다. 조정인의 중립성은 당사자들의 조정인에 대한 신뢰와 직결되는 문제이다. 따라서 조정인의 중립성이 의심받을 경우 조정절차가 순조롭게 진행되기 어려울 수 있다. 구체적으로 조정인은 당사자들이 중요시하는 이해관계를 파악하고, 스스로 감정을 조절하며 직면한 문제와 실익에 집중할 수 있도록 유도해야 하는데, 조정인의 중립성이 의심받으면 이러한 활동이 진전되기 어렵다. 따라서 조정인은 절차의 중립적 진행에 대해 당사자들에게 지속적인 확인과 확신을 심어주어야 한다.

3) 편견과 선입견 없는 공정한 자세

조정인은 조정과정에서 다루어야 하는 쟁점 사안에 대한 사전에 자신의 판단을 가지고 접근할 수 있다. 그리고 조정 진행 과정에서 누가 옳고 그른가에 대한 판단이 생길 수 있다. 또한, 당사자들의 진술을 들으며 어느 일방의 입장이나 의견이 변경되어야 한다는 생각이 들 수도 있다. 그러나 조정인은 조정의 목표가 옳고 그름을 판단하는데 있지 않다는 점에 유념하고, 있는 그대로 이해하고 존중하는 자세를 갖고 이를 조정과정에 투입해야 한다. 조정인이 편향적으로 특정한 방향으로 조정을 이끌어 가고 있다고 당사자가 느끼게 된다면, 조정의 진행은 더 이상 기대하기 어렵다는 점을 유념하는 것이 보다 더 중요하다.

4) 절차와 규칙의 단호한 집행

당사자들은 조정과정에 임하기 전에 문제해결을 위한 여러 방법을 시도해 보았지만 실패한 상태로 적대적 감정은 누적된 상태라 할 수 있다. 사전에 당사자들에게 조정과정에 대해 충분한 설명을 하고 조정에 돌입했다 하더라도 중도에 상대방에 대한 적대적 태도가 표출되어 조정절차의 진행이 어려울 수가 있다. 이러한 상황을 돌파하는 데 있어 이미 충분히 설명한 진행 절차와 규칙이 조정인의 무기가 될 수 있다. 절차와 규칙을 준수하도록 요구하는 것이다. 이 경우 조정인은 당사자를 통제하기 위함이 아니라 조정과정을 통제하기 위한 것임을 명료하게 전달해야 한다. 구체적으로 절차와 규칙을 준수하는 것이 합리적 해결방안 도출을 위한 최선의 길임을 당사자들에게 전달하고 확신시켜야 한다.

5) 과정 관리의 독립성

중립성이 당사자 사이에서 중립을 지키는 것이라면, 독립성은 당사자들과 조정인 간 관계의 성격을 의미한다. 독립성은 공적 대표로서 조정인이 객관적 시각을 견지해야 한다는 것을 의미한다. 구체적으로 당사자들에게 휘둘려서는 안 된다는 점이다. 예를 들어, 조정을 전략적으로 활용하고자 당사자들이 스스로 합의해서 조정안을 빨리 제시해 달라는 요구를 하는 경우가 종종 있는데, 이에 쉽게 굴복해서는 안 된다. 충분한 숙의 없이 공적 조정의 조기 종결은 당사자 간 자율적 합의 모색을 지원하는 조정의 기본 원칙에 부합하지 않을 뿐 아니라 조정 기간 연장을 통한 당사자 간 합의 가능성을 스스로 봉쇄하는 결과를 야기할 수 있기 때문이다(또한 이러한 사례가 증가하면 크게는 노동위원회, 작게는 당해 사건 조정위원회의 권위를 스스로 허물어뜨리는 결과를 야기한다).

더불어, 사안을 분석하는데 있어 충분한 시간을 할애하고, 당사자 간 합의도출이라는 지난한 과정을 인내심을 갖고 끝까지 동행할 의지를 조정인이 갖고 있다는 점을 보여주는 것도 독립성을 유지하는 토대가 될 수 있다. 조정인에게 부여된 조정 시간을 최대한 활용하여 인내심을 갖고 조정 합의를 모색하는 모습을 보여주어야 한다.

(3) 구조 관리

조정이 시작되면 분쟁해결 구도는 어떻게 변화될까? 당사자 간의 대화에 조정인이 개입하는 것으로, 조정인과 당사자들 간 대화를 새롭게 시작한다는 점이다. 대화는 조정인과 노사 양 당사자가 함께하는 공동회의와 조정인과 개별 당사자 양자 간에 진행되는 개별회의로 구분될 수 있다. 더불어 일반적 조정의 경우 조정인은 종종 한쪽 당사자만을 위한 전문성 있는 대리인이 아닌 양 당사자들을 위한 중립적 전문가들을 끌어들여 양 당사자가 공동으로 자문을 구할 수 있도록 할 수 있다. 더 나아가 자문위원회라는 형식으로 전문가 자문을 제도화할 수 있다. 그러나 노동분쟁 조정의 경우 대리인이 아닌 중립적 전문가들의 공식적 자문을 받는 경우는 거의 없다. 결국, 노동분쟁 조정의 경우 공동회의와 개별회의를 적절히 활용하여 조정을 효과적으로 진행하는 것이 더욱 중요하게 된다.

1) 공동회의의 활용

공동회의는 조정위원회와 노사 양 당사자가 함께하는 회의이다. 이러한 의미에서 공동회의의 기본적 역할은 '공유'하는 것에 있다. 구체적으로 조정인은 쟁점 사안에 대한 객관적 정보를 제공할 뿐 아니라 현안이 되는 분쟁이 지금 어떠한 상황에 처해 있고, 분쟁해결의 전 과정에서 지금은 어떠한 지점을 통과하고 있는지를 당사자에게 알려 주고 이를 공유해야 한다. 당사자들도 자신들이 갖고 있는 쟁점이나 관심사를 공동회의를 통해 표출하고 이를 공유할 수 있어야 한다.

또한, 공동회의를 통해 당사자의 태도 변화를 유도할 수 있다. 분쟁 상황에서 당사자들은 일반적으로 자신의 입장을 중심으로 의견을 표명하고 이를 끝까지 관철시키고자 한다. 그러나 공동회의는 당사자로 하여금 자신의 입장만을 고집하는 것이 아닌 다양한 의견이 존재하고 이를 인정하도록 하는 환경을 만든다. 즉, 당사자들이 개별적 관심사를 넘어 조정 참여자 모두의 관심사에도 관심을 갖게 하는 출발점이 될 수 있다. 더불어 공동회의는 창조적 대안을 모색하는 공간이 될 수 있다. 특히 개별적 이익과 전체 이익 간의 균형을 맞춘 대안을 모색하는 데 있어 공동회의는 당사자들이 지금까지 생각하지 못한 새로운 아이디어를 발굴하는 공간이 될 수 있다.

2) 개별회의의 활용

분쟁당사자들은 통상 이해관계의 충돌뿐 아니라 감정적, 심리적 대립으로 진솔한 대화를 진행하기 어려운 상황에 봉착하게 되는 경우가 많다. 이는 공동회의에서 의미 있는 대화가 진행되기 어려운 환경이 조성되어 있음을 의미한다. 이러한 경우 조정인을 매개로 한 소통은 당사자 간의 불필요한 오해를 해소하고 관계를 개선하는 수단으로 활용될 수 있다. 구체적으로 조정인과 개별 당사자 간 개별회의가 그 역할을 하게 되는 것이다. 필요에 따라서는 셔틀(shuttle) 조정도 하게 된다.

당사자들이 중요한 정보나 관심사를 상대방과 공유하고 싶지 않을 때, 서로 심하게 감정적으로 대립하고 있거나 당사자 간 요구사항에 큰 간격이 있음에도 서로 양보할 의사가 전혀 보이지 않을 때, 더 나아가 조정인과 당사자들의 신뢰가 높지 않아 당사자들이 자신의 의사를 쉽게 표현하지 못한다고 느낄 때가 있다면 조정인은 개별회의의 활용을 신중히 고려해야 한다.

특히, 개별회의는 개별 당사자의 깊은 속내를 파악하여 합의 가능성을 탐색하는 유용한 수단으로 활용될 수 있는데, 합의가능영역(ZOPA, zone of passible agreement)의 확인과 확장 가능성을 탐색하는 데 매우 유용하다. 이러한 의미에서 개별회의는 조정위원회와 개별 당사자 간의 신뢰를 바탕으로 한 진솔한 대화가 필수적이다.

(4) 관계 관리

1) 조정위원회와 당사자 간 신뢰 구축

조정이 계획된 데로 진행되기 위해서는 조정위원회와 당사자 간 신뢰가 형성되어 있어야 가능하다. 조정위원회(조사관 포함)와 당사자 간 신뢰 형성에 있어 첫 번째 접촉은 매우 중요하다. 이를 위해서는 무엇보다 조정절차나 원칙 등 조정과 관련 제반 사항을 자세하게 설명하는 것이 필요하다. 그리고 조정을 진행하는데 있어 당사자가 준비해야 할 사항들에 대해서도 주지시키는 것이 필요하다. 더불어 조정위원회가 당해 분쟁의 해결에 있어 깊은 관심과 전문성을 갖고 있다는 점과 조정을 통해 해당 분쟁이 합리적으로 해결될 수 있다는 기대를 주어야 한다.

아울러 조정 진행 과정에서도 조정위원회와 당사자 간의 신뢰 구축은 필요하다. 구체적으로 조정 진행 과정에서 당사자들이 조정과정에 대한 문제점을 인식하고 이에 대한 문제를 제기한다면 조정위원회는 적극적으로 이를 반영하는 자세가 필요하다. 이를 위해서는 항상 당사자들의 주장과 의견을 깊이 듣고 이해하려는 '경청'의 자세가 필요하며, 더 나아가 당사자의 의견과 주장하는 바가 조정회의에서 효율적이며 효과적으로 다루어질 수 있도록 재구성하는 상황 대응 능력도 필요하다.

2) 당사자 간 관계 개선

조정은 당사자를 분쟁해결의 주체로 보기 때문에 당사자의 분쟁해결에 대한 의지와 자발적 헌신을 필요로 한다. 그러나 당사자 간 관계가 악화되어 있는 등 협상이 더 이상 진행되기 어려운 상황에서 조정을 신청하였기에 당사자의 헌신을 요구하는 것이 현실적으로 어려울 수가 있다. 이러한 상황은 극복되어야 한다. 이를 위한 첫걸음은 당면한 분쟁을 해결하기 위해서는 상대방의 협력이 반드시 필요하다는 당사자들의 인식 전환이다. 조정인은 이러한 인식 전환이 야기될 수 있도록 환경과 조건을 조성할 수 있어야 한다. 더 나아가 제3자의 도움을 받는다면 상대방과 대화를 통해 분쟁을 해결할 수 있다는 인식과 기대가 생기도록 할 필요도 있다. 이를 위해 조정인은 합리적 분쟁해결을 위해서는 당사자들이 서로를 필요로 한다는 점을 지속적으로 환기하고 이에 부합하는 근거를 꾸준히 제시할 필요가 있다.

III. 조정인이 갖추어야 할 자세와 역량

1. 희망주기

조정은 당사자들의 자율적 분쟁해결 노력이 한계에 봉착했을 때 시작된다. 이에 조정에 참여하는 당사자들은 사안에 대한 입장이나 이해관계에 있어 극복할 수 없는 차이가 있다고 인식하거나 아니면 적대적 감정이 누적된 상태로 상대방에 대한 기대가 매우 낮은 상태로 조정에 임하게 된다. 이러한 상황은 조정 성공을 위해 빨리 탈피되어야 한다. 조정인에게 요구되는 첫 번째 역량은 당사자들의 패배 의식 또는 낭패감을 극복하고 조정을 통해 분쟁을 해결할 수 있다는 희망을 심어주는 것이다.

희망주기는 무엇보다 상대방의 손해만큼 나에게 이득이 된다는 제로섬

(zero-sum)적 사고에서 벗어나 쌍방에게 이득이 되는 해결책을 찾아내는 상생(win-win)적 전망을 갖도록 당사자들의 사고방식을 전환시키는 작업이 핵심이다. 또한 적대적 감정 등 당사자 간 관계에 초점을 두는 것이 아니라 오로지 문제(쟁점)에 집중하도록 하는 것이 중요하다. 이를 통해 당사자 스스로가 새로운 관점에서 문제를 파악하고 해결책을 탐색할 수 있도록 함으로써 자율적 합의의 실마리를 찾아내도록 하는 것이 필요하다.

이를 위해서는 조정인은 사안에 대한 과학적 분석과 당사자 간 신뢰 관계에 대한 심층적 이해를 사전에 충분히 검토해야 한다. 조정인의 사안에 대한 자신감은 당사자들로 하여금 조정을 통한 분쟁해결의 기대를 갖게 하는 출발점이 될 수 있다. 아울러 조정을 통한 분쟁해결에 대한 조정인 스스로의 확신과 열의도 당사자들이 조정을 통한 분쟁해결의 기대를 높일 수 있는 요인이 될 수 있다.

2. 장애요인 제거하기

조정은 조정인의 조력을 통해 당사사 간 자율적 합의를 도모하는 과정이다. 따라서 조정인은 당사자 사이에 존재하는 합의형성 장애요인을 제거하는 역할을 해야 한다. 당사자 사이에 존재하는 장애요인은 왜곡된 정보전달체계, 낮은 상호 신뢰 관계, 협상 채널의 문제, 리더십 문제 그리고 쟁점에 대한 이해관계의 불일치 등 다양할 수 있다. 조정인은 다양한 장애요인들을 탐색하고 이를 하나하나 제거 또는 완화하는 역할을 해야 한다. 노동분쟁 조정은 문제해결 관점에서 쟁점에 대한 이해관계의 불일치에 초점을 맞추어야 한다. 나머지 장애요인들은 부차적인 요인으로 쟁점에 대한 이해관계의 불일치를 해소하는데 도움이 되는 방향으로 개선되도록 하는 것이 필요하다.

정보전달체계의 왜곡은 준비된 조정인이라면 쉽게 해소할 수 있는 장애 요인이다. 왜곡된 정보를 객관적 입장에서 올바로 제공하고 이를 당사자들과 공유하는 과정을 진행하면 해소될 수 있다. 낮은 신뢰 관계는 단기간에 개선될 수는 없지만, 당면한 쟁점의 불일치를 해소하는데 필요한 관계의 형성에 초점을 맞추어 당사자들의 낮은 신뢰 관계가 쟁점의 불일치를 해소하는데 장애가 되지 않도록 이를 통제하는 것은 가능하다. 여기서 중요한 것은 당사자들의 낮은 신뢰 관계가 쟁점의 불일치 해소에 지장을 주어서는 안 된다는 점을 당사자 모두가 동의하는 과정을 거쳐야 한다는 점이다.

협상 채널 문제는 통상 협상의 부진 또는 부족으로 표현되는데 조정인은 조정과정의 세밀한 계획과 진행을 통해 이를 충분히 해소해야 한다. 또한 노사 당사자 각각의 리더십도 조정의 장애요인이 될 수 있는데, 실질적 리더십이 노사 당사자 외부에 존재하거나, 지도부의 결단력 부족 또는 조직 내부의 갈등 등이 문제가 될 수 있다. 리더십 문제 역시 조정인의 노력으로 깔끔하게 해소될 수는 없으나, 당면한 쟁점의 불일치를 해소하는데 장애가 되지 않도록 관리하는 것이 필요하다.

3. 쟁점의 불일치 해소하기

문제해결의 관점에서 보면, 조정은 당사자 간에 존재하는 쟁점의 불일치를 해소하는 과정이다. 조정인은 쟁점의 불일치를 해소할 수 있는 다양한 기법을 활용한 능력을 갖추어야 한다. 쟁점의 불일치를 해소하는 방법은 쟁점의 축소, 확대, 전환 능력과 쟁점을 다루는 방식의 개선 등으로 구분될 수 있다.

쟁점의 축소는 당사자 간 합의점을 찾기 어려울 경우 통상적으로 사용하는 방법으로 합의할 쟁점의 대상이나 수를 축소 또는 배제하는 방법이다. 쟁점의 축소는 통상 당해 조정을 통해 해결할 수 있는 쟁점과 당해 조정 이후에 해결할 수 있는 사안을 구분하는 방법을 사용하는데, 당사자들이 이에 쉽게 동의할 수 있도록 분쟁 상황을 객관적으로 분석하는 것이 필요하다. 쟁점의 확대는 반대로 논의 범위를 확대하여 합의 패키지의 다양성 제고를 도모하는 방법이다. 주로 당사자들이 지금까지 인식하지 못했던 쟁점을 당해 조정이 끌어들이는 방법이 활용되는데 이를 위해서는 당사자와 조정인 간 분쟁 상황과 맥락에 대한 긴밀한 토의가 있어야 된다. 쟁점의 전환은 당사자들이 주요 쟁점에 대해 서로 양보할 수 없다고 주장할 경우 쟁점의 성격을 바꿈으로써 해결을 도모해 보는 것이다. 예를 들자면, 임금인상 없는 소급적용에서 소급적용 없는 임금인상으로 쟁점의 논리 구조를 전환하고 이를 당사자들이 새롭게 타산해 보는 방식이다.

　아울러 쟁점을 다루는 방식을 개선하는 능력이 조정인에게 요구된다. 무엇보다 쟁점을 조율하는 타이밍(timing)이 중요하다. 불일치를 해소하는데 있어 일정 기간 성숙의 시간(ripe moment)이 필요함을 잊지 말아야 한다. 너무 일찍 쟁점의 해소를 시도해도 안 되고 너무 늦게 해도 안 되는 적절한 타이밍에서 쟁점의 해소를 시도해야 한다. 이는 조정인이 반드시 갖고 있어야 할 능력으로 많은 경험을 통해 체득하는 수밖에 없다. 또한 합의 채널을 변경하는 경우도 필요하다. 교섭위원 전체가 참여하는 회의보다는 각 당사자의 최고 결정권자 1인만이 참여하는 축소된 조정회의를 개최하여 각 쟁점에 대해 담판을 지는 방법도 효과적이다. 새로운 분쟁해결 방식을 제안하는 것도 쟁점의 불일치를 해소하는 방법이 될 수 있다. 예를 들어, 분쟁을 중재에 맡길 것을 제안함으로써 쟁점을 좀 더 적극적으로 검토하도록 유도할 수 있다.

　그밖에 당사자가 자신의 입장을 완고하게 견지하고 있을 경우, 회의를 무기한 계속 진행하거나 장시간 진행하여 분쟁 해결에 대한 고민을 적극적으로 탐색하도록 하는 시간의 활용 방법이나 조정인이 공정한 보증인으로서 당사자들의 약속 이행을 담보한다거나, 당사자에 영향력이 있는 유관기관의 협조를 요청하여 쟁점의 불일치 해소에 기여하도록 도모할 수 있어야 한다.

4. 조정안에 기초한 합의 설득하기

조정은 당사자들의 충분한 의견 제시와 이해관심사의 노출을 거쳐 최종적으로 조정인이 조정안 초안을 제시하고, 이를 당사자들이 동의하는 절차를 거치는 것이 일반적이다. 이럴 경우 조정인은 조정안 초안에 기초하여 당사자들의 동의를 설득할 수 있는 능력이 있어야 한다. 조정안에 대한 동의를 설득하는데 있어 가장 기본적인 방법은 조정안이 얼마나 합리적인 제안인가를 제시하는 것이다. 무엇보다 조정안이 당사자 모두가 수용 가능한 합리적 방안이라는 것을 제시할 수 있어야 한다. 그리고 조정안이 사회적으로, 지역적으로, 부문적으로 더 나아가 업종적으로 객관적 합리성이 있음을 제시할 수 있어야 한다.

그리고 조정인이 조정과정에서 언급한 방안이나 제시한 대안을 견지하는 조정안을 제시하는 것도 당사자들을 설득하는데 도움이 된다. 구체적으로 이는 당사자가 받아들일 수 있는 심리적 장애를 낮추는 반면 조정안을 받아들이는데 필요한 시간을 확보하는 데도 도움이 된다. 또한 조정 활동의 합리성과 일관성을 유지함으로써 당사자들의 조정안에 대한 신뢰를 높이는 데도 유리하다.

기타 조정안을 합리적으로 설득하기 위한 또 하나의 주요 방안으로는 조정안 성립과 불성립 간의 편익과 손해를 비교 분석하는 것이다. 조정이 성립됨으로써 얻을 수 있는 이익을 타산하고, 조정 불성립으로 인해 야기될 수 있는 사태에 대한 비교를 통해 조정안이 충분히 합리적임을 알리는 것이다. 이를 통해 당사자들은 조정을 통한 합의의 구체적 이익을 진지하게 검토할 수 있는 시간을 갖게 되는 것이다.

Ⅳ. 중재의 활용

중재(仲裁, arbitration)는 당사자가 중재인의 판정에 따라 분쟁을 해결하기로 하는 합의를 하고, 이러한 합의에 근거하여 중재인(arbitrator)이 행하는 판정 절차를 말한다. 중재는 분쟁을 강행적으로 해결하는 방법으로, 일종의 사적 재판이라는 점에서 당사자가 서로 양보하여 분쟁을 해결하는 조정과 구별된다. 아울러 조정의 경우 조정에 대한 당사자 간 실질적 합의로 개시될 수 있지만, 중재는 당사자 간 보다 명시적인 중재계약이 필요하다는 점에서도 조정과는 차이가 있다. 반면, 중재는 조정과 마찬가지로 공적 중재와 함께 노사 당사자 쌍방이 합의하면 사적 중재를 활용할 수 있다. 그러나 노동분쟁에 있어 사적 중재의 활용은 매우 부족한 실정이다.

노동분쟁에서 중재는 여러 방면에서 활용되고 있다. 부당해고와 같은 개별적 노동분쟁은 중재의 일종인 노동위원회의 심판을 통해 해결되는 경우가 대부분이다. 고용평등법 등에서도 노동위원회의 중재 결정을 통해 분쟁을 해결할 수 있도록 하고 있는데, 이러한 경우의 재판상 화해와 동일한 효력을 갖는다. 또한 근로자참여법은 기업의 노사협의회가 의결 사항을 의결하지 못한 경우 중재를 통해 해결할 수 있도록 하는데, 중재 결정이 있으면 노사협의회의 의결을 거친 것으로 본다.

집단적 노동분쟁의 경우, 중재는 노사 쌍방 또는 단체협약에 의해 일방이 신청하여 노동위원회의 처분(중재재정)에 따라 노동분쟁을 해결하는 절차로 중재재정의 내용은 단체협약과 동일한 효력을 가진다. 집단적 노동분쟁에서 중재는 통상 조정과 연계되어 활용되는 경우가 많다. 이를 일반적으로 조정 연계 중재(Med-Arb) 제도라 부른다. 조정 연계 중재 제도는 기본적으로 유연성이 높은 조정절차와 최종성을 보장하는 중재의 장점을 결합한 제도이다. 조정 연계 중재 절차는 우선 조정절차를 거쳐 당사자 간 의사를 최대한 반영하고, 조정기간 동안 합의를 하거나 조정인에 의해 조정안을 제시하고 이를 수락할 수 있는 절차를 거치되, 해당 절차가 모두 소기의 성과를 내지 못할 경우 궁극적으로 중재재정으로 해결하는 제도이다.

대표적으로 공무원이나 교원의 집단적 노동쟁의 경우, 공무원 노조법이나 교원 노조법에 근거하여 우선 조정을 진행하고 조정이 성립되지 않으면 중재에 회부되는 조정 연계 중재 제도가 실행되고 있다. 노조법 상 긴급조정도 조정 연계 중재 제도의 일종으로 노동위원회의 통상적인 조정절차를 통해서도 해결되지 아니한 쟁의행위에 대하여 고용노동부 장관이 공익적 관점에서 중앙노동위원회 위원장의 의견을 들어 쟁의행위를 중지시키고 중앙노동위원회로 하여금 중재 절차를 진행하여 신속하고 평화적으로 노동쟁의를 해결하는 제도라 할 수 있다.

조정 연계 중재 제도는 조정절차를 통해 노사 당사자의 자율적 해결을 촉진하는 한편 숨어있는 이해관심사를 충분히 표출하게 하고, 이를 바탕으로 중재 절차를 진행하여 노동쟁의를 비교적 신속히 종결할 수 있는 제도라는 점에서 긍정적인 평가받을 수 있다. 하지만 문제점이 없는 것도 아닌바, 노사 당사자가 조정이 아닌 중재에 주로 의존하는 경우라 할 것이다. 이러한 경우 노사 당사자는 조정절차를 통한 자율적 합의를 도모하려 하지 않고, 중재를 통해 자신들의 문제를 제3자에게 의탁하게 되는 결과를 야기하게 된다. 현재 교원 노사관계의 경우 이러한 현상이 주요하게 나타나는바, 이를 개선하고 보완하기 위한 다양한 방법이 경험적 차원에서 모색되어야 한다.

한편, 조정 연계 중재 제도는 조정과 중재를 연속적으로 진행하기 때문에 조정인과 중재인의 역할을 같은 사람이 수행하는 경우 문제가 될 수 있다. 조정은 노사 당사자들이 조정인의 도움을 받아 자율적으로 해결하는 분쟁해결 절차인 반면 중재는 제3자인 중재인이 증거에 기초하여 중재판정을 내리는 절차이다. 이처럼 조정과 중재의 특성적 차이가 있음에도 조정과 중재 절차를 같은 사람이 진행하게 되어 상호 충돌하게 되면 조정과 중재 각각의 장점을 살리기 어렵게 될 수 있다. 현행 교원과 공무원 노동분쟁의 조정 및 중재의 경우 노동위원회가 이를 모두 진행하게 되어 있는바, 노동위원회 판단의 일관성 측면에서 노동위원회가 제시한 조정안에서 크게 벗어나지 않는 중재안이 되기 쉽거나 반대로 조정의 형식화라는 문제로 귀결될 가능성이 높아질 수 있다. 이러한 문제는 제도 개선이나 운영상의 개선을 통해 시정되는 것이 바람직하다.

이와 관련하여 중재 연계 조정(Arb-Med) 제도를 고려해 볼 만하다. 중재 연계 조정절차는 조정과 중재를 연속적으로 실시한다는 면에서 조정 연계 중재(Med-Arb)와 같으나 그 순서를 달리한다는 점에서 차이가 있다. 구체적으로 중재 연계 조정 절차에서는 먼저 중재인에 의한 중재 절차가 진행되어, 중재인이 중재안을 작성한 후 이를 당사자에게 공개하지 않은 상태에서 조정절차를 진행한다. 조정절차에서 조정이 성립하면 그대로 사건이 종결되고, 조정이 불성립되면 중재안이 공개되어 중재안에 구속되는 형태로 진행된다. 이는 같은 사람이 조정 연계 중재 절차를 진행하는 방식에서 야기될 수 있는 문제점을 극복하기 위해 미국에서 활용되고 있는 절차로써 우리 사회에서는 적극적으로 활용되지 않고 있다. 분쟁당사자들이 자신들의 분쟁을 해결하는데 있어 다양한 방법을 제공한다는 차원에서 중재 연계 조정 제도의 도입도 진지하게 고려해 볼 필요가 있다.

　이울러 미국 일부 공공부문 노동분쟁에 적용되고 있는 조정 연계 최종
제안중재(Mediation-Last offer arbitration, MEDLOA)의 도입도 검토해 볼
만하다. 이 방식은 조정절차를 실행했음에도 합의에 이르지 못할 경우, 당
사자들이 최종 제안을 제출하고 중재인이 제출된 최종 제안 중 하나를 의
무적으로 선택하는 순서로 진행된다. 전통적 중재는 양 당사자의 입장을
고려하여 절충적으로 중재안이 제시되는 경향이 있어 당사자들로 하여금
극단적 입장을 고수하도록 장려하는 반면, 최종제안중재는 당사자들이 자
신의 제안이 채택되도록 보다 현실적인 제안을 제시하게 만들고 그 결과
양 당사자 간 의견 차이를 줄이는 효과가 있다. 더 나아가 이는 간접적으
로 양 당사자 간 자발적 합의를 촉진하기도 한다. 따라서 노조의 파업권이
제한되어 있는 상황에서 자율적 문제해결을 적극적으로 추구하는 대신 제
3자의 중재 결정에 의존하는 경향이 있는 공공부문에 대해 조정 연계 최
종제안중재의 활용을 적극 검토할 필요가 있다.

Chapter

07.

노동법 I
<개별적 노동법>

노동법ㅣ<개별적 노동법>

이 정

Ⅰ. 고용관계의 성립

1. 근로계약의 체결

'**근로계약**'이란 '근로자가 사용자에게 근로를 제공하고, 사용자는 이에 대해 임금을 지급하는 것을 목적으로 체결된 계약'을 말한다. 근로계약에서 정한 내용이 근로기준법에서 정한 기준에 미달하는 경우 그 내용은 자동적으로 무효가 되고 그 부분은 근로기준법에서 정한 내용으로 대체된다.

근로계약 기간은 사용자와 근로자가 합의하여 정하나, 2년을 초과하게 되면 기간을 정하지 않는 근로계약을 체결한 것으로 되어 정당한 사유가 없는 한 근로자를 해고할 수 없게 된다.

근로계약 체결의 당사자는 근로자와 사용자이다. 여기서 '**근로자**'란 '직업의 종류와 관계없이 사용자의 지휘·감독(소위 사용종속관계) 하에서 임금을 목적으로 근로를 제공하는 자'를 말하며, '**사용자**'란 '사업주 또는 사업경영담당자 및 근로자에 관한 사항에 대해 사업주를 위해 행위하는 자'를 말한다.

사용자가 근로자와 근로계약을 체결한 때에 명시한 근로조건을 위반함으로써 근로자가 손해를 입게 된 경우 근로자는 사용자에게 노동위원회를 통해서 손해배상을 청구할 수 있다. 또한 사용자가 근로계약에서 명시한 근로조건이 사실과 다를 경우에 근로자는 근로조건 위반을 이유로 즉시 근로계약을 해제할 수 있다.

2. 근로조건의 명시 의무

근로계약은 구두로 체결하더라도 효력이 인정되고, 해당 근로자는 동일한 법적 보호를 받으나 '근로기준법'과 '기간제 및 단시간근로자 보호 등에 관한 법률(이하, 기간제법)'에서는 법률관계의 명확화와 분쟁방지를 위해 서면으로 근로조건을 명시하도록 하고 있다.

근로계약 체결 및 변경 시 사용자가 명시해야 할 내용은 임금(구성항목·계산방법·지급방법), 소정근로시간, 주휴일, 연차유급휴가, 취업 장소와 종사 업무, 취업규칙의 필요적 기재사항 등이다. 이 중 특히 임금(구성항목·계산방법·지급방법)과 근로시간, 주휴일, 연차유급휴가에 관해서는 반드시 서면으로 명시하여 근로자에게 계약서를 교부하여야 한다(근로기준법 제17조).

근로조건 교부 의무 위반 시 '근로기준법'과 '기간제법'에 따라 500만 원 이하의 벌금이나 과태료가 부과된다.

3. 모집·채용 시 유의 사항

고용정책기본법은 근로자를 모집·채용할 때에 합리적인 이유 없이 성별, 신앙, 연령, 신체조건, 사회적 신분, 출신지역, 학력, 출신학교, 혼인·임신 또는 병력(病歷) 등을 이유로 차별하여서는 아니 되며, 공정한 기회를 보장하도록 규정하고 있다(제7조). 다만 이 규정의 위반에 대해서는 직접적인 벌칙이나 과태료는 부과되지 않으나, 남녀고용평등과 일·가정 양립 지원에 관한 법률(이하, 남녀고용평등법)과 고용상 연령차별금지 및 고령자고용촉진에 관한 법률(이하, 고령자고용법) 등의 차별금지 조항의 모법 역할을 하고 있으며, 비록 벌칙이나 과태료가 적용되지는 않지만 이 규정에 위반할 경우에는 불법행위를 구성할 수도 있음에 유의할 필요가 있다.

남녀고용평등법에서는 '사업주는 근로자를 모집하거나 채용할 때 남녀를 차별하여서는 아니 된다'고 하고 있으며, '근로자를 모집·채용할 때 그 직무의 수행에 필요하지 아니한 용모·키·체중 등의 신체적 조건, 미혼 조건 등을 제시하거나 요구하여서는 아니 된다'고 규정하고 있다(제7조 참조). 또한 **고령자고용법**에서도 모집·채용 등에서 합리적 이유 없이 연령을 이유로 차별을 하지 못하도록 규정하고 있다(제4조의4). 위 두 조항에 위반할 경우에는 500만 원 이하의 벌금이 부과될 수 있다.

채용절차의 공정화에 관한 법률(이하, 채용절차공정화법)은 명시적으로 차별을 금지하는 조항을 두고 있지는 않지만, '채용강요 등의 금지 규정'을 신설하여 채용의 공정성을 해치는 행위를 명시적으로 금지하고 있다(제4조의2). 동법에서 금지되는 행위는 ① 법령을 위반하여 채용에 관한 부당한 청탁, 압력, 강요 등을 하는 행위, ② 채용과 관련하여 금전, 물품, 향응 또는 재산상의 이익을 제공하거나 수수하는 행위인데. 이에 위반할 경우에는 수수·제공자 모두에게 3천만 원 이하의 과태료가 부과된다.

4. 채용내정과 시용

채용내정이란 사용자가 우수한 인재를 미리 확보하기 위해 본채용 이전에 미리 합격은 결정하였으나 정식으로 입사하기 전의 상태를 말한다. 채용내정은 졸업과 같은 일정한 요건이 충족되면 채용할 것을 약정하는 것과 같은 불확정적인 고용계약이므로, 이러한 요건을 충족하지 못하는 경우에는 채용내정을 취소할 수 있다. 그러나 채용내정의 취소에 대한 규정은 없지만, 이는 실질적으로 해고에 해당하므로 객관적이고 합리적이라고 인정할만한 사회통념상 상당성이 없이 채용내정을 취소해서는 아니 된다는 것이 판례의 입장이다.

시용은 채용내정을 거쳐 확정적 근로계약을 체결하기에 앞서 근로자의 업무적격성 등을 평가하기 위해 시험적으로 업무에 종사시키는 것을 말한다. 시용기간은 일반적으로 3개월이나 사정에 따라 당사자가 합의로 연장할 수도 있다. 그러나 합리적 이유 없이 시용기간을 연장해서는 안 된다. 또한 시용기간이 경과한 후에 본채용을 거부하는 경우에는 사실상 해고에 해당하므로 근로기준법상의 정당한 사유가 요구된다. 이 때에는 통상해고에 비해 다소 완화된 기준으로 판단하게 된다.

II. 근로조건과 결정시스템

1. 근로조건

(1) 임금

임금은 직장인이 생활을 영위하기 위한 주된 소득일 뿐 아니라 퇴직금을 비롯하여 각종 수당 산정 시에 기준이 되므로 근로기준법 등에서 임금의 개념과 산정방법, 지급원칙 등을 엄격하게 규정하고 있다(기초편 참조). 근로기준법에 따르면 '임금'이란 사용자가 **근로의 대가**로 근로자에게 지급하는 '일체의 금품'을 말한다. 따라서 임금, 봉급 등 그 명칭과 관계없이 근로의 대가로 지급하는 것이라면 임금에 해당한다.

그러나 사용자가 호의적·은혜적·실비변상적으로 지급하는 금품은 임금이라 할 수 없다. 또한 금품의 지급이 단체협약이나 취업규칙, 근로계약 등이나 사용자의 방침 등에 의하여 이루어진 것이라 하더라도 그러한 금품은 근로의 대상으로 지급된 것으로 보지 않는 것이 대법원 판례의 입장이다(대법원 1995. 5. 12. 선고 94다55934 판결).

근로의 대가인 임금은 크게 ① 퇴직금과 휴업수당 등을 산정할 때 기초가 되는 **평균임금**, ② 가산수당 및 해고수당 등을 산정할 때 기초가 되는 **통상임금**, ③ 근로자들의 최소한의 생존권을 보장하기 위한 **최저임금**으로 대별할 수 있다(각 임금의 정의에 대해서는 〈기초편〉 참조). 임금과 관련하여 실무에서 문제가 되는 몇 가지 경우를 간단하게 소개하면 다음과 같다.

① 복지포인트에 대한 임금(성) 여부

최근 공공기관이나 기업에서 지급하고 있는 (선택적) 복지포인트가 근로기준법상 임금성 및 통상임금성이 문제가 되고 있는데, 이에 대해 대법원은 "사용자가 근로자에게 지급하는 금품이 임금에 해당하려면 먼저 그 금품이 근로의 대상으로 지급되는 것이어야 하므로 그 금품이 계속적·정기적으로 지급된 것이라 하더라도 그것이 근로의 대상으로 지급된 것이라고 볼 수 없다면 임금에 해당한다고 볼 수 없다"라고 한 다음, 여기서 어떤 금품이 근로의 대상으로 지급된 것이냐를 판단함에 있어서는 "그 금품지급의무의 발생이 근로제공과 직접적으로 관련되거나 그것과 밀접하게 관련된 것으로 볼 수 있어야 한다"고 판시한 바 있다(대법원 2019. 8. 22. 선고 2016다48785 판결).

② 정기상여금에 대한 통상임금(성) 여부

정기상여금의 경우, 근로자에게 정기적·일률적·고정적으로 지급하는 것이라면 통상임금에 포함되나, '재직자 조건'이 붙어 있는 경우에는 '고정성'이 부인되므로 통상임금에 해당하지 않는다는 것이 2013년 대법원 전원합의체 판결이었다. 다만 정기상여금을 '근무기간에 비례하여 지급한다'라는 규정이 있는 경우에는 근로의 대가로 인정한다는 것이 기존의 판례의 입장이었다. 그런데 하급심에서는 급여규정에 일한 만큼 상여금을 지급한다는 '일할 정산 규정'이 없더라도 정기상여금이 통상임금에 해당한다고 하여 판례의 흐름이 바뀌고 있음에 주의할 필요가 있다.

③ 포괄임금제 존폐를 둘러싼 논란

'**포괄임금제**'란 근로형태나 업무 성질상 연장근로시간을 정확하게 집계하기 어려운 경우에 수당을 급여에 미리 포함하여 지급하는 것을 말한다. 이는 주로 야간 경비직이나 외부 영업직과 같이 근태관리가 어려운 경우에 이용되는 것으로 판례상 인정하고 있는 제도이다. 따라서 근태관리를 정확하게 할 수 있는 근로자에게 포괄임금제를 적용하는 것은 불법이다. 최근 포괄임금제에 대해서는 업무의 성질상 근로시간 산정이 곤란한 경우에 유용하다는 견해가 있는 반면, 한편에서는 포괄임금제가 잔업대금 지불을 회피하기 위한 수단으로 이용되고 있다는 비판이 제기되면서 포괄임금제 존폐를 둘러싸고 논란이 있다.

무노동 무임금 원칙의 확립

대법원은 모든 임금은 근로의 대가로서 '근로자가 사용자의 지휘를 받으며 근로를 제공하는 것에 대한 보수'를 의미하므로 현실의 근로제공을 전제로 하지 않고 단순히 근로자로서의 지위에 기하여 발생하는 이른바 '생활보장적 임금'이란 있을 수 없고, 임금을 근로의 제공 대가로 지급받는 '교환적 부분'과 근로자의 지위에서 받는 '생활보장적 부분'으로 구별할 아무런 법적 근거가 없다고 판시하여, 단체협약 등에 특별한 규정이 없는 한 근로자가 근로를 제공하지 아니한 쟁의행위 기간에는 근로제공 의무와 대가관계에 있는 임금청구권이 발생하지 않는다는 소위 '무노동무임금 원칙'을 정립하였다(1995. 12. 21. 선고 94다26721 전원합의체 판결, 대법원 2013. 12. 18. 선고 2012다89399 전원합의체 판결 참조).

(2) 근로시간

근로시간은 근로자의 건강권과 밀접한 관계에 있기 때문에 근로기준법에서 매우 엄격하게 규정하고 있다. 근로기준법은 하루 8시간 주 40기간을 법정근로시간으로 정하고 이를 초과할 수 없도록 규제하고, 부득이 잔업이 필요할 경우에는 당사자 간 합의로 주 12시간까지 가능하도록 하고 있다(소위, 주52시간제). 근로시간과 관련하여 실무상 문제가 되는 사례를 몇 가지 소개하면 다음과 같다.

① 대기시간·휴식·가면시간의 근로시간 해당 여부

근로기준법은 근로시간을 산정하는 경우 근로자가 작업을 위하여 사용자의 지휘·감독 하에 있는 대기시간 등은 근로시간으로 보고 있다(제50조 제2항). 따라서 근로자가 작업시간의 중도에 현실로 작업에 종사하지 않는 대기시간이나 휴식, 가면시간 등이라도 온전하게 휴게시간으로 자유롭게 사용하는 것이 보장되어 있지 않고 실질적으로 사용자의 지휘·감독 하에 놓여 있다면 근로시간에 해당한다고 해석하는 것이 판례의 입장이다(대법원 1993. 5. 27. 선고 92다24500 판결 참조).

② 연장근로 한도초과 판단 방식의 변경

대법원은 최근에 1주간의 연장근로가 12시간 한도를 초과하였는지 여부를 파악함에 있어 '1일 8시간을 초과하였는지를 고려하지 않고 1주간의 근로시간 중 40시간을 초과하는 근로시간을 기준으로 판단하여야 한다'라고 하여, 기존 고용노동부 행정해석과는 배치되는 판결을 한 바 있다(대법원 2023. 12. 7. 선고 2020도15393 판결). 참고로 기존의 행정해석은 1일 8시간을 초과한 시간을 연장근로로 보았는데, 이번 대법원 판결을 계기로 행정해석을 변경하게 되었다. 이로써 주당 근로시간을 52시간의 범위 내에서 보다 유연하게 사용할 수 있게 되었다. 한편 이에 대해서는 특정일에 휴식시간을 제외하고 최대 21.5시간까지 근로가 가능하게 되므로 근로자들의 건강권 보호를 위해 하루 상한 근로시간 등의 규제가 필요하다는 견해가 있다.

③ 변형근로시간제도

근로기준법은 근로시간을 보다 유연하고 효율적으로 사용할 수 있도록 1일 8시간, 1주 40시간을 기준으로 하면서 12시간을 초과하지 않는 범위 내에서 탄력적 근로시간제도와 선택적 근로시간제도의 도입, 운영을 허용하고 있다.

'탄력적 근로시간제도'란 일정한 요건 하에 단위기간을 평균하여 1주 40시간을 초과하지 아니하는 범위 내에서 1주 40시간, 1일 8시간을 초과하여 근로할 수 있도록 하는 것을 말한다. 이 제도는 단위기간에 따라 2주 단위, 3개월 단위 및 6개월 단위의 범위 내에서 활용이 가능하다. 다만, 2주 단위의 경우에는 취업규칙에 정한 경우에 도입이 가능하나, 그 외의 경우에는 근로자대표와 대상 근로자의 범위, 단위기간, 단위기간의 근로일과 주별 근로시간 등에 대해 서면으로 합의한 경우에 도입할 수 있음에 유의할 필요가 있다(제51조, 제51조의2 참조).

'선택적 근로시간제도'란 사용자가 취업규칙에 따라 업무의 시작 및 종료시각을 근로자의 결정에 맡기기로 한 근로자에 대해 1개월 이내(신상품 또는 신기술의 연구개발의 경우에는 3개월)의 정산기간을 평균하여 법정시간을 초과하지 않는 범위 내에서 1주간에 40시간, 1일 8시간을 초과하여 근로할 수 있도록 한 것을 말한다. 다만 대상근로자가 15세 이상 18세 미만은 제외하며, 정산기간과 정산기간의 총근로시간, 반드시 근로해야할 시간대(core time)를 정하는 경우에는 그 시작 및 종료시간 등에 대해 근로자대표와 서면합의를 한 경우에 도입이 가능하다(제52조).

(3) 휴게·휴일 및 휴가

휴식제도는 근로자의 건강권 보호를 위해 매우 중요한다. 따라서 근로기준법은 사용자는 근로시간이 4시간인 경우에는 30분 이상, 8시간인 경우에는 1시간 이상 근로자에게 휴게시간을 근로시간 도중에 부여하도록 규정하고 있다(제54조). 휴게시간은 사용자의 지휘명령으로부터 완전히 배제되어 자유롭게 이용할 수 있어야 한다. 따라서 외형상 업무로부터 해방되어 있다고 하더라도 실제로 사용자의 지휘명령이 완전히 배제되지 않는 대기시간은 휴게시간으로 볼 수 없다.

① 주휴일

주휴일이란 사용자는 1주간의 소정근로일수를 개근한 근로자에게 1주일에 평균 1회 이상의 유급휴일을 부여하는 것을 말한다. 따라서 주휴일은 근로기준법에 의하여 부여되는 법정휴일로서 다른 법령에 따라 부여되는 휴일이나 노사 간 합의에 따라 임의로 부여하는 휴일과는 구별된다. 특히 우리나라의 주휴일은 유급이라는 점에서 무급휴일과 다르며, 계속된 노동으로 인한 근로자의 신체적·정신적 피로를 해소함과 동시에 사회활동 및 취미활동을 할 수 있도록 하는데 그 취지가 있다고 한다.

② 연차휴가

연차휴가란 1년간 8할 이상 출근한 근로자에게 부여되는 법정 유급휴가로서, 근로자는 자기가 원하는 시기에 근로의무에서 벗어나 자유롭게 휴가를 사용할 수 있다. 다시 말해서 연차휴가는 근로자가 사용 시기를 지정함으로서 연차휴가권을 획득할 수 있다(시기지정권). 다만 근로자가 연차휴가를 청구한 시기가 회사의 사정상 사업운영에 막대한 지장을 초래하는 경우에는 시기를 변경할 수 있다(시기변경권). 연차휴가는 1년간 행사하지 않으면 소멸된다. 다만 사용자의 귀책사유로 연차휴가를 소화하지 못한 경우에는 미사용 일수에 갈음하여 대체휴가를 부여하거나 금전적으로 보상을 하더라도 무방하다.

2. 근로조건의 결정시스템

근로자와 사용자 간의 임금과 근로시간 등의 근로조건은 어떻게 정해질까? 근조조건의 대부분은 근로계약을 통하여 결정되며, 법에 저촉되지 않는 한 당사자의 합의로 정할 수 있다. 이는 복리후생이나 복무규율에서도 만찬가지이다.

(1) 취업규칙과 단체협약

근로조건은 근로계약을 통하여 정해지는 것이 일반적이지만, 실제로 개별적인 근로계약에서 수많은 근로조건을 모두 수용하기에는 한계가 있다. 물론 임금과 같은 중요한 근로조건은 근로계약 체결 또는 변경 시에 사용자가 근로자에게 반드시 명시하도록 하고 있지만(근로기준법 제17조 및 기간제법 제17조), 그 외의 상당부분은 취업규칙이나 단체협약을 통하여 획일적·집단적으로 정해지는 경우가 통상적이다(취업규칙 및 단체협약의 개념에 대해서는 〈기초편〉 참조).

(2) 법령과 노사관행

상시근로자 30인 이상의 근로자를 사용하는 사업장에 설치를 의무화하고 있는 노사협의회에서도 협의와 의결을 통하여 근무환경이나 복리후생 등에 관한 내용을 규정하는 경우가 있다(근로자참여법 제20조 및 제21조). 또한 노동관계법령이 직접 근로자의 근로조건을 설정할 수도 있다. 예를 들어 근로기준법상의 근로조건에 미치지 못하는 근로계약의 내용은 무효가 되며, 무효가 된 부분에는 근로기준법상의 기준에 의한다. 또한 근로계약에서 정하지 않는 경우에도 근로기준법이 적용된다. 경우에 따라서는 노사관행도 일정한 처우가 장기간에 걸쳐 반복되어 당사자 간에 규범으로 승인된 경우에는 근로조건이 될 수도 있다.

3. 근로조건의 변경

근로조건은 당사자가 합의로 정할 수 있듯이, 근로조건의 변경 또한 당사자가 합의로 변경할 수 있다. 근로조건은 근로계약을 통하여 변경하는 것이 일반적이나, 근로조건을 집합적·통일적으로 처리하기 위하여 취업규칙이나 단체협약을 통하여 근로조건을 변경할 수도 있다.

(1) 취업규칙을 통한 근로조건 변경

취업규칙은 근로조건을 비롯하여 복리후생, 복무규율 등을 포괄적으로 규정하고 있을 뿐 아니라, 사업장 내 모든 근로자에게 적용되므로 근로조건을 집단적·획일적으로 변경할 때 가장 용이하다. 예를 들어 근로조건을 비롯하여 임금체계나 복무규율 등과 같이 전 직원을 적용대상으로 하는 경우에는 개별적인 근로계약보다는 취업규칙 변경을 통하는 경우가 일반적이다.

다만 취업규칙을 불리하게 변경하는 경우에는 과반수 노동조합이나 과반수 근로자들의 동의(집단적 동의)를 받아야 하는데, 이를 둘러싸고 노사 간에 많은 분쟁이 발생하고 있다. 특히 취업규칙 변경 시에 유·불리 여부를 근로자 입장에서 판단하게 되므로, 과반수 노동조합이나 과반수 근로자가 이에 반대하는 경우에는 사실상 취업규칙 변경 자체가 어려울 수도 있다(이에 대해서는 〈기초편〉 참조).

예를 들어 최근에는 회사가 취업규칙 변경을 통하여 정년연장에 따른 임금삭감(소위, 임금피크제)의 도입 및 성과급제 도입을 꾀하는 경우가 많은데, 사회통념상 합리성이 인정된다 하더라도 집단적 동의절차를 받지 않으면 부정되는 것이 최근 대법원판례(대법원 2023. 5. 11. 선고 2017다35588, 35595(병합) 전원합의체 판결)의 입장이므로, 취업규칙 불이익 변경 시에는 반드시 집단적 동의절차를 거칠 필요가 있다. 또한 취업규칙에서 정한 기준에 미달하는 근로계약은 그 부분에 한하여 무효가 되며, 무효가 된 부분은 취업규칙에 정한 기준에 따른다(근로기준법 제97조).

근로계약 유리성의 원칙

근로계약의 내용이 취업규칙의 기준보다 유리한 경우, 근로계약을 우선할 것인가? 이에 대해서는 명문의 규정은 존재하지 않는다. 다만 근로기준법 제97조를 반대해석하면, 취업규칙에서 정한 기준보다 유리한 근로조건을 정한 개별 근로계약 부분은 유효하고 취업규칙에서 정한 기준에 우선하여 적용된다. 따라서 근로자에게 불리한 내용으로 변경 된 취업규칙은 집단적 동의를 받았다고 하더라도 그보다 유리한 근로조건을 정한 기존의 개별 근로계약 부분에 우선하는 효력을 갖는다고 할 수 없다. 이 경우에도 근로계약의 내용은 유효하게 존속하고, 변경된 취업규칙의 기준에 의하여 유리한 근로계약의 내용을 변경할 수 없으며, 근로자의 개별적 동의가 없는 한 취업규칙보다 유리한 근로계약의 내용이 우선하여 적용된다.

---

(2) 단체협약을 통한 근로조건 변경

사업장 내에 노동조합이 조직되어 있는 곳에서는 단체협약을 통해서도 근로조건을 변경할 수 있다. 다만 단체협약은 노동조합과 사용자 간의 집단적 계약이므로 비조합원에게는 미치지 않는 것이 원칙이다. 따라서 조합원의 경우에는 근로계약과 취업규칙에 더하여 단체협약까지 적용되게 되므로, 이들 규범들 간의 우열이 문제가 될 수 있는데, 이에 대해서는 근로계약보다는 취업규칙이, 취업규칙보다는 단체협약이 우선하는 것이 원칙이다.

단체협약을 통한 근로조건의 변경에서 문제가 되는 것은 기존의 단체협약의 내용보다 불리한 변경도 가능한지 여부이다. 이에 대해서는 노동조합의 존재이유가 근로자들의 근로조건 향상에 있기 때문에 기존의 근로조건보다 불리하게 변경할 권한이 노동조합에게는 없다는 견해도 있다. 하지만 단체협약은 노동조합과 사용자 간의 집단적 합의이므로 그 합의의 당사자인 노동조합이 동의하였다면 단체협약이 현저히 합리성을 상실하여 노동조합의 목적을 벗어난 경우가 아니라면 협약자치의 원칙상 근로자들에게 유·불리에 상관없이 협약으로서 효력을 갖는다고 해석된다.

III. 인사이동과 기업질서·징계

1. 인사이동

우리 기업의 인사관리는 직능자격보다는 직무중심으로 계장(주임), 과장, 부장 등의 체계로 이루어지고 있는 것이 일반적이다(최근에는 과장을 중심으로 그 이하 직급을 '매니저', 그 위의 직급을 '책임매니저'로 구분하는 경우도 있음).

임금체계도 이러한 직무체계에 따라 기본급이 결정되며, 이러한 직무는 사용자(상사 등)가 사원을 관찰하여 평가한 인사고과(사정)에 의하여 결정된다. 인사고과에는 대략적으로는 업무성과, 근무태도, 인간관계 등이 평가항목으로 구성되어 있지만, 실제로는 더욱 세분화되어 평가되는 경우가 많다.

최근에는 성과주의가 강조되면서 평가제도의 역할이 증가함에 따라, 평가기준의 명확화 및 평가결과의 공개 및 고충처리제도 등이 과제가 되고 있다.

(1) 승진·승격·강등
① 승진과 승격

'**승진**'이란 직급이나 계급의 상승을 말하며, '**승격**'이란 직능자격(초·중·고급 등)의 상승을 의미한다. 그 외에도 등급(호봉)이 상승하는 것을 '**승급**'이라고도 하는데, 이러한 세 용어는 실제로는 별 구분 없이 혹은 혼동해서 사용되고 있다.

근로자의 승진·승격에 대한 판단은 사용자의 인사고과에 따라 이루어지는 것이 일반적이다. 이와 같이 사용자는 인사고과를 함에 있어 재량권을 가지고 있다고 해석되기 때문에 취업규칙이나 관행 등에 의하여 기계적으로 승격이 이루어지는 경우를 제외하고는 근로자가 승진이나 승격을 청구할 수 없다고 해석된다.

다만 사용자의 재량권 행사가 권리남용이나 법령위반(예를 들어 차별금지 규정이나 부당노동행위금지 규정 위반)으로 위법한 경우에는 근로자가 불법행위에 기초하여 손해배상을 청구할 수 있다.

② 강등

'**강등**'이란 직급이나 계급이 아래로 내려가는 것을 말한다. 강등은 인사권 행사로 이루어지는 경우와 징계처분으로 이루어지는 경우가 있다.

인사권행사로서의 강등 중, 직급을 내리는 것은 근로자의 적성 및 성적평가에 의한 노동력 재배치의 문제(승진의 반대)이므로 사용자는 성적불량및 직무적성의 결여 등 업무상의 필요성이 존재하고, 권리남용에 해당하지 않는 한 재량권을 행사할 수 있다고 해석된다.

이에 비해 강등이 기업질서 위반행위에 대한 처벌의 형태로 이루어지는 경우에는 근로기준법상의 정당한 이유가 필요하다.

(2) 배치전환 · 전적

① 배치전환(전직)

'**배치전환**'이라 함은 일반적으로 직무의 내용(전직)과 근무 장소(전보)가 변경되는 것을 말한다. 우리나라나 일본에서는 장기고용관행 하에 기업내에서 커리어를 형성하고 고용을 유지하기 위해 정기적으로 직원에 대한 배치전환을 하는 경우가 많다. 이러한 배치전환은 근로자의 생활 및 커리어 형성에 영향을 미칠 수 있기 때문에 사용자와 근로자 간의 적절한 이해

조정이 필요하게 된다. 따라서 사용자의 배치전환명령에는 두 가지 제약이 가해질 수 있다.

첫째, 사용자가 유효하게 배치전환을 명령하기 위해서는 취업규칙이나 단체협약에 이를 규정함으로써 근로계약상의 근거가 필요하다. 예를 들어 취업규칙에 "업무상 필요에 따라 배치전환을 할 수 있다"라는 규정을 두는 경우가 일반적이다. 그러나 직종(전문직, 특수자격증 소유자 등)이나 근무지를 명시적으로 한정하거나 묵시적으로 합의한 경우에는 그 범위 내에서 배치전환이 가능하다.

둘째, 사용자가 배치전환명령권이 인정되는 경우에도 권리남용법리의 제약을 받게 된다. 사용자의 배치전환명령권은 ① 업무상의 필요성이 존재하지 않는 경우, ② 부당한 동기나 목적으로 이루어지는 경우, ③ 근로자가 통상적으로 감수해야할 정도를 현저하게 초과하는 경우 등에 해당하지 않는 한 일반적으로 이를 인정하고 있다. 실무에서는 업무상의 필요성보다 근로자가 감수해야할 불이익이 사회통념상 현저하게 클 경우에는 권리남용에 해당한다고 볼 수 있다(참조판례: 대법원 2018. 10. 25. 선고 2016두 44162 판결).

다만 배치전환이 정당한 인사권이 아니라 징벌의 성격을 가지는 경우에는 현행 근로기준법에서 '정당한 이유'가 필요하다(제23조). 따라서 정당한 사유 없이 징벌적 배치전환을 한 경우에는 무효가 되며 불법행위에 해당할 수도 있다.

② 전적

'**전적**(轉籍)'이란 통상적으로 기업집단 내 특정 계열사에서 다른 계열사(자회사 또는 협력사 등)로 이동하는 것을 말하다. 따라서 전적은 전직과는 달리 근로자의 소속이 변경되기 때문에 기본적으로 근로자의 동의를 얻어 근로계약을 새롭게 체결할 필요가 있다.

위 전적과 비슷한 것으로 '**출향**(出向)'이라는 것이 있다. 출향도 기업 간 이동이라는 점에서는 전적과 비슷하지만, 소속은 그대로 유지한 채 다른 기업의 지휘명령을 받아 근무한다는 점에서 전적과 다르다. 출향은 해고를 회피하면서 인건비를 줄일 수 있고 경기가 좋아지면 다시 복귀시키는 등 인력의 재배치나 구조조정의 일환으로 이용되며, 일본계기업에서 흔히 볼 수 있는 제도이다.

전적은 근로자의 동의와 새로운 근로계약의 체결이 필요한데, 이러한 번거로움을 피하기 위한 포괄적 사전동의를 인정할 것인지의 여부이다. 예를 들어 회사가 편의상 취업규칙이나 근로계약에 "업무상의 필요에 따라 전적을 할 수 있다"라고 규정하고 것이 전형적이다. 포괄적 사전동의에 대해서는 명확한 법적 근거는 없지만, 다른 기업에로의 전직과 관련하여 근로계약의 내용을 이루고 있다고 볼 수 있을 정도로 명확히 승인되거나 확립된 관행이 존재하는 경우에는 이를 인정하는 것이 판례의 입장이다 (참조판례: 대법원 1993. 1. 26. 선고 92다11695 판결).

(3) 기업조직의 변동과 고용관계

회사는 존속을 위해 끊임없이 조직의 변화를 거듭하는 유기체이다. 기업조직의 변동으로서는 합병 및 영업양도, 회사분할 등이 있다. 기업조직의 변동은 물적 변동을 수반하게 되는데, 이 경우에 고용관계도 승계되는지가 문제로 된다.

① 합병

'**합병**'이란 두 개 이상의 회사를 합치는 것을 말하는데, 합병에는 '신설합병'과 '흡수합병'이 있으며, 어느 경우에나 합병된 회사는 소멸하고 그 회사가 가지고 있던 권리의무는 신설회사 또는 흡수회사에 전면적으로 승계된다. 이 경우에 합병된 회사에 근무하고 있던 근로자의 고용관계(근로조건까지 포함)는 함께 인계된다.

다만 합병으로 두 회사의 근로자 간에 근로조건의 차이가 생기는 경우, 이를 통일할 필요가 있다. 이 경우에 취업규칙이나 단체협약의 변경이 가장 많이 이용되나, 기존의 근로조건보다 불리하게 변경하는 경우에는 일정한 제약이 가해지게 된다.

② 영업양도

'**영업양도**'('사업양도'라고도 함)란 일정한 영업목적에 의하여 조직화된 업체, 즉 인적·물적 조직을 그 동일성을 유지하면서 일체로서 이전하는 것으로 영업의 일부만의 양도도 가능하다. 영업양도가 이루어진 경우에는 원칙적으로 해당 근로자들의 고용관계는 양수하는 기업에 포괄적으로 승계된다.

다만 영업양도 당사자 사이에 고용관계의 일부를 승계의 대상에서 제외하기로 하는 특약이 있는 경우에는 그에 따라 고용관계의 승계가 이루어지지 않을 수도 있다. 그러나 이러한 특약은 실질적으로 해고나 다름이 없으므로 근로기준법 제23조 제1항 소정의 정당한 사유가 있어야 유효하며, 영업양도 그 자체만을 사유로 삼아 근로자를 해고하는 것은 인정되지 아니 한다.

이와 같이 영업양도의 경우에 고용관계는 원칙적으로 양수인에게 포괄적으로 승계되지만, 근로자는 반대의 의사표시를 함으로써 양수기업에 승계되는 대신 양도기업에 잔류하거나 양도기업과 양수기업 모두에서 퇴직할 수도 있다(참조판례: 대법원 2002. 3. 29. 선고 200두8455 판결).

③ 회사분할

'**회사분할**'이라 함은 사업에 관한 권리의무의 전부 또는 일부를 다른 회사로 하여금 이를 승계하도록 하는 제도를 말한다. 회사분할에는 분할로 새롭게 회사를 설립해서 이를 승계의 상대방으로 하는 것을 '신설분할'이라 하고, 이미 존재하는 회사가 승계하도록 하는 것을 '흡수분할'이라고 한다. 이러한 회사분할제도는 1997년 외환위기 상황에서 기업이 구조조정을 용이하게 할 수 있도록 1998년 상법개정을 통해서 도입되었다.

회사가 분할될 경우에 고용관계의 승계여부가 문제가 될 수 있는데, 상법 제530조의10은 "분할 또는 합병으로 인하여 신설되는 회사 또는 존속하는 회사는 분할하는 회사의 권리와 의무를 분할계약서 또는 분할합병계약서가 정하는 바에 따라서 승계한다."라고 규정하고 있으므로, 회사분할의 경우에도 영업양도와 마찬가지로 고용관계는 신설회사에 포괄적으로 승계되는 것이 원칙이다. 따라서 근로자의 동의 없이 고용관계를 배제할 수 없다. 다만 근로자가 거부권을 행사하는 경우에는 승계대상에서 제외된다고 보는 것이 타당하다.

따라서 회사분할의 경우, 퇴직금 산정을 위한 계속근로기간은 이전 기업에서의 근속 기간을 포함하여 계산된다. 다만 근로자가 양도기업에서 사직서를 제출하고 퇴직금을 지급받은 다음 양수기업에 새롭게 입사하는 경우에는 계속고용이 인정되지 않으나, 사직서 제출이 근로자의 자의에 의한 것이 아니라 양도기업의 일방적인 결정에 따라 퇴직과 재입사의 형식을 거친 것에 불과하다면 계속근로관계는 단절되지 않는다는 것이 판례의 입장이다(참조판례: 대법원 2013. 12. 12. 선고 2011두4282 판결).

2. 기업질서와 징계

(1) 징계권과 징계의 종류

기업은 다수의 근로자를 효율적으로 조직·활용하기 위해 취업규칙에 복무규율에 관해 상세히 규정하고 있는 것이 일반적이다. 근로자가 이 복무규율에 위반할 경우, 기업질서를 확보하기 위해 사용자는 당해 근로자에 대한 징계처분을 할 수 있다. 징계처분의 종류로는 견책, 감급, 출근정지, 정직, 강등, 징계해고 등이 대표적이다.

징계사유로는 경력사칭, 업무명령위반, 복무규정위반, 무단결근, 공금횡령, 회사의 명예훼손, 직장 내 성희롱과 직장 내 괴롭힘 등이 전형적인데, 이에 대해서는 취업규칙 등에 상세하게 규정하고 있는 것이 일반적이다. 징계처분은 인사이동과는 달리 직위 및 근로조건에 불이익을 동반한다. 따라서 근로기준법(제23조 제1항)에서는 사용자로 하여금 정당한 이유 없는 해고, 휴직, 정직, 전직, 감봉, 그 밖의 징벌(懲罰)을 하지 못하도록 규정하고 있다.

(2) 징계의 정당성 판단기준

징계처분이 정당하기 위해서는 ① 징계대상자의 행위가 징계사유에 해당하여야 할 것(징계사유 해당성), ② 징계처분에 앞서 징계위원회를 소집하는 등, 충분히 소명할 기회를 주어야 할 것(징계절차 적법성), ③ 징계사유와 징계처분 사이에 사회통념상 상당하다고 인정될 것(징계양정의 적정성) 등 3가지 요건을 충족해야 한다. 이 요건 중에 하나라도 충족하지 못할 경우에는 징계처분으로서의 효력을 상실하게 된다.

문제는 취업규칙 등에 징계사유 및 징계절차에 관한 규정을 두지 않는 경우에도 징계처분이 가능한지 여부이다. 징계처분은 징계규정에 따라 행사하는 것이 원칙이나 이러한 명시적 규정이 없다 하더라도 근로기준법 제23조에 위반하지 않는 가능하다고 판단된다. 다만 이러한 경우에도 징계처분에 앞서 소명할 기회는 부여해야 한다(참조판례: 대법원 2004. 6. 25. 선고 2003두15317 판결).

징계처분으로서의 시말(경위)서 제출, 전직, 대기발령

사용자는 기업조직을 효율적으로 운영하기 위해 근로자에 대해 전직이나 전보발령 등을 할 수 있다. 이러한 인사권행사는 근로자에게 불이익한 처분이 될 수는 있으나, 원칙적으로 인사권자인 사용자의 권한으로 업무상 필요한 범위 내에서는 상당한 재량을 인정하여야 하므로 권리남용 등의 특별한 사정이 없는 한 무효라고 할 수 없다(참고판례 : 대법원 2018. 10. 25. 선고 2016두44162 판결).

그러나 이러한 인사권의 행사가 업무상의 필요성에 의한 것이라기보다 징계처분의 성격을 가지는 경우에는 근로기준법(제23조)상의 소정의 정당한 사유가 요구되므로, 다른 징계처분과 마찬가지로 징계사유에 해당하고 절차적 정당성과 양형의 형평성을 갖추어야 한다. 또한 시말(경위)서의 경우에도 단순히 사건의 경위 등을 진술하는데 그치면 아무런 문제가 없으나, 근로자에게 사과나 반성을 요구하는 경우에는 헌법상의 양심의 자유를 침해할 여지가 있다고 보는 것이 판례의 입장이다(참고판례 : 대법원 2010. 1. 14. 선고 2009두6605 판결).

(3) 부당징계와 구제절차

근로자는 사용자로부터 부당하게 징계처분을 받았다고 판단되면 노동위원회에 구제신청을 하든지 또는 법원에 징계의 효력을 다투는 소송을 제기할 수 있다. 징계처분 중에서도 해고사건은 법원보다는 노동위원회로 가는 건수가 압도적으로 많다. 그 이유는 아마도 노동위원회의 구제절차가 재판절차에 비해 신속·저렴할 뿐 아니라 화해나 조정을 통한 해결을 꾀하는 등 유연하기 때문일 것이다.

징계처분이 정당한 사유 없이 이루어진 경우에는 부당징계로 되어 법적 효력은 부인되고 징계로 인한 손해는 원상회복되는 것이 원칙이다. 예를 들어 부당해고의 경우에는 해고된 기간 동안 받을 수 있었던 임금을 받을 수 있으며(back pay), 해고되기 이전의 직무에 복귀하는 것이 원칙이다. 다만 근로자가 원직복직을 원하지 않는 경우에는 금전보상으로 고용관계를 해소할 수 있다(이에 대해서는 〈기초편〉 참조). 또한 징계해고를 해야 할 사유가 전혀 없음에도 오로지 사업장에서 배제할 의도 하에 고의로 명분을 내세워 해고를 하는 경우에는 불법행위가 성립할 수도 있다(참고판례 : 대법원 1993. 10. 10. 선고 92다43586 판결).

IV. 고용균등과 비정규직

1. 고용균등

(1) 고용상의 차별금지

헌법 제11조 제1항은 "모든 국민은 법 앞에 평등하다. 누구든지 성별·종교 또는 사회적 신분에 의하여 정치적·경제적·사회적·문화적 생활의 모든 영역에 있어서 차별을 받지 아니 한다"라고 규정하고 있다. 이 규정은 국가에 대해 개인이 가지는 권리를 정한 것으로 근로계약과 같이 사인관계에는 직접적으로 적용되지 않는다. 이에 헌법상의 '평등권'을 구체화하기 위해 근로기준법 등에서 고용상의 차별을 금지하고 있다.

예를 들어 근로기준법 제6조는 사용자가 근로자의 성, 국적·신앙, 사회적 신분 등을 이유로 한 차별을 금지하고 있다. 하지만 이 규정은 고용균등을 선언한 일반조항적 성격을 가지며, 모집이나 채용과정에는 동 규정이 적용되지 않는다. 이에 고용정책기본법이나 직업안정법, 채용절차공정화법에서는 모집이나 채용과정에 있어 차별을 금지하고 있으며, 남녀고용평등법과 고령자고용법에서는 근로관계 전반에 걸쳐 남녀차별을 금지함과 동시에 고용상의 연령차별을 금지하고 있다. 아울러, 기간제법과 파견근로자 보호 등에 관한 법률(이하, 파견법)에서는 기간제 및 파견근로자에 대한 차별적 처우를 금지하고 있다.

(2) 차별의 판단기준

고용상의 차별을 받았다고 생각하는 근로자는 노동위원회에 차별에 대한 구제신청을 할 수 있다. 차별신청은 차별적 처우가 있었던 날(계속되는 행위의 경우에는 종료일)로부터 6개월 이내에 차별시정을 해야 하며, 차별적 처우와 관련된 분쟁에서 입증책임은 차별적 처우를 주장하는 근로자가 아니라 사용자가 부담하게 된다.

　노동위원회가 차별 여부를 판단하기 위해서는 ① 당해 차별행위가 법적용 대상인지, ② 차별시정 당사자의 적격성이 인정되는지, ③ 당사자적격이 인정된다면 비교대상근로자 선정이 적절한지, ④ 차별금지영역에 해당하는지, ⑤ 근로조건에서 불리한 처우가 존재하는지, ⑥ 불리한 처우가 존재한다면 합리적 이유가 없는 차별적 처우에 해당하는지 등의 프로세스에 따라 차별 여부를 판단해야 한다.

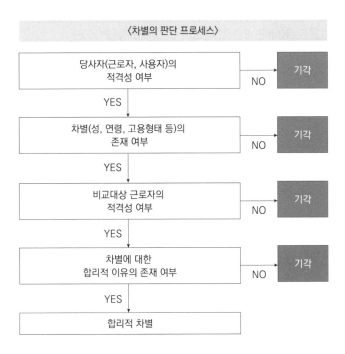

〈차별의 판단 프로세스〉

당사자(근로자, 사용자)의 적격성 여부 → NO → 기각
↓ YES
차별(성, 연령, 고용형태 등)의 존재 여부 → NO → 기각
↓ YES
비교대상 근로자의 적격성 여부 → NO → 기각
↓ YES
차별에 대한 합리적 이유의 존재 여부 → NO → 기각
↓ YES
합리적 차별

2. 비정규직

'**비정규직근로자**(이하, 비정규직)'란 임시직, 일용직, 단시간근로자, 파견근로자, 특수고용직 등을 포괄하는 '**정규직**'이 아닌 근로자를 말한다. 여기서 '정규직'이 무엇인지 문제가 되는데, 일반적으로 ① 정년이 보장되고, ② 풀타임(full time)으로 일하며, ③ 직접 고용된 근로자를 의미한다. 따라서 '**비정규직**'이란 ① 정년이 보장되지 않는 계약직(기간제), ② 근로시간이 짧은 파트타임, ③ 간접 고용된 파견근로자 등이 여기에 속한다.

(1) 기간제근로자

'**기간제근로자**(이하, 기간제)'라 함은 기간의 정함이 있는 근로계약을 체결한 근로자를 말한다(기간제법 제2조 제1호). 기간제를 흔히 계약직, 촉탁직, 일용직, 임시직, 아르바이트 등 다양한 명칭으로 불리어지고 있는데, 이들은 기간이 정해져 있을 뿐 임금을 목적으로 근로를 제공하고 있다는 점에서 근로자에 해당하며, 기간제법의 적용을 받게 된다.

기간제는 약정한 기간이 도래하면 당연히 고용관계는 종료하게 되는 것이 원칙이다. 따라서 계약의 반복갱신을 포함하여 2년을 초과할 경우에는 기간의 정함이 없는 근로계약을 체결한 근로자로 본다. 다만 ① 사업의 완료 또는 특정한 업무의 완성에 필요한 기간을 정하는 경우, ② 휴직·파견 등으로 결원이 발생하여 해당 근로자가 복귀할 때까지 업무를 대신할 경우, ③ 근로자가 학업·직업훈련 등의 이수 등으로 필요한 경우, ④ 고령자고용촉진법에서 고령자와 계약을 체결하는 경우, ⑤ 전문적 지식·기술의 활용이 필요한 경우, ⑥ 정부의 복지정책·실업대책 등에 따라 일자리를 제공하는 경우 등에서는 예외적으로 2년을 초과해도 무방하다(기간제법 제4조).

따라서 기간제 근로계약 체결 시에는 ① 근로계약 기간에 관한 사항, ② 근로시간·휴게에 관한 사항, ③ 임금의 구성항목·계산방법 및 지불방법에 관한 사항, ④ 휴일·휴가에 관한 사항, ⑤ 취업 장소와 종사할 업무에 관한 사항을 서면으로 명시해야 한다(기간제법 제17조). 또한 기간제의 경우에는 기간만료 이후의 계약 갱신(갱신기대권)을 둘러싸고 당사자 사이에 분쟁이 발생할 여지가 있으므로 갱신여부 및 요건을 명확하게 할 필요가 있다.

갱신기대권과 해고

최근 계약직근로자(기간제)가 늘어나면서 근로계약 갱신을 둘러싼 분쟁이 종종 발생하고 있다. 기간제의 경우, 당초에 정한 기간이 도래하면 당연히 고용관계는 종료되고, 특별히 갱신거절의 의사표시를 하지 않아도 당연히 퇴직하는 것이 원칙이다. 그러나 근로계약이나 취업규칙 등에서 기간 만료 후에도 일정한 요건이 충족되면 근로계약이 갱신될 수 있다는 규정이 있거나 그러한 고용관행이 존재하여 근로계약 갱신에 대한 근로계약 당사자 사이에 신뢰관계가 형성되어 있는 경우에는 사용자가 이를 무시한 채 일방적으로 근로계약의 갱신을 거절하는 것은 부당해고가 될 수 있다(참고판례 : 대법원 2011. 4. 14. 선고 2007두1729 판결).

(2) 단시간근로자

'단시간근로자'란 1주 동안의 소정근로시간이 그 사업장에서 같은 종류의 업무에 종사하는 통상근로자의 1주 동안의 소정근로시간에 비해 짧은 근로자를 말한다(기간제법 제1조 제2호). 단시간근로자는 통상 파트타임, 아르바이트, 임시알바 등 명칭이 다양하나 이들도 근로자이므로 노동관계법의 적용대상이 된다. 따라서 이들과 근로계약을 체결할 때에도 기간제의 경우와 마찬가지도 근로계약 기간과 근로조건에 관한 사항을 서면으로 명시할 필요가 있다(기간제법 제17조).

단시간근로자의 경우 근로계약상의 소정근로시간은 통상 근로자에 비해 짧게 설정되어 있지만, 실제로는 소정근로시간보다 더 길게 일할 수도 있다. 이와 같이 단시간근로자에게 소정근로시간을 초과하여 근로를 하게 할 경우에는 본인의 동의가 필요하며, 소정근로시간을 초과한 부분에 대해서는 비록 법정근로시간 내에 있다고 하더라도 통상임금의 50%를 가산하여 임금을 지급해야 한다(기간제법 제6조 제3항).

(3) 파견근로자

'**파견**'이란 파견사업주와 근로계약을 체결하고, 그 고용관계를 유지하면서 사용사업주의 지휘명령을 받아 업무에 종사하는 근로자를 말한다(파견법 제2조). 여기서 '**파견사업주**'란 근로자파견사업을 하는 자를 말하며, '**사용사업주**'란 근로자파견계약에 따라 파견근로자를 사용하는 자를 말한다. '**파견근로자**'란 파견사업주가 고용한 근로자로서 근로자파견의 대상이 되는 사람을 말한다.

파견은 이와 같이 3자 간의 노동관계가 특수하기 때문에 제조업은 그 적용대상에서 제외하고, 전문지식·기술·경험 또는 업무의 성질 등을 고려하여 적합한 업무 32개 업종에만 허용하고 있다(파견법 제5종 제1항). 근로자파견의 기간은 원칙적으로 1년을 넘지 못하지만, 파견·사용사업주와 파견근로자 사이에 합의가 있는 경우에는 연장할 수 있지만, 1회 연장 시에 1년을 초과하지 못하며 연장된 기간을 포함하여 총파견기간은 2년을 초과해서는 아니 된다(동법 제5조, 제6조). 사용사업주가 이를 위반하여 파견근로자를 파견이 허용되지 않는 업무에 종사하게 하거나 또는 2년을 초과하는 경우에는 해당 파견근로자를 직접 고용하여야 한다(제6조의2).

파견은 간접고용의 대표적인 고용형태로 파견과 도급을 들 수 있다. 파견과 도급(특히, 사내하도급)은 그 구조가 매우 유사하여 양자를 어떻게 구별할 것인가가 문제가 되고 있다. 특히 사내하도급의 경우에는 파견과 그 구조가 매우 흡사하여 파견과 도급을 둘러싼 문제가 종종 발생하고 있다. 파견의 경우, 사용사업주는 파견근로자에 대해 지휘명령을 할 수 있는데 비해, 도급의 경우에는 원청회사가 하도급근로자에 대해 지휘명령을 할 수 없다는 점에서 양자는 구별된다. 하지만 실제 산업현장에서는 원청업체가 사내하도급(사내하청)근로자에 대해서도 지휘명령을 하는 경우가 있어 이를 둘러싼 분쟁이 끊임없이 발생하고 있다.

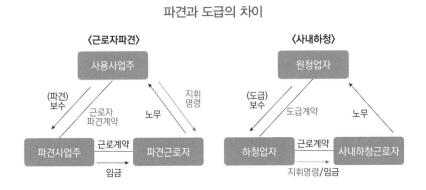

파견과 도급의 차이

V. 직장 내 성희롱과 괴롭힘

1. 직장 내 성희롱

'**직장 내 성희롱**'이란 사업주·상급자 또는 근로자가 직장 내의 지위를 이용하거나 업무와 관련하여 다른 근로자에게 성적 언동으로 성적 굴욕감 또는 혐오감을 느끼게 하거나 성적 언동 또는 그 밖의 요구 등에 따르지 아니하였다는 이유로 근로조건 및 고용에서 불이익을 주는 것을 말한다(남녀

고용평등법 제2조 2호).

성희롱은 흔히 사업주나 상급자에 의해 발생하는 것으로 인식하고 있지만, 직장 내의 지위나 업무와 관련하여 동료나 하급자도 가해자가 될 수도 있으며, 이성 간 뿐만 아니라 동성 간에도 일어날 수 있다. 성희롱의 형태로는 상대방 의사와는 상관없이 신체적 접촉이나 언어를 통한 성희롱 외에도 성적 관계를 요구하거나 성적인 내용의 정보를 의도적으로 유포하는 행위도 성희롱에 해당할 수 있다.

사업주는 직장 내 성희롱이 발생하지 않도록 매년 1회 이상 전체 직원을 대상으로 예방교육을 실시해야 하며, 성희롱이 발생한 경우에는 행위자를 징계조치 해야 한다(위반 시 500만 원 과태료). 또한 성희롱 발생 사실을 신고한 근로자 및 피해근로자에 대해 불이익 조치를 해서는 아니 되며(위반 시 3년 이하 징역 또는 3천만 원 이하 벌금), 제3자 성희롱에 의한 경우 근로장소의 변경 등 피해자 보호조치를 해야 하고 피해자에게 불이익한 조치를 해서는 아니 된다(위반 시 500만 원 이하 과태료).

2. 직장 내 괴롭힘

'**직장 내 괴롭힘**'도 직장 내 성희롱과 마찬가지로 사용자 또는 근로자가 직장 내에서의 ① 지위나 관계 등의 우위를 이용해서, ② 업무상 적정범위를 넘어, ③ 근로자에게 신체적 · 정신적 고통을 주거나 근무환경을 악화시키는 행위를 말한다(근로기준법 제76조의2). 직장 내 괴롭힘으로 인정되기 위해서는 이 3가지 요건을 모두 충족해야 하며, 사용자는 직장 내 괴롭힘이 발생하지 않도록 예방할 의무를 지며, 사용자는 직장 내 성희롱의 경우와 마찬가지로 이를 예방하고 신고가 들어온 경우에는 지체 없이 조치할 의무가 있다(이에 대해서는 노동법 〈기초편〉 참조).

직장 내 괴롭힘은 직접적인 근로관계가 없는 파견근로자에 대해서도 성립할 수 있다. 왜냐하면 파견법(제34조 제1항)은 파견 중인 근로자의 경우 파견사업주 및 사용사업주를 근로기준법상의 사용자로 볼 수 있기 때문에, 사용사업주도 직장 내 괴롭힘의 행위자로 인정될 수 있다. 다만 원·하청관계에서는 직접적인 근로관계가 없기 때문에 하청근로자에 대한 원청회사의 직장 내 괴롭힘은 성립되기 어렵다고 본다.

3. 직장 내 성희롱·괴롭힘 구제절차

성희롱이나 괴롭힘은 직장에서 일상적으로 만나는 상사와 부하 또는 동료 간에 매우 은밀하게 일어날 뿐만 아니라, 성적 굴욕감이나 혐오감 또는 불쾌감과 수치심을 동반하기 때문에 가해자는 물론 피해자마저도 외부로 노출되는 것을 극단적으로 꺼리는 경향이 있다. 또한 기업 입장에서도 회사 내의 불명예스러운 사건이 외부기관이나 언론을 통해 공개되는 것을 원하지 않는 경향이 있다.

(1) 성희롱·괴롭힘 구제 절차

직장 내 성희롱이나 괴롭힘은 가능한 한 사업장 내 고충처리위원회나 특별조사위원회 등을 통하여 자주적으로 해결하는 것이 가장 바람직하다. 그러나 성희동과 괴롭힘의 경우, 가해자와 피해자는 상급자·하급자 또는 동료사이라는 특수한 관계에 있기 때문에 중립적인 입장에서 철저하게 조사한 다음, 객관적이고 공정한 절차에 따라 판단하기 어렵다는 데 그 한계가 있다. 그래서 성희롱과 괴롭힘의 피해자들은 적극적으로 외부기관에 구제를 요구하지 못하고 온전히 고통을 감수하거나 사직을 하는 등 소극적으로 대처하는 경우가 오히려 많다.

직장 내 성희롱·괴롭힘 발생 시 처리 절차

사건 접수	신고, 인지 (*피해자는 물론, 사건을 인지한 자는 누구든지 신고 가능)		

⇩

상 담	신고인 및 피해자 상담을 통해 사건 개요 및 피해자 요구 파악 (*피해자 요구를 바탕으로 1차적인 해결방식 결정)		
	행위자로부터 분리만을 원하는 경우	행위자의 사과 등 당사자 간 합의를 원하는 경우	회사 차원의 조사를 통한 해결을 원하는 경우

⇩　　　⇩　　　⇩　　　⇩

조 사	(조사 생략)	약식조사 후 사업주에게 조사 보고	정식조사

⇩　　　⇩　　　⇩　　　⇩

성희롱·괴롭힘 사실 확인 및 조치	상담 보고서 작성, 사업주에게 보고하여 적절하게 조치	행위자에게 피해자 요구 전달 및 합의 도출 * 합의 결렬 시 피해자 재상담 후 정식조사 의뢰 등 피해자 의사 확인	행위자에 대한 징계 등 조치

⇩　　　　　　↳ 합의 결렬 시 피해자 재상담 후 피해자 의사 확인

모니터링 (사후조치)	합의사항 이행여부, 피해자에 대한 후속적인 피해 여부 등 (*비밀유지의무, 2차 가해 방지, 조직문화의 개선 등)		

(2) 외부기관을 통한 성희롱·괴롭힘 구제 절차

직장 내 성희롱·괴롭힘의 경우, 피해자가 궁극적으로 추구하는 것은 그러한 행위가 없었던 원래의 근로조건으로 회복하는 것이다. 따라서 직장 내 해결을 도모한 후에도 구제가 어려운 경우에는 외부 기관에 의존할 수밖에 없다. 외부기관으로는 직장 내 성희롱의 경우 노동위원회에 대한

구제신청을 비롯하여, 지방고용노동관서에 진정·고소·고발, 국가인권위원회에 진정, 검찰에 고소·고발, 민사소송 등을 통한 구제방식이 있다.

다만 진정은 고용노동부에서 자체 종결할 수 있으나, 고소·고발은 검찰의 지휘를 받아 진행하기 때문에 고용노동부에서 자체 종결을 할 수 없다. 따라서 합의를 염두에 두고 있다면 고소·고발을 선택하기 보다는 진정을 하는 것이 낫다. 왜냐하면 고소한 경우에는 범죄 인정 이후에 피해자가 취하를 하더라도 처벌을 받기 때문에 합의가 어렵기 때문이다.

직장 내 괴롭힘의 경우에도 성희롱의 경우와 같이 지방고용노동관서에 진정, 민사소송 등을 통한 구제방법이 있다. 다만 국가인권위원회는 국민의 인권침해를 다루는 기관이기 때문에 근로기준법상 직장 내 괴롭힘인지 여부는 직접적으로 조사하거나 판단하지는 않으나, 괴롭힘 사건 자체가 인권 침해나 차별 요소가 있다면 국가인권위원회에 진정을 할 수도 있다.

외부기관을 통한 직장 내 성희롱·괴롭힘의 구제

구 분	방 법	구제 내용
노동위원회	시정신청	성희롱·괴롭힘 피해자에 대한 적절한 조치 요구, 불리한 처우에 대한 시정 요구
지방고용 노동관서 (노동청)	진정 (*자체 종결 가능)	성희롱·괴롭힘에 대한 사업주 조치 요구 가해자 징계, 피해자 보호조치 등
	고소/고발 (*검찰의 지휘)	성희롱·괴롭힘에 대한 사업주 처벌 요구 (*행위자 미조치, 피해자 불이익 처분 등)
국가인권 위원회	진정	성희롱·괴롭힘 행위자와 책임자에 대한 사내 조치, 손해배상
법원	민사소송	성희롱·괴롭힘으로 인해 발생한 손해배상 청구

VI. 고용관계의 종료

1. 해고의 개념과 제한

고용관계의 종료 사유로는 ① 근로자의 의사나 동의에 의하여 이루어지는 **퇴직**(사직, 합의해지, 명예퇴직), ② 근로자의 의사에 반하여 사용자의 일방적 의사에 의하여 이루어지는 **해고**(통상해고, 징계해고, 정리해고), ③ 근로자나 사용자의 의사와는 상관없이 이루어지는 **자동소멸**(계약기간의 만료, 회사의 소멸, 당사자의 사망) 등이 있다. 이와 같이 고용관계가 종료하는 사유로는 여러 가지가 있지만, 그 중에서 가장 쟁점이 많은 것이 바로 '해고'이다. 왜냐하면 **해고**는 근로자의 의사와는 상관없이 사용자의 일방적인 의사표시로 고용관계가 종료되기 때문이다.

이에 근로기준법은 근로자를 보호하기 위해 해고에 대한 일정한 제한규정을 두고 있다. 우선 근로기준법은 ① 정당한 이유 없는 해고 및 근로자가 업무상 부상 또는 질병 요양을 위한 휴업기간과 그 후 30일 또는 산전·산후의 휴업기간과 그 후 30일 동안을 해고를 하지 못하도록 하고 있으며(제23조), ② 근로자에게 해고시기와 사유를 서면으로 통지할 것과(제26조), ③ 적어도 30일 전에 해고예고를 하거나 또는 30일분 이상의 통상임금을 지불할 것(제26) 등을 규정하고 있다(단, 계속 근로 기간이 3개월 미만인 경우, 천재·사변 그 밖의 부득이한 사유로 사업을 계속하는 것이 불가능한 경우, 근로자가 고의로 사업에 막대한 지장을 초래하거나 재산상 손해를 끼친 경우에는 예외이다).

해고는 근로자의 일방적 의사표시로 고용이 종료되는 **사직**이나, 고용관계 당사자의 쌍방의 의사합치로 고용이 종료되는 **합의해지**와 구분된다. 그러나 사직이나 합의해지가 근로자의 의사에 관계없이 사용자측에서 일방적으로 고용관계를 종료시키는 것이라면 그 명칭에 구애되지 않고 이는 성질상 해고에 해당하므로 근로기준법에 의한 제한을 받게 된다는 것이 판례의 입장이다(참고판례 : 대법원 1993. 10. 26. 선고 92다54210 판결).

2. 해고의 종류

근로기준법은 해고의 유형을 특별히 구분하고 있지 않지만, 통상적으로는 해고의 이유가 근로자 측에 있는지 또는 사용자 측에 있는지에 따라 **통상해고**(일반해고)와 **경영상의 이유에 의한 해고**(소위, 정리해고)로 구분하며, 통상해고는 다시 근로자의 **행태상의 사유에 의한 해고**(소위, 징계해고)와 근로자의 **일신상의 사유에 의한 해고**(저성과자 해고)로 구분할 수 있다.

해 고	통상해고(일반해고)	행태상의 사유에 의한 해고(징계해고)
		일신상의 사유에 의한 해고 (저성과자 해고)
	경영상의 이유에 의한 해고	기업의 구조조정에 의한 해고(정리해고)

(1) 통상해고

'**통상해고**(일반해고)'란 일반적으로 '근로자가 당초에 약속한 계약내용을 이행하지 않거나(채무불이행, 이행불능) 또는 불완전이행으로 인하여 계약관계를 더 이상 계속할 수 없다고 판단하여 사용자가 일방적으로 고용관계를 해소하는 행위'를 말한다. 통상해고는 징계사유에 따라 다시 '징계해고'와 '일신상의 사유에 의한 해고'로 대별된다.

① 행태상의 사유에 의한 해고(징계해고)

행태상의 사유에 의한 해고는 근로자의 직장질서에 반하는 비위행위나 직무해태(근태불량) 등을 이유로 한 해고가 전형적인데, 이러한 경우에는 대체로 합리적 이유가 있는 것으로 본다. 근로기준법은 사용자는 '정당한 사유 없이 해고…기타 징벌을 하지 못한다'고 규정하고 있는데(제23조 제1항), 이는 문맥상 징계해고를 제한하는 규정으로 해석되므로, 징계해고가 정당성을 가지려면 규율위반 행위와 같은 사유가 있어야만 한다.

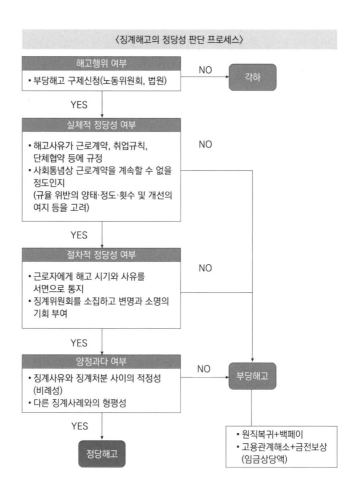

징계해고는 여러 징계 중에서도 가장 중한 징계에 해당하므로 '**사회통념상 근로관계를 계속시킬 수 없을 정도로 근로자에게 책임 있는 사유가 있는 경우**'에 징계해고가 가능하다. 징계해고가 정당성을 가지려면 ① 징계대상자의 비위행위가 취업규칙 등에 정한 징계사유에 해당하여야 하며(실체적 정당성), ② 징계대상자에게 징계위원회에 출석하여 변명과 소명의 기회를 주어야 한다(절차적 정당성). 다만 징계대상자가 징계위원회에 참석할 시간적 여유 또는 변명과 소명자료를 준비할 시간을 주지 않거나, ③ 징계사유와 징계처분 사이의 적정성(비례성) 및 형평성이 확보되지 않으면 해고는 무효가 된다(양정과다)(참고판례 : 대법원 2004. 6. 25. 선고 2003두15317 판결).

② 일신상의 사유에 의한 해고(저성과자해고)

근로자의 일신상의 사유에 의한 해고로는 첫째, 근로자의 노무제공 불능으로 인한 해고이다. 판례는 사상병(私傷病)으로 인하여 노무제공을 하지 못하는 경우에는 해고에 합리적 이유가 있는 것으로 간주한다. 둘째, 근로자의 능력부족이나 성적불량, 근무태도 불량, 적격성 결여 등으로 인한 해고에 대해서도 판례는 합리적 이유가 있는 것으로 본다.

최근에 문제가 되고 있는 저성과자에 대한 해고의 경우, 사용자가 취업규칙에서 정한 해고사유에 해당한다는 이유로 근로자를 해고할 때에도 정당한 이유가 있어야 한다. 일반적으로 사용자가 근무성적이나 근무능력이 불량하여 직무를 수행할 수 없는 경우에 해고할 수 있다고 정한 취업규칙 등에 따라 근로자를 해고한 경우, 사용자가 근로자의 근무성적이나 근무능력이 불량하다고 판단한 근거가 되는 평가가 공정하고 객관적인 기준에 따라 이루어진 것이어야 할 뿐 아니라, 근로자의 근무성적이나 근무능력이 다른 근로자에 비하여 상대적으로 낮은 정도를 넘어 상당한 기간 동안

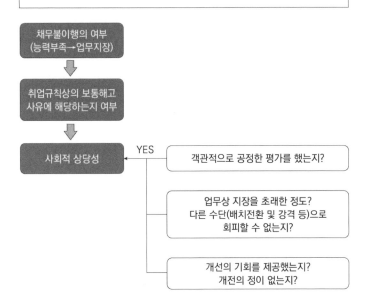

〈저성과자 해고의 정당성 판단 프로세스〉

어느 정도의 성과, 능력, 건강, 근무태도(의욕 및 협조성)가
계약내용으로 되어 있는지 검토하고, 채무불이행을 아닌지 판단

채무불이행의 여부
(능력부족→업무지장)

취업규칙상의 보통해고
사유에 해당하는지 여부

사회적 상당성 — YES → 객관적으로 공정한 평가를 했는지?

업무상 지장을 초래한 정도?
다른 수단(배치전환 및 강격 등)으로
회피할 수 없는지?

개선의 기회를 제공했는지?
개전의 정이 없는지?

일반적으로 기대되는 최소한에도 미치지 못하고 향후 개선될 가능성을 기대하기 어렵다는 등 사회통념상 고용관계를 계속할 수 없을 정도인 경우에 한하여 해고의 정당성이 인정된다.

'사회통념상 고용관계를 계속할 수 없을 정도'인지는 근로자의 지위와 담당 업무의 내용, 그에 따라 요구되는 성과나 전문성의 정도, 근로자의 근무성적이나 근무능력이 부진한 정도와 기간, 사용자가 교육과 전환배치 등 근무성적이나 근무능력 개선을 위한 기회를 부여하였는지 여부, 개선의 기회가 부여된 이후 근로자의 근무성적이나 근무능력의 개선 여부, 근로자의 태도, 사업장의 여건 등 여러 사정을 종합적으로 고려하여 합리적으로 판단하여야 한다는 것이 판례의 입장이다(참고판례 : 대법원 2021. 2. 25. 선고 2018다253680 판결; 대법원 2023. 12. 28. 선고 2021두33470 판결).

(2) 경영상의 이유에 의한 해고

'**경영상의 이유에 의한 해고**'란 사용자가 경제적·산업 구조적·기술적 이유 등에 의한 긴박한 경영상의 필요에 따라 근로자를 감원하거나 그 인적 구성을 재편하기 행하는 해고를 말한다. 경영상의 이유에 의한 해고를 흔히 '정리해고' 또는 '구조조정'이라고도 하는데, 사용자의 자의적인 해고로부터 근로자를 보호하기 위해 통상해고와 마찬가지로 일정한 법적 규제를 하고 있다.

근로기준법 제24조는 경영상의 이유에 의한 해고가 정당하기 위해서는 ① 긴박한 경영상의 필요가 있을 것, ② 해고를 회피하기 위한 노력을 다할 것, ③ 합리적이고 공정한 해고의 기준을 정하고 이에 따라 그 대상자를 선정할 것, ④ 해고를 피하기 위한 방법과 해고의 기준 등에 대해 근로자대표에게 통보하고 성실히 협의할 것을 규정하고 있다. 따라서 이 4가지 요건 중 어느 하나라도 충족하지 못할 경우에는 정당성이 부인된다.

경영상의 이유에 의한 해고에서 '경영상의 필요성 여부'는 정당성 판단에서 가장 중요한 요소이다. 이에 대해 종전에는 기업이 도산회피를 위한 부득이한 경우에 한정하여 해석하는 것이 판례의 입장이었다. 그러나 지금은 장래에 올 수도 있는 위기에 미리 대처하기 위하여 인원삭감이 필요한 경우와 기업이 사업양도나 인수합병의 경우에도 경영상의 필요성이 있는 것으로 간주하고 있다(참고판례 : 대법원 2015 5. 28. 선고 2012두25873 판결).

경영상의 이유에 의한 해고의 정당성 판단 프로세스

경영상의 필요성	* 도산 위기에 한정하지 않고 장래의 위기대응 * 경영악화를 방지하기 위한 사업의 양도·인수·합병

YES ⇩　　NO ↳ 부당해고

해고회피 노력 의무	* 해고에 앞서 신입사원의 모집중지, 시간외 근로의 중 단, 단축근로, 희망퇴직자 모집 등의 선행

YES ⇩　　NO ↳ 부당해고

해고 대상자 선정의 타당성	* 합리적이고 공정한 기준에 의한 대상 선정 * 연령, 가족, 근속연수, 건강 등 고려(성차별 금지)

YES ⇩　　NO ↳ 부당해고

근로자대표와의 성실한 협의	* 해고에 앞서 노동조합이나 근로자대표와의 성실한 협의

YES ⇩　　NO ↳ 부당해고

해고의 정당성 인정

memo

Chapter

08.

노동법 II
<집단적 노동법>

노동법 II <집단적 노동법>

최영우

I. 단체교섭

1. 단체교섭은 누가 하는가

가. 의의

단체교섭을 하는 사람 즉, 주체는 '당사자'와 '담당자'로 구분된다. '당사자'란 단체교섭을 자신의 이름으로 수행하고 그 결과인 단체협약상의 권리와 의무를 부담하는 자를 말하며, '담당자'란 단체교섭을 실제 수행할 수 있는 법적 자격이 있는 자로서 당사자를 위하여 사실행위인 단체교섭을 행하는 자를 말한다.

단체교섭의 '당사자'는 근로자 측은 근로자 집단인 노동조합이 되며, 사용자측은 근로자 측의 교섭에 응해야 할 의무를 가진 사용자 또는 사용자 단체가 된다. 단체교섭의 '담당자'는 노동조합의 경우 노동조합의 대표자(노동조합법 제29조 제1항, 제29조의2) 및 노동조합으로부터 위임을 받은 자이며(동법 제29조 제3항), 사용자는 사용자, 사용자 단체의 대표자(동법 제29조 제1항) 및 사용자, 사용자 단체의 위임을 받은 자(동법 제29조 제3항)이다.

나. 단체교섭의 주체와 관련 주로 쟁점이 되는 사항

단체교섭의 주체와 관련하여 실무에서 주로 쟁점이 되는 사항은 노동조합 하부조직 즉, 지부나 분회 등이 단체교섭의 당사자가 될 수 있는지 여부, 노조대표자의 단체협약 체결권한을 제한하는 규약의 효력 및 교섭단위 분리의 필요성 유무 등이다.

(1) 노동조합 하부조직(지부, 분회 등)이 당사자가 될 수 있는지

대법원은 초기업적인 산업별·직종별·지역별 단위노동조합의 지부 또는 분회로서 독자적인 규약 및 집행기관을 가지고 독립한 단체로서 활동을 하면서 당해 조직이나 그 조합원에 고유한 사항에 대하여는 독자적으로 단체교섭 및 단체협약체결 능력을 가지고 있는 경우에는 이를 기업별 단위 노동조합에 준해 볼 수 있으며, 지회 등을 노동조합으로 볼 수 있는지를 판단하기 위해서는 조합의 위임이 없어도 독자적으로 단체교섭을 하고 단체협약을 체결하였는지를 중심으로 판단해야 한다는 입장이다(대법원 2001. 2. 23. 선고 2000도4299 판결).

이러한 대법원의 입장은 실질적으로 지부·지회 등이 교섭당사자로서 활동하고 있을 뿐만 아니라 단위노조와의 관계상 교섭권한의 배분·조정이 이뤄지고 있는 실태에 부합하며, 기업단위조직에 의사결정권한이 존재하는 우리나라 산별노조의 실정을 감안할 때 지부·분회가 체결한 단체협약의 질서를 존중하고자 하는 취지로 볼 수 있다.

(2) 노조대표자의 단체협약 체결권한을 제한하는 규약의 효력이 있는지

1997년 노동조합법 제정시 법 제29조 제1항에서 '노조대표자는 단체교섭권 및 단체협약 체결권을 가진다'라고 규정하여, 노조대표자는 '단체교섭권한'과 함께 '단체협약체결권한'도 가지는 것으로 명문화하였다. 이처럼 노동조합법 제29조 제1항에 의해 노조대표자는 교섭 및 협약체결권한이 인정되는데도 불구하고, 노조규약이나 단체협약 또는 총회 의결을 통해 '단체협약을 체결(서명 또는 날인)할 때에는 사전에 조합원 투표를 통해 추인이나 승인을 받아야 한다'는 노조대표자의 단체협약체결권한을 제한하는 소위 '사전인준투표제'(총회인준조항)를 둔 경우 이의 효력에 대해 다툼이 발생한다.

이에 대해 대법원은 노조대표자의 협약체결권한을 전면적·포괄적으로 제한하는 경우(단체협약 내용 합의 후 다시 그 협약안의 가부에 관하여 조합원 총회 의결을 거치도록 규정한 경우)에는 무효로 보는 반면(대법원 1993. 4. 27. 선고 91누12257 전원합의체 판결), 노동조합이 조합원의 의사를 반영하기 위해서 규약 등으로 단체협약 체결시(교섭진행 중이거나 실질적 합의 이전에) 총회 의결 등 내부절차를 거치도록 하는 등 노조대표자의 단체협약체결권한을 '절차적으로 제한'하는 경우는 유효하다는 입장이다(대법원 2013. 9. 27. 선고 2011두15404 판결).

(3) 교섭단위 분리를 인정해야 하는지

하나의 사업 또는 사업장에서 ① 현격한 근로조건의 차이, ② 고용형태, ③ 교섭관행 등을 고려하여 교섭단위를 분리하거나 분리된 교섭단위를 통합할 필요가 있다고 인정되는 경우에 노동위원회는 노동관계 당사자의 양쪽 또는 어느 한쪽의 신청을 받아 교섭단위를 분리하거나 분리된 교섭단위를 통합하는 결정을 할 수 있다(노동조합법 제29조의3 제2항). 교섭단위 분리는 노동관계 당사자 양쪽 또는 당사자 어느 한쪽이 신청할 수 있으므로, 노동조합뿐만 아니라 사용자도 신청이 가능하다.

노동조합법 제29조의3 제2항에서 규정하고 있는 '교섭단위를 분리할 필요가 있다고 인정되는 경우'란 하나의 사업 또는 사업장에서 별도로 분리된 교섭단위에 의하여 단체교섭을 진행하는 것을 정당화할 만한 현격한 근로조건의 차이, 고용형태, 교섭관행 등의 사정이 있고, 이로 인하여 교섭대표노조를 통하여 교섭창구를 단일화하는 것이 오히려 근로조건의 통일적 형성을 통해 안정적인 교섭체계를 구축하고자 하는 교섭창구 단일화 제도의 취지에도 부합하지 않는 결과를 발생시킬 수 있는 예외적인 경우를 의미한다(대법원 2018. 9. 13. 선고 2015두39361 판결).

교섭단위를 분리할 필요성에 대한 판단작용의 성질 등에 비추어 보면 노동위원회는 교섭단위 분리 여부를 결정함에 있어 상당한 재량을 가진다고 할 것이나, 노동위원회는 그 재량을 행사함에 있어서 객관적인 자료에 의하여 인정된 사실을 기초로 하나의 사업 또는 사업장에서 별도로 분리된 교섭단위에 의하여 단체교섭을 진행하는 것을 정당화할 만한 현격한 근로조건의 차이, 고용형태 및 교섭관행 등의 사정이 인정되는지 여부, 교섭대표노조에 의하여 교섭 및 단체협약을 체결하는 것이 불합리하여 교섭단위를 분리할 필요성이 있는지 여부 등을 심사해야 한다(대법원 2017. 2. 23. 선고 2016두58949 판결).

2. 단체교섭의 대상이 되는 것은 무엇인지

가. 의의

단체교섭의 대상에 대해서는 노동조합법상 명시규정을 두고 있지 않으나 헌법 제33조 제1항, 노동조합법 제2조 제4호 본문, 제29조 제1항의 각 규정에 의하면 사용자가 단체교섭 의무를 부담하는 교섭대상이 되는 사항은 '근로조건의 결정에 관한 사항'과 그 밖에 근로자의 경제적·사회적 지위 향상을 위하여 필요한 노동조합의 활동이나 단체교섭의 절차와 방식, 단체협약의 체결 등 '근로조건의 결정에 영향을 미치는 기타 노동관계에 관한 사항'으로 해석된다. 당초 단체교섭의 대상은 근로조건의 내용이 중심이었으나 근로조건의 세분화와 노사관계의 복잡화로 인해 조합활동이나 인사·경영에 관한 사항 등으로 점차 확대되고 있다.

나. 단체교섭의 대상이 되는 것과 될 수 없는 것

단체교섭 사항이 되기 위해서는 첫째, 사용자가 처리 또는 처분할 수 있어야 하고 둘째, 집단적 성격을 가져야 하며 셋째, 근로조건과 관련이 있어야 하며 넷째, 사용자의 인사·경영권의 본질적인 내용을 침해해서는 안 된다(대법원 2003. 12. 26. 선고 2003두8906 판결). 우리나라 판례는 단체교섭 대상을 미국의 연방대법원 판례 태도에 따라 의무적 교섭사항(mandatory subject), 임의적 교섭사항(permissive subject), 위법적 교섭사항(prohibitive subject)으로 구분하고 있다(대법원 1996. 2. 23. 선고 94누9177 판결).

'의무적 교섭사항'이란 사용자가 노동조합측의 단체교섭 요구에 응할 의무가 있는 사항으로, 정당한 이유 없는 교섭 거부·해태시 부당노동행위가 성립한다.[1] 일반적으로 단체교섭 대상이라고 할 때 좁은 의미로는 '의무적 교섭사항'을 말하고, 넓은 의미로는 '임의적 교섭사항'도 포함한다. 의무적 단체교섭 대상은 노동쟁의 정의규정(노동조합법 제2조 제5호) 및 쟁의행위 목적과 동일한 것으로 해석하여, '근로조건의 결정에 관한 사항'으로 본다.

'임의적 교섭사항'이란 사용자에게 교섭의무는 없으나 임의로 교섭에 응하여 단체협약의 내용으로 할 수 있는 사항으로, 교섭을 거부하거나 해태하더라도 부당노동행위가 성립되지 않는다. 또한, 임의적 교섭사항에 대해서는 단체교섭이 결렬되더라도 노동쟁의 조정신청 및 쟁의행위 대상이 되지 않는다. 이러한 임의적 교섭사항에는 '집단적 노사관계에 관한 사항'

---

[1] '부당노동행위'에 대해서는 'XI. 부당노동행위' 참고

(근무시간 중 조합활동 조항, 조합비 공제 조항, 조합원 범위조항 등)과 근로자의 처우와 직접 관련이 없고 노동조합의 지위나 활동에도 속하지 않는 '인사·경영권 관련사항'(구조조정, 생산계획, 신기술 도입, 공장 이전 등)이 포함된다.

마지막으로 '위법적 교섭사항(교섭금지사항)'이란 사용자가 처리할 수 없는 사항 또는 강행법규나 공서양속에 위반하는 사항을 말한다(노조전임자 급여 지급, 자녀특별채용조항 등). 위법적 교섭사항에 대하여는 노사가 단체협약을 체결했다 하더라도 무효이므로, 그 부분은 효력이 발생하지 않는다.

다. 단체교섭 대상에 대해 주로 다툼이 있는 사항

단체교섭의 대상과 관련하여 살펴 볼 문제는 구조조정 등의 인사·경영에 관한 사항과 단체협약의 해석을 둘러싼 권리분쟁에 관한 사항이다.

(1) 인사·경영에 관한 사항

'인사·경영권'은 기업경영과 관련하여 사용자에게 귀속되는 일체의 권한을 의미한다. 인사·경영권의 근거는 헌법 제15조 '직업선택의 자유'와 제23조 '재산권의 보장'에서 도출된다. 따라서 인사·경영권에 관한 사항이 의무적 교섭사항인지 여부는 재산권의 본질적인 내용을 침해하는지에 따라 판단한다. 인사·경영권이라고 하더라도 근로조건에 중대한 영향을 미치거나, 근로조건과 밀접한 관련이 있거나, 근로조건의 개선에 주된 목적이 있거나, 근로의 양이나 방법을 결정하는 것은 경영권의 본질을 근본적으로 제한하는 것이 아니므로 의무적 교섭사항으로 본다(대법원 1994. 8. 26. 선고 93누8993 판결).

(2) 권리분쟁에 관한 사항

'권리분쟁'이란 기존의 법령·단체협약·취업규칙 등 규범의 해석·적용·이행에 관한 단체교섭 당사자 간의 분쟁을 의미한다. 사용자의 부당노동행위, 부당해고 철회, 단체협약의 이행, 체불임금의 청산 등을 요구하면서 발생하는 분쟁이 이에 해당하며, 이는 사법절차나 노동위원회를 통하여 해결할 사항이므로 단체교섭의 대상이 될 수 없다. 단체교섭의 대상이 되는 것은 단체협약의 체결·갱신을 둘러싸고 발생하는 분쟁(임금인상 등)인 '이익분쟁'에 한한다.

3. 단체교섭 거부를 둘러싼 분쟁과 구제절차

가. 의의

헌법 제33조에서는 노동조합은 쟁의행위의 주체로서 단체교섭을 할 권리가 보장되어 있는바, 사용자가 노동조합과의 단체교섭에 부당히 응하지 않는 것은 노동조합의 본래적 의의를 해치게 되는 것이므로, 단체교섭의 거부를 부당노동행위로 규정하고 있다. 노동조합법 제81조 제1항 제3호에서는 '노동조합의 대표자 또는 노동조합으로부터 위임을 받은 자와의 단체협약 체결 기타의 단체교섭을 정당한 이유없이 거부하거나 해태하는 행위'를 단체교섭의 거부행위로 규정하여 금지하고 있다.

'단체교섭을 거부하거나 해태하는 행위'는 노동조합의 정당한 단체교섭 요구를 부인하거나 경시하는 일체의 행위를 의미하며, '단체협약의 체결을 거부하거나 해태하는 행위'는 사용자와 노동조합 간에 교섭사항에 대하여 합의가 있었음에도 불구하고 서면작성이나 서명 또는 날인을 거부하거나 해태하는 행위를 말한다.

노동조합법 제81조 제1항 제3호의 '정당한 이유없이 거부하거나 해태할 수 없다'는 규정이 의미하는 것은 사용자의 단체교섭 거부행위는 노동조합의 단체교섭권을 침해하는 행위로서 원칙적으로 부당노동행위를 성립시키며 다만, 정당한 사유가 있는 경우에만 부당노동행위의 성립이 조각된다고 할 수 있다. 여기서 단체교섭을 거부할 수 있는 '정당한 사유'란 사용자가 노동조합 측의 단체교섭 요구에 대하여 거부하거나 해태할 수 있는 정당한 사유로서, 부당노동행위의 성립을 조각할 수 있는 사유를 말한다.

사용자의 부당노동행위로 인하여 그 권리를 침해당한 근로자 또는 노동조합은 노동위원회에 그 구제를 신청할 수 있다(노동조합법 제82조 제1항). 단체교섭 거부의 경우 원칙적으로 노동조합이 신청인이 되지만, 조합임원 또는 개별근로자도 이해관계자로서 신청할 수 있다. 상급연합단체는 단위노동조합으로부터 교섭권을 위임받은 경우에 단체교섭을 거부당하면 단체교섭 거부에 대한 구제신청을 할 수 있다.

나. 단체교섭 거부와 관련한 쟁점 사항

노동조합에서 집단교섭과 같은 특정교섭방식을 요구했을 때 사용자가 이를 거부하는 것이 부당노동행위에 해당하는지에 대해 살펴보자. 노동조합법 제31조 및 제81조 제3호는 노동조합과 사용자에게 신의에 따라 성실히 교섭할 의무를 부과하고 사용자가 정당한 이유없이 교섭을 거부·해태하는 것을 부당노동행위의 하나로 규정하여 이를 금지하고 있다.

이 규정은 정당한 이유 없이 노동조합의 교섭요구를 거부해서는 안 된다는 것이나, 노동조합이 요구하는 특정 교섭방식에 대해 반드시 사용자가 수용해야 한다는 것을 의미하는 것은 아니다. 교섭의 방식은 노사가 합의하여 정하는 것이므로, 노동조합이 요구한 특정교섭방식에 응하지 않는다고 해서 이것이 바로 단체교섭 거부의 부당노동행위가 성립되는 것은 아니다.

※ 사용자는 노동조합 대표자와의 단체협약의 체결을 정당한 이유없이 거부할 수 없는 것이나, 전국단위로 노동조합이 결성되어 근로조건의 통일적 규율을 위하여 사용자측에게 집단교섭을 요구하는 경우 사용자측이 노조에서 주장하는 특정교섭방식에 반드시 응해야 할 의무가 있다고 보기는 어려우며, 사용자측이 각 사별 근로조건의 차이를 이유로 전국 단위노조와 개별 사용자와의 대각선교섭을 주장하며 교섭에 불응하는 경우에는 달리 특별한 사정이 없는 한 정당한 이유없는 교섭거부라고 보기 어려울 것임. 또한, 노조지부별 사용자측과 대각선교섭을 하는 경우 교섭장소는 교섭위원 참석의 용이성·교섭 진행의 효율성 및 그간의 관행 등을 감안하여 노사가 협의·결정하는 것이 타당함(노조 01254-560, 1997.6.20).

II. 단체협약

1. 의의

'단체협약(collective agreement)'이란 노동조합과 사용자 또는 사용자 단체가 임금·근로시간 기타의 사항에 대하여 단체교섭 과정을 거쳐 합의한 사항을 서면으로 작성하여 체결한 협정을 말한다.

이러한 단체협약은 근로계약을 규율하는 규범적 기능과 근로자들의 근로조건을 통일하는 기능을 한다. 단체협약은 노동조합법 제33조에 의하여 사용자와 개별 근로자 사이의 근로계약을 규율하는 규범적 효력을 가진다. 또한, 단체협약은 일반적으로 취업규칙이나 근로계약보다 유리하게 체결되고 단체협약에 위반되는 취업규칙·근로계약 부분은 무효가 되는 등 근로자의 근로조건을 유지·향상시키고 근로자간의 근로조건을 통일시키는 기능을 한다.

2. 단체협약을 체결하는 방법

가. 서면작성 후 서명 또는 날인

단체협약은 노동조합이 사용자 또는 사용자 단체와 근로조건 기타 노사관계에서 발생하는 사항에 관한 협정(합의)을 문서로 작성하여 당사자 쌍방이 서명 또는 날인함으로써 성립하는 것이고, 그 협정(합의)이 반드시 정식의 단체교섭절차를 거쳐서 이루어져야만 하는 것은 아니다.

따라서 노동조합과 사용자 사이에 근로조건 기타 노사관계에 관한 합의가 노사협의회의 협의를 거쳐서 성립되었더라도, 당사자 쌍방이 이를 단체협약으로 할 의사로 문서로 작성하여 당사자 쌍방의 대표자가 각 노동조합과 사용자를 대표하여 서명 또는 날인하는 등으로 단체협약의 실질적·형식적 요건을 갖추었다면 이는 단체협약이라고 본다(대법원 2005. 3. 11. 선고 2003다27429 판결).

단체협약은 반드시 서면으로 작성하여 쌍방의 서명 또는 날인이 있어야 하므로(노동조합법 제31조 제1항), 서면으로 작성되지 않거나 서면으로 작성되었더라도 서명 또는 날인이 없는 경우에는 그 효력이 발생하지 않는다.

이처럼 단체협약에 있어서 합의내용을 서면화할 것을 요구하는 것은 단체협약의 내용을 명확히 함으로써 장래의 분쟁을 방지하려는 것이고, 서명 또는 날인 절차를 거치도록 한 것은 체결당사자를 명확히 함과 아울러 그의 최종적 의사를 확인함으로써 단체협약의 진정성을 확보하고자 하는데 있다(대법원 2005. 3. 11. 선고 2003다 27429 판결).

나. 행정관청에 신고

단체협약의 당사자는 단체협약의 체결일부터 15일 이내에 당사자 쌍방이 연명으로 이를 행정관청에게 신고해야 하며(노동조합법 제31조 제2항, 시행령 제15조), 신고하지 않은 경우 과태료가 부과된다. 다만, 단체협약의 신고는 행정관청의 인가를 얻기 위한 요식행위가 아니므로, 단체협약의 효력발생과는 관계가 없다(단체협약은 당사자의 서명 또는 날인으로 효력이 발생한다).

3. 단체협약의 내용과 효력에 대해

가. 규범적 부분과 그 효력

(1) 의의

단체협약의 '규범적 부분'이란 단체협약의 내용 중에서 '근로조건 기타 근로자의 대우에 관한 사항'을 말한다(노동조합법 제33조 제1항). 이는 개별 조합원의 근로관계에 직접 효력이 미치는 것으로, 근로조건에 관한 사용자의 구체적인 의무가 아닌 선언적·추상적인 의무는 규범적 부분이 될 수 없다. 규범적 부분은 근로조건 개선과 근로자의 지위향상을 위한 단체협약의 핵심적 사항이므로, 규범적 부분이 전무한 협약은 이 법상의 단체협약이라고 볼 수 없다.

단체협약에서 정한 '근로조건 기타 근로자의 대우에 관한 사항'에 대해서는 노동조합법 제33조의 규정에 의하여 규범적 효력이 인정되어, 규범적 부분은 개별적 근로관계에 대하여 강행적·직접적으로 적용된다(노동조합법 제33조 제2항).

'강행적 효력'이란 단체협약에 정한 '근로조건 기타 근로자의 대우에 관한 기준에 위반하는 취업규칙 또는 근로계약의 부분은 무효로 한다'는 효력을 말한다(노동조합법 제33조 제1항). 단체협약 중 '근로조건 기타 근로자의 대우에 관하여 정한 부분', 즉 '규범적 부분'은 노동조합법 제33조에 의해 근로자와 사용자 사이의 근로계약관계를 직접 규율하는 효력을 가진다(대법원 2016. 7. 22. 선고 2013두24396 판결).

'직접적 효력'이란 첫째, 단체협약의 강행적 효력에 의해 무효로 된 부분은 단체협약에서 정한 기준에 의한다는 것이고 둘째, 단체협약에 규정이 있으나 취업규칙이나 근로계약에는 관련규정이 없을 경우 단체협약의 내용이 그 부분을 보충해 주는 것을 말한다(노동조합법 제33조 제2항).

'자동적 효력'이란 단체협약의 내용이 강행적 또는 직접적 효력에 의하여 근로계약의 내용으로 되는 것을 말한다. 이에 근거하여 단체협약에 위반 또는 미달된 근로계약의 내용이 단체협약에 정한 기준으로 대체되며, 대체된 부분은 당해 단체협약의 유효기간이 종료된 이후에도 근로계약의 일부분으로서 효력을 갖게 된다(대법원 2007. 12. 27. 선고 2007다51758 판결).

(2) 단체협약의 규범적 효력에 대한 다툼

(가) 단체협약·취업규칙 변경 유형에 따른 효력관계

(단체협약의 규정보다 취업규칙이 불리하게 변경된 경우) 근로자의 과반수로 조직된 노동조합은 취업규칙 불이익 변경의 동의 주체이고 불이익 변경에 동의하였다는 것은 곧 변경된 근로조건을 적용받는데 동의한다는 것으로 볼 수 있으므로, 비조합원뿐만 아니라 해당 노동조합의 조합원에게도 단체협약이 아닌 불리하게 변경된 취업규칙이 적용된다(근로자의 과반수로 조직된 노동조합이 없는 경우에는 근로자 과반수의 동의).

(단체협약의 규정보다 취업규칙이 유리하게 변경된 경우) 취업규칙·단체협약 등 근로자에 대한 집단적 규율을 목적으로 하는 규범 상호간에는 '유리조건 우선 원칙'이 적용되지 않으므로(단체협약이 우선 적용), 원칙적으로 유리한 취업규칙에도 불구하고 상위규범인 단체협약에서 정한 근로조건이 적

용된다. 단체협약에서 '취업규칙이 단체협약보다 유리하게 변경된 경우에는 취업규칙을 적용'하도록 규정하고 있다면 유리하게 변경된 취업규칙이 적용된다.

(나) 고용세습조항(우선특별채용조항)의 효력 유무

'고용세습조항'이란 정년퇴직자나 장기근속자 자녀, 업무상 사고·질병이나 사망자 자녀에게 입사시험 때 가산점을 주거나 우선채용 또는 특별채용의 혜택을 주는 단체협약 조항을 말한다(예: 조합원이 업무상 재해로 인하여 사망한 경우 직계가족 1인을 요청일로부터 6개월 이내에 특별 채용한다, 회사는 자연 및 인위적인 감원으로 결원이 생겼을 경우 조합이 추천하는 자를 특별한 결격사유가 없는 한 우선적으로 채용할 수 있다). 헌법은 평등권을 천명하고 사회적 특수계급의 창설을 금지하고 있으며(헌법 제11조), 직업안정법 제2조, 고용정책기본법 제7조 등에서는 이와 같은 헌법 정신에 따라 근로자의 채용시 차별대우를 금지하고 있다

단체협약은 강행법규나 사회질서에 위배되지 않는 범위에서 단체협약으로서의 효력을 가지므로, 단체협약의 체결이 사적 자치의 영역에 속한다 할지라도 그 내용이 민법 제103조 소정의 '선량한 풍속 기타 사회질서'에 반하지 않아야 하는 등 강행법규를 위반해서는 안 될 것이다.

우선특별채용규정은 사용자의 고용계약 체결자유를 완전히 박탈하는 규정으로, 단체협약의 내용이 될 수 없는 것을 약정한 것으로 청년 일자리가 희소해진 최근 고용상황을 감안할 때 취업기회에 대한 엄격하고 공정한 기준을 적용하는 것이 매우 중요함에도, 조합원 자녀에게 특혜를 부여하는 것은 공정한 경쟁을 배제하고 사실상 일자리를 물려준다는 점에서 사회질서에 반하고(민법 제103조), 조합원의 자녀가 아닌 자의 헌법상 평등권 및 직업선택의 자유를 침해할 뿐만 아니라, 고용정책기본법(제7조) 및

직업안정법(제2조)에 따른 균등처우원칙에 위반되므로 기본적으로 위법하다(노사관계법제과-1374, 2016.7.11.).

다만, 대법원은 산재유족 특별채용조항은 채용의 자유를 과도하게 제한하는 정도에 이르거나 채용기회의 공정성을 현저히 해하는 결과를 초래하였다고 볼 특별한 사정을 인정하기 어려우므로, 선량한 풍속 기타 사회질서에 위반되어 무효라고 볼 수 없다고 하였다(대법원 2020. 8. 27. 선고 2016다248998 전원합의체 판결).

나. 채무적 부분과 그 효력

(1) 의의

단체협약의 '채무적 부분'이란 단체협약의 내용 중 집단적 노사관계와 관련하여 단체협약 당사자 간의 권리·의무를 규정한 부분으로, 평화의무, 평화조항, Shop조항, 단체교섭 조항, 조합원의 범위조항, 조합활동조항, 쟁의조항 등이 이에 해당한다. 채무적 부분은 협약당사자가 상대방에 대하여 어떤 의무를 부담하게 하는 채권법적 효력을 바탕으로 하므로, 노동조합은 채무적 부분에 관한 제반 의무를 스스로 준수해야 하며(자기의무) 조합원 등이 단체협약에 규정된 준수사항을 지키도록 노력해야 한다(영향의무). 채무적 부분은 이에 위반하는 경우에도 규범적 부분처럼 근로계약이 무효화되는 것이 아니라, 노동조합 및 사용자 사이에 채무불이행의 문제만이 발생하게 된다.

단체협약의 '채무적 효력'은 노동조합과 사용자 사이에 민법상의 채권·채무관계에 따른 권리·의무가 발생하는 효력을 말한다. 채무적 효력은 채무적 부분에 관하여만 발생하는 효력이 아니라, 규범적 부분과 채무적 부분을 포함한 단체협약 전체에 관하여 발생하는 효력이다. 채무적 부분에서는 규범적 부분에서와 같은 강행적·직접적 효력은 발생하지 않으며, 채무적 효력은 노동조합의 단체협약준수의무와 사용자의 단체협약준수의무로 구분된다. 또한, 채무적 부분은 단체협약의 유효기간 내에만 그 효력이 있고, 노동조합법 제32조에 의한 유효기간이 만료된 경우에는 효력이 상실된다.

(2) 단체협약의 채무적 효력에 대한 다툼

(가) 쟁의기간 중 신분보장조항의 효력

'쟁의기간 중 신분보장조항'이란 단체협약에 쟁의기간 중 징계 등의 인사조치를 금지하는 규정을 말한다(예: 회사는 정당한 쟁의에 대해 불이익 조치를 취할 수 없으며, 쟁의기간 중에 정당한 사유 없이 징계 또는 부서변경 등 인사조치를 하지 않는다). 노동조합법은 헌법상의 쟁의권을 보다 실질적으로 보장하기 위해 근로자가 정당한 쟁의행위에 참가한 것을 이유로 불이익을 주는 행위를 부당노동행위로 간주하여 이를 금지하고 있다(제81조 제1항).

따라서 단체협약에 '쟁의 중 신분보장조항'을 별도로 두지 않더라도 정당한 쟁의행위의 일환으로 이루어진 근로자의 행동은 당연히 보장된다. 이와 같이 정당한 쟁의행위를 법적으로 보장하고 있음에도 불구하고 단체협약에 '쟁의 중 신분보장조항'을 별도로 두고 있는 것은 정당한 쟁의행위에 대한 법적 보호의 당위성을 강조 내지 확인하는 것이라고 볼 수 있다.

쟁의 중 신분보장을 받을 수 있는 행위는 '적법한 쟁의행위'에 국한되며, 위법한 쟁의행위는 당연히 그 보호대상에서 제외된다. 즉, 쟁의기간 중 신분보장조항은 쟁의행위가 위법하거나 설령 적법한 쟁의행위일지라도 단체행동권을 실질적으로 보장받지 못할 우려가 없는 경우에는 적용되지 않는다(대법원 2015. 5. 28. 선고 2013두3351 판결).

(나) Union Shop에서 조합원이 임의탈퇴할 경우 해고의무

유니온 숍 협정 하에서 사용자는 근로자가 그 노동조합에서 제명된 것 또는 그 노동조합을 탈퇴하여 새로 노동조합을 조직하거나 다른 노동조합에 가입한 것을 이유로 근로자에게 신분상 불이익한 행위를 할 수 없도록 하고 있다(노동조합법 제81조 제1항 제2호). 그러므로 제명이나 새로 노동조합을 조직하거나 다른 노동조합에 가입하기 위해서 노조를 탈퇴하는 것이 아닌 노조 임의탈퇴에 대해서는 신분상의 불이익이 가해질 수 있다.

단체협약에 '근로자가 노동조합에 가입하지 않거나 탈퇴하는 경우 사용자는 해고의무를 진다'는 규정이 있는 경우 사용자는 그에 따른 해고의무를 진다. 반면 단체협약에 노조가입의무만 규정해 놓고 가입하지 않거나 탈퇴했을 때의 해고의무를 구체적으로 정하지 않은 경우, '해고의무를 직접 명시하지 않았더라도 사용자는 노동조합에서 탈퇴한 근로자를 해고할 의무가 있다'(대법원 1998. 3. 24. 선고 96누16070 판결)는 견해와 '단체협약에 명시되지 않은 경우 사용자의 해고이행의무는 발생하지 않는다'(노사관계법제과-89, 2008.8.19)는 견해가 있다.

유니온 숍 하에서 노동조합이 합리적인 이유 없이 조합원 자격을 갖춘 근로자의 노조가입을 거부하거나 노조탈퇴의 철회와 재가입을 제한하는 것은 사실상 제명의 효과를 갖는 것이므로, 사용자는 근로자에 대한 해고의무를 지지 않는다(대법원 1998. 3. 24. 선고 96누16070 판결). 또한, 단체협약에 해고의무규정이 있으나 사용자가 해당 근로자에 대한 해고의무를 이행하지 않는다고 하더라도 계약상의 의무위반에 불과한 것이지, 부당노동행위에는 해당하지 않는다(대법원 1998. 3. 24. 선고 96누16070 판결).

4. 단체협약을 둘러싼 분쟁과 구제절차

가. 단체협약의 해석 또는 이행방법에 대해 노사간 의견의 불일치가 있는 경우

단체협약의 해석 또는 이행방법에 관하여 관계 당사자 간에 의견의 불일치가 있는 때에는 당사자 쌍방 또는 단체협약에 정하는 바에 따라 어느 일방이 노동위원회에 그 해석 또는 이행방법에 관한 견해의 제시를 요청할 수 있다(노동조합법 제34조 제1항). 단체협약에 노동위원회에 의견을 구할 수 있다는 정함이 없으면 노사 어느 일방만으로 신청할 수 없고 쌍방의 합의에 의해 신청할 수 있다.

단체협약의 견해제시를 요청할 수 있는 당사자는 단체협약 체결당사자 (사용자, 노동조합)이므로, 조합원 개인은 해석을 요청할 수 없다. 견해제시의 요청은 해당 단체협약의 내용과 당사자의 의견 등을 기재한 서면으로 해야 한다(노동조합법 시행령 제16조). 노동위원회는 견해제시의 요청을 받은 때에는 그 날부터 30일 이내에 명확한 견해를 제시해야 하며, 노동위원회가 제시한 견해는 '중재재정'과 동일한 효력을 가진다(노동조합법 제34조 제2항, 제3항).

노동위원회가 제시한 견해가 '위법 또는 월권'에 해당하는 경우 당사자 일방은 10일 이내에 중앙노동위원회에 재심을 신청할 수 있으며, 중노위의 재심결정이 '위법 또는 월권'에 해당하는 경우 15일 이내에 행정소송을 제기할 수 있다(노동조합법 제69조). 노동위원회의 견해 제시가 위법·월권인 경우에만 불복절차가 인정되며, 중재재정이 단순히 노사 어느 일방에게 불리한 내용이라는 사유만으로는 불복이 허용되지 않는다(대법원 2005. 9. 9. 선고 2003두896 판결).

나. 단체협약에 대해 시정명령을 할 수 있는 경우

행정관청은 단체협약 중 '위법'한 내용이 있는 경우에는 먼저 노사당사자에게 자율적으로 개선하도록 지도하되, 개선이 되지 않을 경우 노동위원회의 의결을 얻어 그 시정을 명할 수 있다(노동조합법 제31조 제3항). 이 경우 '위법'이라 함은 노동관계법령 외에도 단체협약의 성질 또는 내용과 관련이 있는 모든 법을 지칭한다.

단체협약의 내용 중 위법한 사항에 대하여만 노동위원회 의결을 얻어 시정명령 할 수 있는 것이므로, 위법한 사항이 없는 경우 노동위원회의 의결 없이 행정종결 처리한다.

관할 노동위원회에서 단체협약의 내용이 위법하다고 의결한 경우 행정관청은 단체협약시정명령서를 작성하여 단체협약 당사자(노사대표)에게 송부한다. 시정기한은 2월 이내에서 행정관청이 시정에 필요하다고 인정하는 상당기간을 부여한다. 행정관청은 지자체 또는 노사당사자로부터 시정명령 이행결과 및 증빙자료를 제출받아 이행여부를 확인하며, 시정명령 불이행 사업장에 대해서는 노동조합법 제93조 제2호에 따라 사법조치하게 된다.

III. 노사협의

1. 의의

'노사협의제도'란 근로자와 사용자가 경영상의 문제에 대한 협의와 공동결정, 단체협약상의 이견조정 기타 근로조건에 관한 사항 등을 협의하는 제도를 말한다. 노사협의제는 소극적인 보고·통보단계에서부터 합의에 이르는 공동결정까지 다양한 단계와 수준이 있지만, 근본적으로는 참여와 협력을 통한 생산성 향상과 근로자의 근로생활의 질 향상을 목적으로 한다.

2. 노사협의회의 설치, 구성 및 운영

노사협의회는 근로조건의 결정권이 있는 상시 30명 이상의 근로자를 사용하는 사업 또는 사업장에 설치해야 한다(상시 30명 미만의 사업장은 임의설치대상)(근로자참여법 제4조 제1항). 하나의 사업에 지역을 달리하는 사업장이 있을 경우에는 그 사업장에도 설치할 수 있다(동조 제2항). 하나의 사업에 종사하는 전체 근로자 수가 30명 이상이면 해당 근로자가 지역별로 분산되어 있더라도, 그 주된 사무소에 노사협의회를 설치해야 한다.

노사협의회는 근로자와 사용자를 대표하는 같은 수의 위원으로 구성하되, 각 3명 이상 10명 이하로 한다(근로자참여법 제6조 제1항) 위원의 임기는 3년으로 하되, 연임할 수 있다(근로자참여법 제8조).

협의회는 3개월마다 정기적으로 회의를 개최해야 하며, 필요에 따라 임시회의를 개최할 수 있다(근로자참여법 제12조). 회의는 근로자위원과 사용자위원 각 과반수의 출석으로 개최하고, 출석위원 3분의 2 이상의 찬성으로 의결한다(근로자참여법 제15조).

3. 노동조합의 '단체교섭'과 노사협의회의 '노사협의'

노사협의회의 주요임무는 참여와 협력을 통한 노사공동의 이익증진이므로 단체교섭과는 구별된다. 그러므로 노사협의의 대상은 단체교섭의 대상보다 비정형적이고 광범위하며, 근로자참여법에서는 '협의사항'과 '보고사항' 외에 '의결사항'을 추가하여 기능을 확대시키고 있다(제20조).

따라서 임금·근로시간 등 노사의 이해가 대립적인 사항은 단체교섭에서 처리하고, 생산성 향상과 복지증진 등 노사의 이해가 공통되는 사항은 노사협의회에서 다루는 것이 양 제도의 취지에 부합한다. 그렇다고 노사협의사항이나 의결사항을 단체교섭 사항으로 정하여 단체협약을 체결하는 것이 제한되는 것은 아니다. 근로자참여법 제5조에서 노동조합의 단체교섭이나 그 밖의 모든 활동은 이 법에 의하여 영향을 받지 아니한다고 정하고 있기 때문이다.

노사협의회는 근로자참쳐법에 의하여 근로조건 결정권이 있는 상시 30명 이상의 근로자를 사용하는 사업 또는 사업장 단위로 설치하는 것으로, '근로자와 사용자가 참여와 협력을 통해 근로자 복지증진과 기업의 건전한 발전을 도모함을 목적으로 구성하는 협의기구'를 말함. 이러한 노사협의회는 '근로자가 주체가 되어 자주적으로 단결하여 근로조건의 유지·개선 및 근로자의 사회적·경제적 지위향상을 목적으로 조직하는 (연합)단체'인 노동조합과는 그 제도적 취지를 달리하는 것으로, 노동조합의 경우 노동조합법 제5조에 의거 근로자가 자유로이 조직하거나 이에 가입할 수 있음. 아울러, 근로자참여법 제5조는 노동조합의 단체교섭 기타 모든 활동은 이 법에 의하여 영향을 받지 아니한다고 규정하고 있음(노사협력복지과-1212, 2004.6.8).

---

4. 임의중재

노사협의회는 다음에 해당하는 경우에는 근로자위원과 사용자위원의 합의로 협의회에 중재기구를 두어 해결하거나 노동위원회나 그 밖의 제3자에 의한 중재를 받을 수 있다(근로자참여법 제25조 제1항). 중재결정이 있으면 협의회의 의결을 거친 것으로 보며, 근로자와 사용자는 그 결정에 따라야 한다(동조 제2항).

　　가. 노사협의회 의결사항에 관하여 협의회가 의결하지 못한 경우
　　나. 협의회에서 의결된 사항의 해석이나 이행방법 등에 관하여 의견이
　　　　일치하지 아니하는 경우

Ⅳ. 쟁의행위

1. 쟁의행위의 정당성을 판단하는 방법

가. 의의

노동조합법 제37조 제1항에서 '쟁의행위는 그 목적·방법 및 절차에 있어서 법령 기타 사회질서에 위반되어서는 안 된다'는 쟁의행위의 기본원칙에 대해 규정하고 있는데, 이는 쟁의행위의 정당성과 관련하여 학설과 판례에 의해 정립된 일반원칙들을 확인하고 있는 규정이다. 쟁의행위의 정당성은 헌법 제33조의 쟁의권 보장의 취지에 비추어 실정법 질서 전반의 입장에서 구체적·개별적으로 판단해야 한다.

대법원은 노동조합법 제1조, 제4조, 제37조, 제38조 내지 46조의 규정 등에 근거하여 근로자의 쟁의행위가 정당하기 위해서는 그 주체, 목적, 시기와 절차, 수단과 방법이 모두 정당해야 한다는 입장이다(대법원 2001. 10. 25. 선고 99도4837 판결). 이러한 기준은 쟁의행위의 목적을 알리는 등 적법한 쟁의행위에 통상 수반되는 부수적 행위가 형법상 정당행위에 해당하는지 여부를 판단할 때에도 동일하게 적용된다(대법원 2022. 10. 27. 선고 2019도10516 판결).

나. 쟁의행위의 정당성 판단

(1) 주체가 정당한지

쟁의행위는 노동조합과 사용자 또는 사용자 단체가 행하는 행위이므로, 근로자측의 쟁의행위 주체는 노조법상 노동조합이어야 한다. 그러므로 조합원은 노동조합에 의하여 주도되지 아니한 쟁의행위를 해서는 안된다(노동조합법 제37조 제2항). 노조법 제37조 제2항을 위반하여 쟁의행위를 하는 조합원 등에 대하여는 노조법 위반에 따른 벌칙을 적용받는 것은 물론 쟁의행위의 정당성이 없으므로, 민·형사상 면책을 받을 수 없다.

(2) 목적이 정당한지

쟁의행위는 그 목적·방법 및 절차에 있어서 법령 기타 사회질서에 위반되어서는 안 된다(노동조합법 제37조 제1항). 쟁의행위의 목적은 '근로조건의 유지·개선과 근로자의 경제적·사회적 지위의 향상'을 위하는 것이어야 한다. 따라서 근로조건과 무관한 정치파업, 경영간섭 목적 내지 가해목적의 쟁의행위, 동정파업 등은 정당한 쟁의행위라고 할 수 없다.

또한, 사용자의 고유한 인사·경영권에 관한 사항은 쟁의행위의 목적으로 할 수 없다. 쟁의행위의 목적으로 할 수 없는 '경영권'이란 헌법 제15조, 제23조 제1항, 제119조 제1항의 규정 등에 의하여 보장되고 있는 사업 또는 영업의 자유와 이를 위한 의사결정의 자유, 사업변경(확장, 축소, 전환)의 자유, 사업처분(폐지, 양도)의 자유를 의미한다(예: 구조조정, 해외투자, 공장매각이나 이전, 소사장제 도입, 대표이사 선임, 업무위탁이나 용역, 기구 통·폐합에 따른 조직변경 등).

한편, 쟁의행위의 목적은 사용자가 처리·처분할 수 있는 사항이어야 하므로, 사용자의 처분권한 밖의 사항을 목적으로 하는 쟁의행위는 정당성이 인정되지 않는다(예: 정치문제, 법개정 반대, 타 기업의 문제, 구속자 석방, 정부시책 반대 등).

(3) 시기·절차가 정당한지

노동조합은 노동조합법에 의한 조정절차를 거치지 아니하면 쟁의행위를 할 수 없다(노동조합법 제45조 제2항). 노동위원회는 노동쟁의가 아닌 경우는 다른 해결방법을 안내(행정지도)해야 한다. 여기서 '행정지도'란 노동위원회가 조정신청 내용을 검토한 결과 노동조합법 제2조 제5호의 노동쟁의가 아니라고 판단되어 조정절차를 진행할 수 없다는 의사표시를 하면서 노사에게 다른 해결방법을 알려주는 것을 의미한다.

노동조합의 쟁의행위는 그 조합원(노동조합법 제29조의2에 따라 교섭대표 노동조합이 결정된 경우에는 그 절차에 참여한 노동조합의 전체 조합원)의 직접·비밀·무기명투표에 의한 조합원 과반수의 찬성으로 결정하지 아니하면 이를 행할 수 없다. 이 경우 조합원 수 산정은 종사근로자인 조합원으로 한다(노동조합법 제41조 제1항).

쟁의행위를 함에 있어 조합원의 직접·비밀·무기명 투표에 의한 찬성결정이라는 절차를 거쳐야 한다는 노동조합법 규정은 노동조합의 자주적이고 민주적인 운영을 도모함과 아울러 쟁의행위에 참가한 근로자들이 사후에 그 쟁의행위의 정당성 유무와 관련하여 어떠한 불이익을 당하지 않도록 그 개시에 관한 조합의사의 결정에 보다 신중을 기하기 위하여 마련된 규정이므로, 위의 절차를 위반한 쟁의행위는 그 절차를 따를 수 없는 객관적인 사정이 인정되지 아니하는 한 정당성이 상실된다(대법원 2001. 10. 25. 선고 99도4837 판결).

(4) 수단·방법이 정당한지

쟁의행위는 폭력이나 파괴행위 또는 생산 기타 주요업무에 관련되는 시설과 이에 준하는 시설을 점거하는 형태로 이를 행할 수 없으며(노동조합법 제42조 제1항), 노동조합은 사용자의 점유를 배제하여 조업을 방해하는 형태로 쟁의행위를 해서는 아니 된다(동법 제37조 제3항). 이 규정의 취지는 근로자측에 단체행동권이 보장되어 있듯이 사용자측에도 영업의 자유 및 기업시설에 대한 권리가 보장되어 있다는 점에서, 쟁의행위기간 중에도 주된 영업시설의 운영을 통한 사업 계속이 가능하도록 하기 위한 것이다.

쟁의행위는 사업장의 안전보호시설에 대하여 정상적인 유지·운영을 정지·폐지 또는 방해하는 행위는 쟁의행위로서 이를 행할 수 없다(노동조합법 제42조 제2항). 이처럼 안전보호시설의 정상적인 유지·운영을 정지·폐지·방해하는 행위를 금지한 것은 사업장에서 발생하는 위험으로부터 사람의 생명·신체의 안전을 보호하고자 함에 그 입법목적이 있다(헌법재판소 2005. 6. 30. 2002헌바83).

또한, 작업시설의 손상이나 원료·제품의 변질 또는 부패를 방지하기 위한 작업은 쟁의행위기간 중에도 정상적으로 수행되어야 한다(노동조합법 제38조 제2항). 쟁의행위기간 중이라도 사용자의 경영시설의 유지를 위하여 불가피하게 요구되는 작업은 수행되어야 하는데, 이러한 작업을 '보안작업'(또는 긴급작업)이라고 한다.

다. 쟁의행위에 대해 주로 다툼이 있는 사항

쟁의행위의 정당성과 관련하여 살펴 볼 문제는 쟁의행위를 한 목적이 여러 개인 경우와 권리분쟁에 대한 쟁의행위가 정당한지 여부이다.

(1) 쟁의행위를 한 목적이 여러 개인 경우

쟁의행위의 목적이 여러 가지이고 그 중 일부가 정당하지 못한 경우에는 주된 목적 내지 진정한 목적의 당부에 의하여 그 쟁의행위의 정당성 여부를 판단한다(대법원 1992. 1. 21. 선고 91누5204 판결). 여기서 '주된 목적 내지 진정한 목적'이란 그 목적을 제외하였더라면 쟁의행위를 하지 않았을 것으로 인정되는 목적을 말한다. '주된 목적 내지 진정한 목적'의 판단기준은 그간의 단체교섭 및 쟁의행위에 이르게 된 경위, 이 과정에서 노동조합의 요구사항 및 쟁의행위 전개과정 등을 종합적으로 고려하여 판단한다.

(2) 권리분쟁에 대한 쟁의행위가 정당한지

권리분쟁이 노동쟁의의 대상이 되는지 나아가 권리분쟁을 대상으로 하는 쟁의행위가 그 목적의 정당성을 인정받을 수 있는지에 대해서는 견해가 대립된다. 부정설은 권리분쟁은 사법기관에 맡기는 것이 삼권분립의 원칙에 부합되고, 당사자간 주장이 불일치한 권리분쟁에 대해 쟁의행위를 인정한다면 노조측에 유리하게 작용하여 형평성의 원칙에 반한다는 입장이다. 반면, 긍정설에 따르면 권리분쟁도 법원의 판단에만 맡기지 아니하고 노동조합을 통한 집단분쟁으로 수렴되는 한 그 대상이 될 수 있다고 본다. 긍정설에 의할 경우 노동조합은 권리분쟁이 발생한 경우 이를 법원에 의한 소송으로 해결 할 것인지 아니면 쟁의행위를 통해서 해결할 것인지를 선택할 수 있게 된다.

대법원은 종전의 노동쟁의조정법 제2조의 '노동쟁의'를 해석하면서 (1998년 노동조합법 개정 이전 판례) '노동관계당사자의 주장이란 … 단체협약이나 근로계약상의 권리의 주장(권리분쟁)뿐만 아니라 그것에 관한 새로운 합의의 형성을 꾀하기 위한 주장(이익분쟁)도 포함된다'고 해, 권리분쟁도 파업의 대상이 될 수 있음을 시사한 바 있다(대법원 1990. 5. 15. 선고 90도357 판결).

행정해석은 권리의 행사, 의무의 이행, 법령이나 단체협약 또는 취업규칙의 해석·적용, 해고의 정당성 여부 등에 관한 권리분쟁 사항은 당사자

간의 대화로 해결되지 않으면 최종적으로 법원에 의해 해결해야 할 성질의 것으로 쟁의행위 대상이 될 수 없다는 입장이다(협력 68140-271, 1999.7.15).

2. 노동쟁의 조정대상이 무엇이며 조정절차는 어떻게 진행되는지

가. 의의

'노동쟁의(labor dispute)'라 함은 노동조합과 사용자 또는 사용자 단체 (노동관계 당사자) 간에 임금·근로시간·복지·해고 기타 대우 등 근로조건의 결정에 관한 주장의 불일치로 인하여 발생한 분쟁상태를 말한다(노동조합법 제2조 제5호). 노동관계 당사자가 근로조건의 결정에 관한 사항에 대하여 교섭을 하였으나 합의에 이르지 못하고 교섭이 결렬되는 경우 이러한 분쟁을 평화적으로 해결하기 위해 노동위원회의 조정을 거치게 하고 있는데, 노동위원회가 조정서비스를 하는 대상 목적물이 바로 노조법상의 '노동쟁의'이다.

나. 노동쟁의(조정) 대상은 무엇인지

노동쟁의의 대상은 단체교섭 대상 중 '의무적 교섭사항'으로 한정되며, 그 중에서도 '근로조건의 결정에 관한 사항'으로 한정된다. 따라서 '근로조건의 결정'에 관한 사항이 아닌 것은 노동쟁의 조정대상이 되지 못한다.

노동조합법 제2조 제6호에서 노동쟁의 조정대상을 '임금·근로시간·복지·해고 기타 대우 등 근로조건의 결정에 관한 사항'으로 규정함으로써 '근로조건'은 '임금·근로시간·복지·해고 기타 대우 등'으로 볼 수 있는데, '근로조건의 결정'이란 근로조건의 기준에 관한 권리의 형성·유지·변경 등을 의미하며 조합원 전체에 해당하는 집단적 성격을 가진 것이므로, 노동쟁의 대상은 '이익분쟁'에 한정된다. 따라서 해고자 복직, 단체협약의 해석과 이행, 부당노동행위 구제 등 '권리분쟁'에 관한 사항은 사법절차를 통하여 해결할 사항으로서, 노동쟁의 조정의 대상에 해당되지 않는다.

다. 조정(調停; mediation)

노동조합법 제45조에서는 조정절차를 거치지 아니하면 쟁의행위를 할 수 없도록 규정하고 있으므로(조정전치주의), 노사당사자는 노동쟁의가 발생한 때에는 상대방에게 서면으로 통보하고 쟁의행위를 하기 위해서는 노동위원회에 조정을 신청해야 한다. 노동위원회는 관계당사자의 일방이 노동쟁의의 조정을 신청한 때에는 지체없이 조정을 개시해야 하며, 관계당사자 쌍방은 이에 성실히 임해야 한다(노동조합법 제3조).

노동관계 당사자는 조정 또는 중재를 신청할 경우에는 당해 사업장을 관할하는 노동위원회에 신청해야 한다(노동조합법 제24조). 신청을 받은 노동위원회는 그 신청내용이 조정 또는 중재의 대상이 아니라고 인정할 경우 그 사유와 다른 해결방법을 알려주어야 하며(노동조합법 시행령 제24조 제2항), 노동쟁의의 조정을 하게 된 경우에는 지체없이 당해 사건의 조정을 위한 조정위원회 또는 특별조정위원회를 구성해야 한다(동시행령 제26조).

노동위원회는 조정과 중재를 하게 된 경우 지체없이 이를 서면으로 관계당사자에게 각각 통보해야 한다(노동조합법 시행령 제25조). 노동위원회의 조정은 사적조정이 당사자 쌍방의 합의에 의해 개시되는 것과 달리 당사자 중 어느 일방만의 신청에 의해서도 개시된다.

조정은 조정신청이 있은 날부터 일반사업에 있어서는 10일, 공익사업에 있어서는 15일 이내에 종료해야 한다(노동조합법 제54조 제1항). 조정기간은 관계당사자간의 합의로 일반사업에 있어서는 10일, 공익사업에 있어서는 15일 이내에서 연장할 수 있다(동조 제2항).

조정안이 관계당사자에 의하여 수락된 때에는 조정위원 전원 또는 단독 조정인은 조정서를 작성하고 관계당사자와 함께 서명 또는 날인해야 한다 (노동조합법 제61조 제1항). 노사당사자가 조정안을 수락한 경우에는 노동쟁의가 해결되게 되며, 수락한 조정안은 단체협약과 동일한 효력을 가진다 (동조 제2항).

조정안이 관계당사자의 쌍방에 의하여 수락된 후 그 해석 또는 이행방법에 관하여 관계당사자간에 의견의 불일치가 있는 때에는 관계당사자는 서면으로 당해 조정위원회 또는 단독조정인에게 그 해석 또는 이행방법에 관한 명확한 견해의 제시를 요청해야 한다(노동조합법 제60조 제3항, 노동조합법 시행령 제27조).

라. 중재

'중재'란 노동관계 당사자 일방 또는 쌍방이 노동쟁의에 대하여 노동위원회의 처분(중재재정)에 따라 노동쟁의를 해결하는 조정절차를 말한다. 중재는 조정과 달리 중재위원회에서 내리는 중재재정이 관계당사자를 구속하는 점에서, 당사자의 자주적 해결의 원칙이 적용되지 않는 조정제도이다.

중재는 '임의중재'와 '직권중재'로 구분되는데, 임의중재는 노동조합법 제62조의 규정에 의하여 노사 쌍방의 합의로 신청하는 경우, 단체협약에 근거하여 노사 어느 일방으로부터 신청이 있는 경우, 노동조합법 제80조에 따라 긴급조정에 있어 관계당사자 일방 또는 쌍방으로부터 중재신청이 있는 경우에 개시되며, 직권중재의 경우 노조법 제80조에 따라 긴급조정에 있어 중앙노동위원회 위원장이 중재에 회부한다는 결정을 한 때에 개시된다.

노동위원회는 노동쟁의의 중재를 행하게 된 경우에는 지체없이 당해 사건의 중재를 위한 중재위원회를 구성해야 한다(노동조합법 시행령 제28조).

중재위원은 당해 노동위원회의 공익을 대표하는 위원(위원장 또는 상임위원 포함) 중에서 관계당사자의 합의로 선정한 자에 대하여 그 노동위원회의 위원장이 지명한다. 다만, 관계당사자간에 합의가 성립되지 아니한 경우에는 노동위원회의 공익을 대표하는 위원 중에서 지명한다(노동조합법 제64조 제3항).

중재재정의 내용은 단체협약과 동일한 효력을 가진다(노동조합법 제70조 제1항). 노동위원회의 중재재정 또는 재심결정은 중앙노동위원회에의 재심신청 또는 행정소송을 제기하더라도 그 효력이 정지되지 아니하므로(동조 제2항), 노사당사자는 단체협약의 내용대로 이행해야 한다. 중재재정의 해석 또는 이행방법에 관하여 관계당사자간에 의견의 불일치가 있는 때에는 당해 중재위원회의 해석에 따르며, 그 해석은 중재재정과 동일한 효력을 가진다.

관계당사자는 지방노동위원회 또는 특별노동위원회의 중재재정이 위법이거나 월권에 의한 것이라고 인정하는 경우에는 그 중재재정서의 송달을 받은 날부터 10일 이내에 중앙노동위원회에 그 재심을 신청할 수 있다(노동조합법 제69조 제1항). 또한, 중앙노동위원회의 중재재정이나 재심결정이 위법이거나 월권에 의한 것이라고 인정하는 경우에는 행정소송법 제20조의 규정에 불구하고 그 중재재정서 또는 재심결정서의 송달을 받은 날부터 15일 이내에 행정소송을 제기할 수 있다(노동조합법 제69조 제2항).

마. 긴급조정제도

'긴급조정제도(emergency adjustment)'란 쟁의행위가 특별한 요건에 해당하는 경우에 대해서는 특수한 조정절차를 취하도록 하고, 그 절차가 행해지는 동안에는 쟁의행위를 금하는 것을 말한다. 이는 국민경제와 일반 공중의 생활에 크게 영향을 미치는 쟁의행위의 장기화를 막고 관계당사자의 자주적 해결을 위한 재기회를 제공하고자 하는 것이다.

고용노동부장관은 쟁의행위가 공익사업에 관한 것이거나 그 규모가 크거나 그 성질이 특별한 것으로서 현저히 국민경제를 해하거나 국민의 일상생활을 위태롭게 할 위험이 현존하는 때에는 긴급조정의 결정을 할 수 있다(노동조합법 제76조 제1항). 고용노동부장관은 긴급조정의 결정을 하고자 할 때에는 미리 중앙노동위원회 위원장의 의견을 들어야 하며(노동조합법 제76조 제2항), 긴급조정을 정한 때에는 지체없이 그 이유를 붙여 이를 공표함과 동시에 중앙노동위원회와 관계당사자에게 각각 통고해야 한다(노동조합법 제76조 제3항).

중앙노동위원회의 위원장은 조정이 성립될 가망이 없다고 인정한 경우에는 공익위원의 의견을 들어 그 사건을 중재에 회부할 것인가의 여부를 결정해야 한다(노동조합법 제79조 제1항). 중재회부에 대한 결정은 긴급조정결정을 고용노동부장관으로부터 통고받은 날부터 15일 이내에 해야 한다(동조 제2항).

관계당사자는 긴급조정의 결정이 공표된 때에는 즉시 쟁의행위를 중지해야 하며, 공표일로부터 30일이 경과하지 아니하면 쟁의행위를 재개할 수 없다(노동조합법 제77조). 긴급조정에 의해 수락된 조정안과 중재재정은 단체협약과 동일한 효력을 가진다.

바. 공익사업의 특별조정

'공익사업'은 공중의 일상생활과 밀접한 관련이 있거나 국민경제에 미치는 영향이 큰 사업으로서 노동조합법 제71조 제1항에서 정한 사업을 말한다(노동조합법 제71조 제1항). 공익사업은 쟁의행위로 인하여 그 업무가 정지될 경우에는 당해 사업주에게 주는 피해보다도 일반 국민에게 주는 불편과 피해가 더 크므로, 쟁의행위를 어느 정도 제한하기 위하여 일반사업의 노동쟁의와는 다른 조정절차를 두고 있다. 공익사업은 '일반공익사업'과 '필수공익사업'으로 구분되며, 필수공익사업은 필수유지업무제도를 두고 있다.

공익사업에 있어서의 노동쟁의의 조정은 우선적으로 취급하고 신속히 처리해야 하며(노동조합법 제51조), 공익사업은 공익성을 감안하여 일반사업보다 조정기간을 더 길게 정하고 있다(15일). 또한, 공익사업의 쟁의행위로 인하여 현저히 국민경제를 해하거나 국민의 일상생활을 위태롭게 할 위험이 현존한 때에는 긴급조정의 대상이 될 수 있으며(노동조합법 제76조), 공익사업의 노동쟁의 조정은 특별조정위원회가 담당한다(노동조합법 제72조).

사. 사적 조정제도

'사적 조정제도(중재포함)'란 노동쟁의가 발생하여 노사간에 자주적 해결을 이루지 못할 때 정부의 공적 기관이 아닌 노사가 선택한 민간중재인 또는 전문조정단체로 하여금 해결하게 하고 그 결과에 법적 구속력을 부여하는 노동쟁의 조정제도를 말한다. 노동쟁의에 대한 조정절차는 일반적으로 노동위원회에 의한 공적 조정절차를 거치게 되나 반드시 이를 강제하는 것은 아니므로, 노사는 당사자의 합의에 의하거나 또는 단체협약에 근거하여 공적기관인 노동위원회가 아닌 제3자나 단체로부터 조정을 받을 수 있다. 사적 조정방법에 대해 현행법에는 아무런 규정이 없어 노사당사자가 자유로이 정할 수 있으므로, 조정·중재를 순차적으로 진행할 수도 있고 바로 제3자에게 중재를 의뢰할 수도 있다.

공적 조정의 대상은 노동쟁의의 대상 즉, '임금, 근로시간, 복지, 해고, 기타 대우 등 근로조건의 결정에 관한 사항'에 한정되지만(노동조합법 시행령 제2조 제5호), 사적 조정의 대상은 당사자 합의로 결정되므로 노동쟁의가 아닌 사항도 그 대상에 포함할 수 있다(단체교섭이나 단체협약의 대상이 될 수 있으면 사적 조정의 대상이 됨).

V. 부당노동행위

1. 부당노동행위가 인정되기 위한 요건

가. 사용자의 행위여야 한다(부당노동행위의 주체).

부당노동행위 제도는 사용자에 대하여 금지되는 행위인데, 부당노동행위의 주체로서 사용자란 '사업주, 사업의 경영담당자 또는 사업의 근로자에 관한 사항에 대하여 사업주를 위하여 행동하는 자'를 말한다(노동조합법 제2조 제2호). 부당노동행위에 대한 구제명령을 이행해야 할 상대방인 사용자는 부당노동행위의 행위주체와는 달리 법률상 독립한 권리·의무의 귀속주체이어야 하므로, 사용자 중에서 사업주(개인기업인 경우 사업주 개인, 법인기업은 법인)에 국한된다.

법인의 대표자 또는 법인이나 개인의 대리인·사용인 기타의 종업원이 그 법인 또는 개인의 업무에 관하여 구제명령에 대한 위반행위를 한 때에는 행위자도 처벌된다(노동조합법 제94조).

나. 노동조합법 제81조 제1항 각호에 해당하는 행위여야 한다.

부당노동행위가 성립하기 위해서는 노동조합법 제81조 제1항 각호에 규정된 행위 즉, 근로자를 해고하거나 불이익을 주는 행위(제1호), 일정한 조건을 가하는 행위(제2호), 단체교섭을 거부하거나 해태하는 행위(제3호), 지배·개입하거나 운영비를 원조하는 행위(제4호)가 있어야 한다.

다. 부당노동행위 의사가 있어야 한다.

형벌부과대상인 부당노동행위는 '고의범'을 전제로 하므로(노동조합법

제90조), 주관적 구성요건 요소인 고의로서의 '부당노동행위 의사'가 있어야 한다. 부당노동행위에 있어서의 '부당노동행위 의사'란 '반조합적 의사'를 의미하는데, 이러한 반조합적 의사는 근로자의 노동3권을 침해하는 사용자의 부당노동행위 즉, 반조합적 행위에서 비롯된다.

이는 근로자 개인에 대한 불이익 취급행위, 반조합계약에서뿐만 아니라 노동조합에 대한 단체교섭 거부행위나 지배·개입행위에 있어서도 동일하게 '반조합적 의사'가 존재해야 함을 의미한다.

'부당노동행위 의사'의 존재 여부는 피해자의 노동조합에서의 지위, 노동조합활동 내용, 처분의 내용·사유·시기, 사용자가 주장하는 사유의 합리성, 종래 관행과의 균형 여부, 평소 사용자의 언동이나 태도, 처분 당시의 노사관계, 처분 후의 노동조합 활동의 쇠퇴 여부 등을 종합하여 판단한다(대법원 1991. 4. 23. 선고 90누7685 판결).

라. 부당노동행위 여부를 놓고 주로 다투는 사항

부당노동행위와 관련하여 살펴 볼 문제는 불이익 취급 원인이 서로 경합하는 경우와 원청업체의 사용자 해당 여부이다. 특히, 원청업체의 부당노동행위 사용자성 인정 여부는 최근 노사관계의 주요 쟁점사항 중의 하나이다.

(1) 불이익 취급 원인이 경합하는 경우

'불이익 취급원인의 경합'(또는 불이익 인과관계의 경합)이란 불이익 취급이 근로자와 사용자가 주장하는 사실 모두가 원인이 된 경우로서, 이 경우 부당노동행위의 성립 여부가 문제된다. 즉, 사용자가 근로자를 해고한 경우 근로자의 조합활동을 이유로 한 불이익 취급의 원인이 있고 동시에 근무태만과 같은 취업규칙 위반의 징계사유가 있는 경우가 있는데, 부당노동행위의 원인과 징계사유 가운데 어느 것을 중시할 것인가의 문제이다.

대법원은 불이익 취급의 정당한 사유가 인정되면 부당노동행위를 인정하지 않는 입장이다(대법원 1997. 6. 24. 선고 96누6431 판결; 대법원 1994. 12. 23. 선고 94누3001 판결; 대법원 2004. 6. 10. 선고 2004두2882 판결). 즉, 해고에 정당한 사유가 있는 이상 사용자가 노조활동에 대해 부정적이거나 노조활동을 못마땅하게 여긴 흔적이 있다고 하더라도 부당노동행위로 볼 수 없다는 것이다.

(2) 부당노동행위에서 원청업체의 사용자 해당 여부

근로기준법(제2조 제2호)과 노동조합법(제2조 제2호) 모두 사용자를 '사업주 또는 사업경영담당자, 그 밖에 근로자에 관한 사항에 대하여 사업주를 위하여 행위 하는 자'로 정의하고 있다. 그런데 '사업주'의 범위에 대해서 근로기준법은 근로계약의 당사자로서의 고용주를 의미하나, 노동조합법에서는 근로계약 당사자인 고용주에 한정하지 않고 노동관계에서 실질적이고 구체적인 영향력과 지배력을 행사하는 자도 포함하는 것으로 해석한다.

대법원은 ○○중공업 부당노동행위사건(사업주의 지배·개입)에서 처음으로 근로자와 직접적인 근로관계에 있지 않는 원청업체의 사용자 적격을 인정하였다(대법원 2010. 3. 25. 선고 2007두8881 판결). 부당노동행위의 예방·제거는 노동위원회의 구제명령을 통해서 이루어지는 것이므로, 구제명령을 이행할 수 있는 법률적 또는 사실적인 권한이나 능력을 가지는 지위에 있는 한(실질적 지배력) 그 한도 내에서는 부당노동행위의 주체로서 구제명령의 대상자인 사용자에 해당한다고 본 것이다.

최근 ○○통운사건에서도 원청인 CJ대한통운은 집배점 택배기사들에 대한 관계에서 노동조합법상 사용자에 해당하므로, 단체교섭 거부에 정당한 이유가 있다고 할 수 없고 따라서 노동조합법 제81조 제1항 제3호의 부당노동행위에 해당한다고 보았다(서울고등법원 2024. 1. 24. 선고 2023누34646 판결).

2. 부당노동행위 구제절차는 어떻게 진행되는지

가. 의의

'부당노동행위의 구제'란 사용자의 부당노동행위가 발생한 경우 이를 바로 잡는 제도로서, 준사법적 기능을 가진 노동위원회에 의한 행정적 구제와 법원에 의한 사법적 구제(민사적 구제, 형사적 구제)가 있다. 민사적 구제는 부당노동행위를 권리·의무관계 속에서 판단하는 것으로, 헌법이나 노동관계법에서 인정하고 있는 권리의 침해행위와 사용자의 권리남용행위 등의 유무판단이 중심이 되고 있으나, 노동위원회에서는 부당한 행위에 의해 발생한 것에 대한 원상회복에 중점을 두고 있다.

구분	행정적 구제 (노동위원회)	사법적 구제	
		민사적 구제	형사적 구제
근거	노조법 제82조 내지 제86조	대법원 1988. 12. 13. 선고 86다카1035 판결	노조법 제90조
구제성격	– 원상회복주의 – 공법성	– 당사자간 권리의무관계 확정 및 손해의 전보 – 사법성	– 처벌주의 – 공법성
구제내용	구제명령(원직복직, Back Pay, 단체교섭 명령 등)	– 손해배상청구 – 가처분 신청 – 해고무효확인소송 등	형벌부과(2년 이하 징역 또는 2천만원 이하 벌금)

나. 노동위원회에 의한 구제

(1) 지방노동위원회의 구제

사용자의 부당노동행위로 인하여 그 권리를 침해당한 근로자 또는 노동조합은 노동위원회에 그 구제를 신청할 수 있다(노동조합법 제82조 제1항). 불이익 취급 및 반조합계약의 경우에는 이익을 침해당한 근로자 외에 그가 소속한 노동조합도 구제신청권을 가진다(대법원 2008. 9. 11. 선고 2007두19249 판결). 부당노동행위 구제신청의 피신청인은 사용자인데, 노조법 제2조 제2호의 사용자 모두를 피신청인으로 할 것인가 아니면 사업주로서의 사용자만을 피신청인으로 할 것인가에 대해서는 다툼이 있다.

노동위원회에 있어서 부당노동행위 사건의 심사절차는 반드시 신청에 의하여 개시하며, 노동위원회의 직권으로 개시할 수 없다(신청주의, 당사자주의)(노동조합법 제82조 제1항). 부당노동행위 구제신청은 부당노동행위가 있은 날(계속하는 행위는 그 종료일)로부터 3월 이내에 이를 해야 한다(노동조합법 제82조 제2항). '계속하는 행위'란 동일한 부당노동행위 의사에 근거하여 계속적으로 반복되는 행위를 말하며, 사용자가 한 행위의 효과가 계속된다는 의미는 아니다(노조 01254-533, 2000.6.27).

노동위원회가 구제신청을 받은 때에는 지체없이 필요한 조사와 관계당사자의 심문을 해야 한다(노동조합법 제83조 제1항). 노동위원회가 심문을 종료하고 부당노동행위가 성립한다고 판정한 때에는 사용자에게 구제명령을 발해야 하며, 부당노동행위가 성립되지 아니한다고 판정한 때에는 그 구제신청을 기각하는 결정을 해야 한다(노동조합법 제84조 제1항).

부당노동행위의 판정·명령 및 결정은 서면으로 하되, 이를 당해 사용자와 신청인에게 각각 교부해야 하며(노동조합법 제84조 제2항), 노동위원회의 구제명령이 있을 때에는 관계당사자는 이에 따라야 한다(동조 제3항).

(2) 중앙노동위원회의 구제

지방노동위원회 또는 특별노동위원회의 구제명령 또는 기각결정에 불복이 있는 관계당사자는 그 명령서 또는 결정서의 송달을 받은 날부터 10일 이내에 중앙노동위원회에 그 재심을 신청할 수 있다(노동조합법 제85조 제1항). 당사자의 재심신청은 초심에서 신청한 범위를 넘어서는 아니되며, 중앙노동위원회의 재심심리와 판정은 당사자가 재심신청한 불복의 범위 안에서 해야 한다(노동위원회규칙 제89조). 중앙노동위원회는 재심사에 있어서 지방노동위원회 또는 특별노동위원회의 처분을 승인취소 또는 변경할 수 있으며, 그 처분에 대한 신청을 각하할 수 도 있다.

노동위원회의 구제명령·기각결정 또는 재심판정은 중앙노동위원회에의 재심신청이나 행정소송의 제기에 의하여 그 효력이 정지되지 아니하며, 중앙노동위원회의 재심사에 의하여 취소 또는 변경이 있는 경우에 비로소 효력이 상실된다(노동조합법 제86조). 신청기간 내에 재심을 신청하지 아니하거나 행정소송을 제기하지 아니한 때에는 그 구제명령·기각결정 또는 재심판정은 확정되며, 기각결정 또는 재심판정이 확정된 때에는 관계당사자는 이에 따라야 한다(노동조합법 제85조 제3항·제4항).

중앙노동위원회의 재심판정에 대하여 관계당사자는 그 재심판정서의 송달을 받은 날부터 15일 이내에 행정소송법이 정하는 바에 의하여 소를 제기할 수 있다(노동조합법 제85조 제2항). 15일 이내에 행정소송을 제기하지 않으면 중앙노동위원회의 구제명령·기각결정 또는 재심판정은 확정된다.

(3) 부당노동행위 '긴급이행명령제도'란 무엇인지

사용자는 노동위원회의 구제명령에 따라야 하고(노동조합법 제84조 제3항), 노동위원회의 구제명령·기각결정 또는 재심판정은 중앙노동위원회

〈부당노동행위 구제신청절차〉

에의 재심신청이나 행정소송의 제기에 의하여 그 효력이 정지되지 않으나(노동조합법 제86조), 사용자가 행정소송을 제기한 경우에는 구제명령이 판결에 의하여 확정된 후에만 벌칙(노동조합법 제89조)을 적용할 수 있기 때문에, 구제명령의 실효성을 확보하기 어렵다.

이에 노동조합법 제85조 제5항에서는 사용자가 행정소송을 제기한 경우에 관할법원은 중앙노동위원회의 신청에 의하여 결정으로써 판결이 확정될 때까지 중앙노동위원회 구제명령의 전부 또는 일부를 이행하도록 명할 수 있도록 하고 있는데, 이를 '긴급이행명령'이라고 한다.

사용자가 중앙노동위원회의 부당노동행위 재심판정에 불복하여 행정소송을 제기한 경우, 당해사건의 근로자나 노동조합은 법원에 이행명령을 신청해 줄 것을 중앙노동위원회에 요청할 수 있다(노동위원회규칙 제96조). 중앙노동위원회는 근로자나 노동조합의 이행명령 신청요청을 검토하여 신청 여부를 결정한다.

사용자가 긴급이행명령에 불응한 경우에는 500만원 이하의 금액(당해

명령이 작위를 명하는 것일 때에는 그 명령의 불이행 일수 1일에 50만원 이하의 비율로 산정한 금액)의 **과태료에 처한다**(노동조합법 제90조).

사항색인

[ㄱ]

가면시간 286
갈등 해결 역량 23
감정 80
강등 294
개방적 질문 90
개별회의 119, 267
갱신기대권 305
건강한 대화 127
경영상의 이유에 의한 해고 313, 317
경제적 문제 28
경청 69
경청하기 112
고령자고용법 282
고용 갈등 27, 62
고용 갈등의 단계 27
고용 갈등의 본질 24
고용 갈등의 유형 26, 27
고용 갈등 해결의 논리 28
고용관계의 종료 312
고용균등 302
고용분쟁 106, 131
고용상의 차별금지 302

고용세습조항 334
고용정책기본법 281
고용 협상 37
고충 해결책 모색 187
고충근로자 150
고충발견 171
고충발생 예방 193
고충발생 요인 148
고충상담 177
고충유발 행위자 181
고충유발자 150
고충접수 171
고충처리상담 담당자 162
고충처리 상담신고센터 165
고충처리위원 147
고충해결 144
고충해결 절차 158
고충해결 통로 158
공감 70
공감능력/적극적 경청 134
공감대 형성 179
공동교섭 223
공동회의 266

공익사업 351

공적 조정 253, 254

공정 노사 솔루션(공솔) 248, 257

공정성/중립성 136

과제 해결 100

과학적인 방법론 62

관계 관리 268

관계 상황 64

관점 바꾸기 질문 94

관점의 전환 94

교섭단위 324

교섭 목표 205

교섭력 211

교섭력 결정요인 212

교섭요구안 234

교섭위원 214

교섭의 난관 247

구조 관리 266

구조조정 317

권리분쟁 327, 346

규범적 부분 332

근로계약 280

근로계약 유리성의 원칙 291

근로시간 286

근로의 대가 283

근로자 280, 290

근로자참여법 274

근로조건의 변경 290

기간제근로자 304

기어 바꾸기 82

기업별 교섭 221

긴급이행명령제도 358

긴급조정제도 350

[ㄴ]

남녀고용평등법 282

노동분쟁 252

노동분쟁 조정 252

노동위원회 254, 311, 357

노동위원회의 판정 58

노동쟁의 252, 347

노동쟁의 조정제도 253

노사관행 290

노사 운명공동체 202

노사협의제도 339

[ㄷ]

다양한 자기노출 100

단시간근로자 305

단체교섭 322

단체교섭 거부 328

단체교섭의 구조(방식) 220

단체교섭의 대상 325

단체교섭의 성공 201

단체교섭의 주체 323

단체교섭의 준비 225

단체교섭 이해관계자 218

단체협약 201, 289, 330

단체협약을 통한 근로조건 변경　292

대각선교섭　222

대기시간　286

대안제시형 교섭진행　243

대인관계 고충　157

도급　306

[ㄹ]

로고스　39, 43, 44

[ㅁ]

마무리 교섭　235

무노동 무임금 원칙　285

문제 해결전략　33

문제해결형 교섭전략　208

[ㅂ]

바트나(최선의 합의 대안)　48, 52

배치전환　294

변형근로시간제도　287

보텀 라인(bottom line)　31, 48, 52,
　58

복지포인트　284

본교섭　233

본 조정　255

부당노동행위　353

부당징계와 구제절차　300

부정적 감정　133

비정규직　304

[ㅅ]

사내하도급　307

사용사업주　306

사용자　280

사적 조정　253, 254

사적 조정제도　352

사전 조사　258

사전 조정　255

사직　312

사후 조정　255

상대방 행동　64

상황파악을 위한 질문　186

생산적인 관계　99

선입견　131

선택적 근로시간제도　288

성숙의 시간(ripe moment)　272

서틀(shuttle) 조정　267

소극적 경청　71

솔직한 대화　127

수용　70

순환 질문　97

승격　293

승급　293

승진　293

시기변경권　289

시기지정권　289

시말(경위)서　300

시용　283

신뢰관계　204

신뢰성 111
신뢰성/전문성 136
신분보장조항 336
심리적 유대감 131
single text(합의를 위한 초안) 262

[ㅇ]
안건처리방식 244
양보 추구 전략 33
에토스 39, 43, 44
FMCS(Federal Mediation & Conciliation Service) 257
MZ세대 143
연장근로 287
연차휴가 289
영업양도 297
영향 80
예비교섭 231
옴부즈맨에 의한 고충해결 168
Union Shop 337
유-메시지 78
의무적 교섭사항 326
의사소통 37, 38, 62, 128
의사소통기술 63
의사소통의 걸림돌 69
의사소통의 오류 126
의사소통의 합리성 38
인사이동 293
인지와 가정 파악의 질문 98

일신상의 사유에 의한 해고 313, 315
임금 283
임금피크제 291
임의중재 341
입장 중심의 양보추구형 교섭전략 208

[ㅈ]
자율성 지지 137
쟁의행위 252, 342
쟁점 관리 260
쟁점의 구조화 260
쟁점의 목록화 260
저성과자해고 315
적극적 경청 72
전략적 개입 89
전략회의 259
전적 295
정규직 304
정기상여금 285
정리해고 317
정회 246
제척기간 108
조정 348
조정 기간의 제약 255
조정안(혹은 권고안) 262
조정 연계 중재(Med-Arb) 275, 276
조정인 253
조정전치주의 253

조합원의 인준투표 238
주휴일 288
중재(仲裁, arbitration) 255, 274, 349
중재 연계 조정(Arb-Med) 276
중재인(arbitrator) 274
중재재정 274
중재제도 252
직면적 아이-메시지 80
직면적 자기노출 79
직무 관련 고충 151
직장 내 괴롭힘 153
직장 내 성희롱 155, 307
직장문화 125
직장인 고충 솔루션(직솔) 165
직장폐쇄 255
진술 70
질문 89
집단교섭 224
집단적 노동분쟁 254
집단적 동의 291
징계권 299
징계사유 299
징계의 정당성 판단기준 299
징계해고 314, 315
징계·해고 협상 48

[ㅊ]
차별·괴롭힘 협상 53
차별의 판단기준 302

차별적 처우 156
채무적 부분 335
채용 합의서(근로계약서) 47
채용내정 282
채용절차의 공정화에 관한 법률 282
책임감 강화 질문 98
최저임금 284
최종제안중재(Mediation-Last
    offer arbitration, MEDLOA) 277
추가회의 122
출향 296
취업·전직 협상 46
취업규칙 289
취업규칙을 통한 근로조건 변경 290
취업 협상 36

[ㅋ]
캐 묻기 93
코칭 100

[ㅌ]
탄력적 근로시간제도 287
통상임금 284
통상적인 질문 90
통상적인 해결책 67, 77
통상해고 313
통일교섭 222
퇴직 312
특성 115

[ㅍ]

파견 306
파견과 도급의 차이 307
파견근로자 306
파견사업주 306
파업권 255
파토스 39, 43, 44
편견 131
평균임금 284
포괄임금제 285

[ㅎ]

합병 296
합의가능영역(ZOPA, zone of passible
  agreement) 268
합의해지 312
해고의 개념 312
해고의 종류 313
행동 80

행태상의 사유에 의한 해고 313, 314
협상 가능 영역 32
협상 및 화해의 활용 29
협상력 33
협상력 평가 33
협상의 역할 26
협상의 이익 31
협상의 장애 요인 35
화해 107, 109
화해(안) 116
화해인 30, 107, 110, 124
화해조서 123
화해·조정 29, 32
화해회의 114, 117
회사분할 298
훈련 102
휴게·휴일 및 휴가 288
휴식 286
희망주기 269

집필진 약력

김태기(withkim21@naver.com)
현장을 중시하는 노동경제학자로 이론과 실제의 통합적 연구를 추구해왔다.
현재 중앙노동위원회 위원장을 맡고 있으며 분쟁의 평화적 해결을 넘어 신뢰사
회 구축에 힘을 쏟고 있다. 우리나라 최초로 단국대학교에 분쟁해결연구소를 설
립했고, 한국노동경제학회 회장을 역임했다. 주요 저서로 「협상의 원칙」(사회평
론, 2003), 「분쟁과 협상」(경문사, 2007), 「분쟁 조정의 경제학」(한국노동연구
원, 1990), 「노사분쟁조정에 관한 연구」(한국노동연구원, 1999) 등이 있다.

김용목(dragonek@hanmail.net)
노루페인트노동조합위원장과 한국노총 경기지역본부의장을 역임하고 한국폴리
텍대학 아산캠퍼스 학장으로 근무하였다. 국립한경대학교에서 경영학 박사학위
를 취득하고 경기지방위원회 근로자위원을 거쳐, 현재 경기지방노동위회 공익위
위원이다. 26년 여 노동운동 경험을 바탕으로 수천 회에 걸쳐 산업평화를 주제로
특강을 실시하였다.

김학린(haklin.kim@gmail.com)
뉴욕주립대학교(Binghamton)에서 정치학 박사를 취득했으며, 현재 단국대학
교 경영대학원 협상학과 교수로 재직 중이다. 갈등학회 회장, 대입제도개편공론
화위원회 위원, 가습기살균제피해구제조정위원회 위원 등을 역임했으며, 현재
는 중앙노동위원회 공익위원(조정)으로 활동하고 있으며, 주요 저서로는 「갈등
관리와 협상」(노스보스, 2018), 「한국사회 공론화 사례와 쟁점」(박영사, 2020),
「다수가 옳다는 착각」(지식노마드, 2021, 역서) 등이 있다.

서광범(kbsuh21@hanmail.net)
경제학박사, 경희대학교 대학원에서 노동경제학을 전공하고 한국노동교육원과
한국기술교육대학교 고용노동연수원에서 교수로 근무했다. 2015년부터 경기지
방노동위원회 공익위원으로 활동하며, 330여 건의 노동쟁의조정사건과 630여
건의 개별노동분쟁사건의 화해회의를 진행하면서 "화해의 달인"이라는 별칭을
얻고 있다. 수원고등법원과 가정법원의 조정위원으로도 활동하고 있으며 강의를
비롯하여 노사관계리더십연구와 기업의 노사관계 및 노동문제 컨설팅을 수행하
고 있다.

윤광희(lifeykh@naver.com)

한국고용노동교육원 창립멤버로 win-win협상과 고충처리상담 교육 등을 34년 동안 5,000회 이상의 강의를 해왔다. 동국대, 국립한경대 등에서 26년간 노동법을 강의하였고, 현재 win-win노사관계연구소장이며 충북지방노동위원회 공익위원(조정)이다. 내담자중심상담이론(client centered therapy), 선택이론(choice theory), 현실치료(reality therapy), 교류분석(transaction analysis) 등의 심리이론을 산업현장의 갈등 예방 교육에 적용하는 데 전념하고 있다.

이준호(junholee9050@gmail.com)

서강대에서 경영학 박사학위를 취득하고 산업연구원 책임연구원과 현대경제연구원 수석연구위원으로 기업 현장에서 인사, 노사관계, 업무혁신, 조직진단의 경영컨설턴트로 활동하였다. 그 후 나사렛대학교 경영학과 교수로 재직하였으며 대한경영학회의 이사, 행정안전부 민간자문위원, 한국행정연구원 자문교수, 충청남도 교육청 인성교육자문위원 등을 역임하였다. 최근에는 Gordon Training International과 협력, 우리나라의 커뮤니케이션과 갈등해결방법을 개선시키는 교육에 전념해오고 있다. 주요 저서로는 「고임금시대의 노무관리」(현대경제연구원, 1993), 「헨리포드에서 정주영까지」(한언, 1999), 「이민기업가와 기업가정신」(한언, 2004), 「포용국가와 서번트 리더십」(한국행정연구원, 2021) 등이 있다.

이 정(leejohn@hufs.ac.kr)

동경대학 법학부 법학연구생·석사·박사, 큐슈(九州)국립대학 법학부 교수, 한국고용노사관계학회 회장, 한국노동법이론실무학회 회장, 한국외대 로스쿨 원장 등을 역임하였으며, 현재는 중앙노동위원회 공익위원으로 활동하면서 강의와 집필활동을 하고 있다. 주요 저서로는, 「노동법체계의 새로운 지평」(법문사, 2023)을 비롯하여 「解雇紛爭解決の法理」(信山社, 2001), 「整理解雇と雇用保障の韓日比較」(日本評論社, 2002), 「노동법의 세계」(지식출판원, 2015), 「일본노동법」(법문사, 2015) 외 다수가 있다.

최영우(koreacko@hanmail.net)

현재 우리나라 최대 인사노무교육기관인 중앙경제HR교육원 원장, 경기지방노동위원회 공익위원(심판), 아주대 경영대학원 MBA과정 교수, 한국인사관리학회 이사, 행정안전부 공무원노사문화우수기관 심사위원 등으로 활동 중이며, EBS 노동법 강사, 한국고용노동교육원 교수를 역임하였다. 실무 노동법 베스트셀러인 「개별 노동법 실무」(중앙경제, 개정13판, 2024), 「집단 노동법 실무」(중앙경제, 개정9판, 2024)의 저자이기도 하다.

노동분쟁해결 시리즈 2

ADR — 대안적 분쟁해결 제도 — (심화편)

초판발행	2024년 7월 23일
지은이	중앙노동위원회
	김태기 · 김용목 · 김학린 · 서광범 · 윤광희 · 이준호 · 이 정 · 최영우
펴낸이	안종만 · 안상준
편 집	이승현
기획/마케팅	정연환
표지디자인	이수빈
제 작	고철민 · 김원표
펴낸곳	(주) **박영시**
	서울특별시 금천구 가산디지털2로 53, 210호(가산동, 한라시그마밸리)
	등록 1959. 3. 11. 제300-1959-1호(倫)
전 화	02)733-6771
f a x	02)736-4818
e-mail	pys@pybook.co.kr
homepage	www.pybook.co.kr
ISBN	979-11-303-2630-6 93360

정 가   30,000원